Vasco Pedrina, Hans Schäppi
Die grosse Wende in der Gewerkschaftsbewegung

für Sina
von Hans
19. Juli 2021

Vasco Pedrina
Hans Schäppi

Die grosse Wende in der Gewerkschaftsbewegung

Gewerkschaft Bau & Industrie und die Neuausrichtung
der Gewerkschaften in den Neunzigerjahren

Rotpunktverlag

© 2021 Rotpunktverlag, Zürich
www.rotpunktverlag.ch

Herausgeber:
Unia – Materialien zu unserer Geschichte
Im Auftrag der Gewerkschaft Unia herausgegeben
von Vasco Pedrina und Stefan Keller

Redaktion: Stefan Keller

Umschlag: Bauarbeiter ziehen am Montag, 4. November 2002 mit Bannern und GBI-Fahnen durch den Bareggtunnel bei Baden, AG. Gegen 2000 aufgebrachte Bauarbeiter haben als Abschluss des Nationalen Streiktages für das Rentenalter 60 am Nachmittag den Autobahn-Tunnel Baregg blockiert. Der Verkehr kam während rund einer Stunde in beiden Richtungen zum Erliegen. (KEYSTONE/Urs Flüeler)

Satz: Patrizia Grab

Korrektorat: Jürg Fischer

Druck: Bubenberg, Bern

ISBN 978-3-85869-936-7
1. Auflage

Inhalt

7 Vorwort
Vania Alleva, Präsidentin Unia

13 Die GBI und die Neuausrichtung der Gewerkschaften in den Neunzigerjahren
Eine Übersicht

Kapitel 1
21 Zwischen Status quo und Erneuerung
Schweizer Gewerkschaften nach 1968

Kapitel 2
43 Die Zeit der Wenden
Der Weg zur interprofessionellen GBI

Irène Huber
68 Maulwurf, Chemiezelle, Feministin, Umweltschutz

Kapitel 3
71 Zusammenarbeit oder Fusion?
Von der GBI zur Unia

Bernd Körner
93 Globuskrawall, Maoismus, Basler Chemie

Kapitel 4
97 Ende der Blockade?
Die gewerkschaftliche Landschaft kommt ins Rutschen

Bruno Bollinger
111 Lehrling, RML, SMUV und eine Entlassung

Kapitel 5
115 Themen der Neuausrichtung
Wirtschaft, Migration, Löhne, Gleichstellung

Kapitel 6
135 Instrumente der Neuausrichtung
Mobilisierung, Streik, Referenden und Internationalismus

Kapitel 7
155 Neue Verhältnisse, neue Bündnisse
Sozialpartnerschaft, Politik, soziale Bewegungen

Kapitel 8
175 Umbau und Mitgliederzahlen
Erfolge und Misserfolge

Zita Küng
192 **OFRA, POCH, Gleichstellung, Geschäftsleitung GBI**

Kapitel 9
197 Gewerkschaft als soziale Bewegung
Menschen und Werte

213 Was bleibt
Ein persönliches Nachwort der Autoren

Anhang

231 **Die GBI und der «Röstigraben»**
Stimmen aus der Suisse Romande

237 **VPOD und künftige Unia 2003**
Versuch einer Annäherung

241 **Online-Gewerkschaft als Experiment**
Die Geschichte von //syndikat

244 **Die radikale Linke und die Gewerkschaften**
Auf dem Marsch durch die Institution

251 **Abkürzungsverzeichnis**
253 **Dank**
254 **Autoren**

Vorwort
Vania Alleva, Präsidentin Unia

Der Blick zurück auf die Entwicklung der Gewerkschaft Bau & Industrie GBI in den Neunzigerjahren enthüllt weit mehr als ein Stück Organisationsgeschichte. Die GBI stellte damals nicht nur für sich selber die Weichen neu. Vielmehr läutete sie eine Periode der Erneuerung für die gesamte Schweizer Gewerkschaftsbewegung und ihr Verständnis von Gewerkschaftsarbeit ein. Dabei entwickelte sie im Jahrzehnt der «Globalisierung», das sich an den Fall der Berliner Mauer anschloss, auch neue Antworten auf die politischen und ideologischen Herausforderungen, welche der entfesselte Neoliberalismus für die ArbeiterInnenbewegung darstellte – und heute immer noch darstellt. Dieses Buch leistet damit einen wichtigen Beitrag zur neueren Wirtschafts- und Sozialgeschichte.

Die lange Rezession zu Beginn der Neunzigerjahre und die Zunahme der Arbeitslosigkeit legten auch in der Schweiz den Boden für eine neoliberale Offensive und den simultanen Aufstieg nationalkonservativer Kräfte. «Wirtschaftskapitäne» und bürgerliche LobbyistInnen führten unter dem Banner des «Shareholder-Value» einen aggressiven Klassenkampf von oben, dessen Manifest im «Weissbuch» von 1995 formuliert wurde. Arbeitgeber-Funktionäre erklärten Gesamtarbeitsverträge zum «Auslaufmodell» und Gewerkschaften schlicht für obsolet. Gleichzeitig strahlten die Wahl- und Abstimmungserfolge, welche die vom Milliardär Christoph Blocher dominierte SVP mit fremdenfeindlichen und reaktionären Parolen erzielte, auch auf die Schweizer Arbeitnehmerschaft aus. Mit anderen Worten: Ein Teil der Arbeitgeber kündigte die «bequeme» korporatistische Sozialpartnerschaft auf, die ihr während der Jahrzehnte der Hochkonjunktur unter dem Titel des «Arbeitsfriedens» gute Dienste geleistet hatte.

Das vorliegende Buch soll dazu beitragen, die Bedeutung, welche der Neuformierung der gewerkschaftlichen Kräfte in diesem konfrontativen Kontext zukam, zu erkennen und historisch einzuordnen. Die These lautet, dass die gewerkschaftliche Reorganisation den entscheidenden Faktor darstellte, um – im Zusammenspiel mit anderen sozialen und politischen Kräften – den Durchmarsch der neoliberalen Privatisierer, Deregulierer und Sozialabbauer zu stoppen. Und langfristig ebenso wichtig war diese gewerkschaftliche Neuorientierung im Kampf gegen die reaktionären Kräfte, welche die Arbeitnehmenden in scheinbar privilegierte Einheimische und bedrohliche «AusländerInnen» zu spalten versuchten.

Einige Stationen dieses doppelten Kampfes gegen rechts werden in dieser Schrift genauer beleuchtet und analysiert: der Widerstand gegen die 10. AHV-Revision, das Rentenalter 60 auf dem Bau, die Abschaffung des Saisonnierstatuts, die Einführung der Personenfreizügigkeit und die flankierenden Massnahmen gegen Lohn- und Sozialdumping, die gesetzliche Mutterschaftsversicherung. Eine besondere Rolle spielten die erfolgreiche Mindestlohnkampagne und die Politisierung der Lohnfrage generell. Sie bewirkten nicht nur eine Verbesserung des sozialen Klimas, sondern auch real der tiefsten Löhne, wie sie insbesondere in typischen «Frauenbranchen» verbreitet sind.

Ohne den erfolgreichen Transformationsprozess, den die GBI Anfang der Neunzigerjahre einleitete, hätten diese Erfolge nicht erzielt werden können. Der Prozess umfasste von Anfang an mehrere Dimensionen: Einerseits hatte die GBI den Anspruch, die Gewerkschaften als soziale Bewegung zu erneuern. Nicht umsonst lautete der Titel der 2004 erschienen GBI-Geschichte «Gewerkschaftsleben – GBI: Bewegung für rauhe Zeiten». Denn die Jahrzehnte der Arbeitsfriedens waren nicht nur bequem – sie hatten die Gewerkschaften auch bequem gemacht. Eine Gewerkschaft aber, die im Ernstfall nicht fähig ist, einen Konflikt zu führen und zu gewinnen, wird auf die Länge nicht ernst genommen. Die GBI trat an, dies zu ändern. Und zwar mit Erfolg.

Neben der inhaltlichen Neuausrichtung waren auch die organisatorischen Rahmenbedingungen erneuerungsbedürftig. Die alten Branchengewerkschaften mit ihren zum Teil immer noch berufsständischen Strukturen konnten sich den veränderten Wirtschaftsverhältnissen nicht rasch genug anpassen. Im ungebremst expandierenden Tertiärsektor – die Dienstleistungsberufe beschäftigten bald drei Viertel aller Arbeitnehmenden – war eine kaum organisierte «Gewerkschaftswüste» entstanden. Als Antwort darauf entstand das Projekt einer branchenübergreifenden, interprofessionellen Grossgewerkschaft.

Die Stationen sind in diesem Buch detailliert beschreiben: 1992 die Gründung der Gewerkschaft Bau und Industrie aus der Fusion von GBH und GTCP, 1994 das Co-Präsidium Brunner/Pedrina im Schweizerischen Gewerkschaftsbund, 1996 die Gründung der «kleinen unia», 1998 das Bekenntnis zum «Gewerkschaftshaus», das heisst zu einer engen Zusammenarbeit zwischen GBI und SMUV und dann ab 2000 der eigentliche Fusionsprozess von GBI, SMUV und VHTL. Ebenfalls beleuchtet werden die Veränderungen im Schweizerischen Gewerkschaftsbund SGB, das Verhältnis der Dachverbände SGB und Travail Suisse sowie die Gründung der Ebenrainkonferenz.

Da die beiden Autoren, Vasco Pedrina und Hans Schäppi, selbst zentrale Akteure des damaligen Transformationsprozesses waren, können sie die Ereignisse und die damit verbundenen strategischen Überlegungen aus erster Hand darstellen. Das erlaubt uns wertvolle Blicke «hinter die Kulissen» und macht die «subjektiven» Faktoren der Geschichte greifbar. Gleichzeitig zögern die Autoren nicht, auf kritische Aspekte einzugehen. Ihnen ist bewusst, dass zu einem Gesamtbild auch die Analyse von Niederlagen, Fehleinschätzungen und Fallstricken gehört. Es ist ganz im Sinne der Autoren, wenn dieses Buch eine weitere kritische Auseinandersetzung auslöst.

Die heutige Generation von gewerkschaftlichen Führungskräften und AktivistInnen kann davon nur profitieren. Denn die Zukunft jeder Bewegung baut auf dem Verständnis ihrer Geschichte auf. Das ist nicht bloss eine Floskel: Referendums-, Mobilisierungs- und Streikfähigkeit erscheinen uns heute als selbstverständliche Aspekte der Gewerkschaftsarbeit. Aber dieses Selbstverständnis der Unia als «soziale Gegenmacht zum Kapital, die fähig sein muss, Kämpfe erfolgreich zu führen», ist keineswegs «selbstverständlich». Es wurzelt im bewussten Transformationsprozess der damaligen GBI. Und es kann auch wieder verloren gehen, wenn wir die Geschichte vergessen.

In ihrem Fazit weisen Pedrina und Schäppi darauf hin, dass Gewerkschaften etwas anderes sind als kommerzielle Unternehmen. Gewerkschaften sind demokratische Organisationen mit einem professionellen Apparat. Dabei entstehen Widersprüche, die nicht einfach aufzulösen sind – namentlich derjenige zwischen der operativen Leitung eines mittelgrossen Dienstleistungsbetriebs und der strategischen Führung durch die VertreterInnen der Basis. Ich möchte dem hinzufügen: In einer grossen Gewerkschaft wie der Unia werden diese Widersprüche leider nicht kleiner. Und die angesprochene Bürokratisierungsgefahr wächst mit der Komplexität des Apparates. Auch das ist ein Teil des historischen Erbes, welches mit der Geschichte der GBI verbunden ist.

Ich gehe mit den Autoren darin einig, wenn sie feststellen, dass es am besten gelingt, mit dieser Situation umzugehen, indem die Führung offen bleibt für Selbstkritik und Diskussion. Ja, gerade jene Kritik ist besonders ernst zu nehmen, die bei den Mitgliedern an der Basis entsteht! Zudem verändert sich die Arbeitswelt weiter – Digitalisierung, Prekarisierung, Tertiarisierung und Globalisierung (um nur einige Stichworte zu nennen) greifen um sich. Die Unia muss flexibel bleiben und ihren interprofessionellen Ansatz weiterentwickeln, wenn sie davon nicht überrollt werden will. Und sie darf nicht aus den Augen verlieren, dass Synergien zugunsten von Bewegungsarbeit sichergestellt werden müssen. Darum diskutiert der Unia-Kongress 2021 die Lancierung einer Reformdebatte «Unia 2.0», um den in den Neunzigerjahren eingeleiteten Transformationsprozess und die Entwicklungen seit der Unia-Gründung weiterzudenken, sie auf die «Höhe der Zeit» zu bringen.

Als eine von gemeinsamen Werten getragene soziale Bewegung bleibt in jedem Fall der Anspruch, zur Verbesserung der materiellen Arbeitsbedingungen, zu sozialer Gerechtigkeit und zum sozialen Zusammenhalt in der Gesellschaft beizutragen. Ich bin dankbar, Präsidentin einer Organisation sein zu dürfen, welche dieses Ziel als Teil ihrer «DNA» versteht.

Die GBI und die Neuausrichtung der Gewerkschaften in den Neunzigerjahren
Eine Übersicht

Zu Kapitel 1 **Zwischen Status quo und Erneuerung**
Schweizer Gewerkschaften nach 1968

Anfang der Siebzigerjahre führten die fortschreitende Tertiarisierung der Wirtschaft, die wachsende Bedeutung der Dienstleistungsgesellschaft, aber auch der gesellschaftliche Veränderungsgeist der Achtundsechziger-Bewegung bei den Schweizer Gewerkschaften zu ersten Reformbestrebungen. SMUV und GBH bekannten sich zum Prinzip der «Industriegewerkschaft». Entsprechend passten sie ihre Statuten an, um sich für neue Arbeitnehmerschichten zu öffnen – insbesondere für Frauen und Angestellte. Ab 1974 beschleunigte die Wirtschaftskrise auch innerhalb des SGB die Idee einer weitgehenden Reform. Ein Bericht zur SGB-Strukturreform lag 1978 vor, seine Vorschläge fanden aber keine Mehrheiten. Der langjährige organisatorische und zum Teil auch politische Stillstand der Gewerkschaftsbewegung dauerte fort.

Ein wirtschaftlicher Aufschwung ab 1984 ermöglichte es den Führungen der meisten Gewerkschaften, längst nötige Weichenstellungen nochmals auf unbestimmte Zeit zu verschieben und heikle Reformschritte der nächsten Generation zu überlassen. Immerhin reiften in dieser Zeit aber schon die Bedingungen für eine gewerkschaftliche Wende in den Neunzigerjahren: innerhalb der Gewerkschaften formierten sich jene Kräfte, die später – unter maximalem

Zeitdruck – den Durchbruch schafften, die Gewerkschaften veränderten und eine neue Dynamik entfalten konnten.

Zu Kapitel 2 **Zeit der Wenden**
Der Weg zur interprofessionellen GBI

Mit der ökonomischen Wende um das Jahr 1990 änderte sich die Lage für die Gewerkschaften abrupt. Die Wirtschaft versank in einer tiefen und langen Rezession beziehungsweise Stagnation von 1991 bis 1997. Die rapide Zunahme der Arbeitslosigkeit lieferte sodann einen günstigen Boden für eine neoliberale Offensive, womit die Pattsituation in den sozialen Beziehungen der 1980er infrage stand. Angriffe auf soziale Errungenschaften mit Liberalisierungen, Deregulierungen und Privatisierungen waren an der Tagesordnung wie nie zuvor. Die Shareholder-Value-Doktrin und die Finanzialisierung der Wirtschaft lieferten den Hebel für diese Entwicklung und leiteten einen ungeschminkten «Klassenkampf von oben» ein. Sogar die Existenzberechtigung von Gewerkschaften wurde bestritten. Den Durchbruch auf ganzer Ebene schaffte dieser neoliberale Vormarsch wegen der gewerkschaftlichen und politischen Gegenwehr aber nicht.

Die Jahre um 1990 waren überhaupt eine «Zeit der Wenden». Mit dem Fall der Berliner Mauer und den damit verbundenen weltweiten historischen Umwälzungen kam auch in der Schweizer Gesellschaft und Politik viel ins Rollen. Diese Zeit, die mit einer Aufbruchstimmung und mit der Sehnsucht nach progressiven Reformen begann, läutete bedeutende Schritte der gesellschaftlichen Öffnung ein, aber auch eine Gegenbewegung mit der «Rückkehr nationaler Reflexe». Der Aufstieg der SVP und damit des rechtsnationalen Neokonservatismus nach dem Nein zum EWR 1992 war klarster Ausdruck davon.

Der Gründungskongress der GBI am 5. September 1992 hat, mit der Verabschiedung des Grundsatzprogramms «Selbstverständnis – Solidarität neu entwickeln» die ideelle und inhaltliche Basis geliefert, um Identität und Orientierung der neuen Organisation in diesem anspruchsvollen Umfeld zu gestalten und neu auszurichten. Die Gewerkschaft wird als gesellschaftliche Bewegung und soziale Gegenmacht zum Kapital verstanden, die in der Lage sein muss, ihre Kämpfe erfolgreich zu führen. Um dieser Rolle gerecht zu werden, gerade in den besonders schwierigen Neunzigerjahren, benötigte die GBI mehr Beweglichkeit und eine Modernisierung des Apparates. Ein Professionalitätsschub war wichtig, um die Herausforderungen zu meistern. Aber damit wuchs auch die Gefahr einer Übermacht des Apparates und einer Bürokratisierung. Um das zu verhindern, wurden statutarische Voraussetzungen geschaffen, welche die aktive Basisbeteiligung stärken sollten.

Zu Kapitel 3 Zusammenarbeit oder Fusion?
Von der GBI zur Unia

Nach jahrzehntelangem Stillstand konnte der organisatorische Umbau der Gewerkschaften in den Neunzigerjahren endlich begonnen werden. Den Auftakt gab der Zusammenschluss GBH-GTCP, der zur Gründung der GBI per 1. Januar 1993 führte. Der Annäherungsprozess zwischen SMUV und GBI zwei Jahre später wirkte noch stärker als Weckruf für die gesamte Gewerkschaftsbewegung, auch wenn bis zur Fusion noch eine lange Zeit – zehn Jahre! – verging. Zu den Weichenstellungen auf diesem Weg gehörten das Co-Präsidium von Christiane Brunner und Vasco Pedrina im SGB (1994), die Gründung der Dienstleistungsgewerkschaft unia als Tochtergesellschaft von SMUV und GBI (1996), die Gründung des Gewerkschaftshauses GBI-SMUV (1998), die Wahl von Paul Rechsteiner zum SGB-Präsidenten (1998), ein gemeinsamer Leitantrag in SMUV und GBI zur Entwicklung einer interprofessionellen Gewerkschaft für den privaten Sektor (2000).

Dieser Prozess der organisatorischen Neuausrichtung erfasste auch mehrere andere Gewerkschaften in und ausserhalb des SGB.

Zu Kapitel 4 **Ende der Blockaden?** Die gewerkschaftliche Landschaft kommt ins Rutschen

Nach Mitte der Neunzigerjahre kommt die ganze gewerkschaftliche Landschaft in der Schweiz dann richtig ins Rutschen. Zahlreiche Zusammenschlüsse von verschiedenen Branchen- und Dachverbänden und die Öffnungspolitik des SGB gegenüber bisher ungebundenen Berufs- und Angestelltenverbänden sind die organisatorische Antwort auf die Herausforderungen der «Zeit der Wenden». Von besonderer Bedeutung in diesem Reorganisationsprozess ist die Entwicklung des Verhältnisses zwischen den zwei wichtigsten Komponenten der organisierten Gewerkschaftsbewegung, dem SGB – den sogenannten «Roten» – und dem Christlich-Nationalen Gewerkschaftsbund, beziehungsweise Travail.Suisse – den «Gelben». Die nach 1900 entstandene Spaltung unserer Bewegung konnte bis heute nicht überwunden werden. Aber das Konkurrenzdenken hat inzwischen einer immer besseren Zusammenarbeit Platz gemacht. Mehrere Faktoren, die mit den sozialen und gesellschaftlichen Umwälzungen eng verbunden sind, führten zu diesem Umdenken. Mit der Gründung der «Ebenrainkonferenz» im Jahr 1995, an der alle wichtige Arbeitnehmerorganisationen und Dachverbände sich beteiligen, wurde ein Rahmen geschaffen, um gemeinsame Positionen zu entwickeln und zu vertreten. Auf den grossen Sprung zum gemeinsamen Gewerkschaftsdach muss man noch warten.

Zu Kapitel 5 **Themen der Neuausrichtung**
Wirtschaft, Migration, Löhne, Gleichstellung

In den Kernbereichen ihrer Politik führten die Gewerkschaften in den Neunzigerjahren vor allem Abwehrkämpfe, und zwar unter dem doppelten Druck der Krise und des Aufstiegs von neoliberalen und neokonservativen Kräften. Wegen den zahlreichen Restrukturierungen und Massenentlassungen mussten empfindliche Rückschläge hingenommen werden. Trotzdem ist bei der Verteidigung der sozialen Errungenschaften einiges gelungen, angefangen mit dem erfolgreichen Referendum gegen die weitgehende Lockerung der Abend-, Nacht- und Sonntagsarbeit (1996). In einzelnen Feldern konnten GBI und SGB einige Pflöcke für eine neue Gewerkschaftspolitik einschlagen; dies mit nachhaltigen positiven Folgen. Im Fokus der Wirtschaftspolitik der Gewerkschaften standen eine Rückkehr zu einer aktiven staatlichen Finanzpolitik, der (verzögerte) Abschied von einer restriktiven Geldpolitik und der ökosoziale Umbau der Gesellschaft.

In der Migrations-, Arbeitsmarkt- und Europapolitik fand endlich der Übergang vom Kontingentierungssystem zur Personenfreizügigkeit mit der EU statt: auf Grundlage gegenseitiger Gleichberechtigung und an flankierende Massnahmen zum Lohnschutz gekoppelt. Dank politischen Mindestlohnkampagnen ist es ab Ende der Neunzigerjahre gelungen, die Tieflöhne auf breiter Basis deutlich zu erhöhen. Ausserdem sorgte ab dem ersten nationalen Frauenstreik der zunehmende Druck der Frauen für Bewegung und Fortschritte in der Gleichstellung auf politischer und vertraglicher Ebene (Gleichstellungsgesetz, Mutterschaftsurlaub, «Einkommenssplitting» bei den AHV-Renten, Fristenregelung für den Schwangerschaftsabbruch usw.).

Zu Kapitel 6 Instrumente der Neuausrichtung. Mobilisierung, Streik, Referenden, Internationalismus

Um die Position und die Schlagkraft der Gewerkschaften zu stärken, war es wichtig, ihre Instrumente zu entwickeln. Am Anfang des Projektes GBI hiessen die Herausforderungen:
– die Mobilisierungs- und Streikfähigkeit in den Branchen wieder aufzubauen,
– die «Referendumsfähigkeit» auf der politischen Ebene wieder zu erlangen,

- das institutionelle Gewicht im System der vertraglichen und sozialpolitischen Beziehungen zu erhöhen,
- eine konsequente Europäisierung und Internationalisierung der Gewerkschaftspolitik zu betreiben.

Auf allen vier Ebenen wurden mehr oder weniger systematische Anstrengungen unternommen. Trotz beachtlichen Resultaten, dank deren neoliberale und neokonservative Offensiven weitgehend in die Schranken verwiesen werden konnten, ist einiges auch schiefgelaufen oder ungelöst geblieben.

Zu Kapitel 7 Neue Verhältnisse, neue Bündnisse
Sozialpartnerschaft, Politik, soziale Bewegungen

Die Verhärtung der sozialen Beziehungen und die zunehmende Bedeutung der Politik in sozialen Fragen, aber auch der vorhandene Wille, die Gewerkschaften sowieso zu erneuern, erforderten ein neues Verhältnis zu Arbeitgebern und Politik.

Mit der Losung «Vertragspartnerschaft statt Sozialpartnerschaft» und mit der Stärkung der Mobilisierungsfähigkeit versuchte die GBI, eine adäquate Antwort zu entwickeln. Gemeinsam mit dem SGB konnte sie mit erfolgreichen Referenden die rücksichtslosen «Deregulierer und Privatisierer» im bürgerlichen Lager auch kalt duschen.

Um vermehrt mit eigener Stimme Einfluss zu nehmen, war es nötig, unabhängiger von der SPS zu werden und in Kernbereichen für die Arbeitnehmenden – etwa bei Löhnen, Renten und Arbeitsrechten – möglichst die Federführung zu übernehmen.

Um die gesellschaftliche Einflussnahme auszubauen, mussten die Gewerkschaften ausserdem ihre Reserviertheit gegenüber neueren Parteien und sozialen Bewegungen fallen lassen. Damit konnte auch der Spielraum in der Politik erhöht werden. Eine Ersatzpartei zu werden, um die Schwächen der fortschrittlichen politischen Kräfte zu kompensieren, war dabei nie eine ernsthafte Option.

Zu Kapitel 8 **Umbau und Mitgliederzahlen**
Erfolge und Misserfolge

Mitgliederzahl und Organisierungsgrad in den Branchen gehören zu den massgebenden Indikatoren für die Stärke einer Gewerkschaft. Auch die GBI wurde diesbezüglich stark herausgefordert. Verschiedene Faktoren – und nicht nur die lange Wirtschaftskrise der Neunzigerjahre – sorgten für eine negative Entwicklung während fast eines ganzen Jahrzehntes. Erst in den Jahren nach 2000 konnte die Mitgliederentwicklung stabilisiert werden. Dafür setzte die GBI einerseits auf besondere Anstrengungen und innovative Ansätze in der Werbung. Ab Mitte der Neunzigerjahre bemühte die Gewerkschaft sich anderseits vermehrt um neue Bereiche (Frauenarbeit, Dienstleistungen) und neue Arbeitnehmerschichten (Angestellte und Kader).

Positiv entwickelte sich die Organisierung der Frauen und ausgewählter Dienstleistungsbranchen. Enttäuschend war das Ergebnis bei der Organisierung der Angestellten und Kader. Der Mitteleinsatz blieb aber auch in diesem Bereich nicht vergebens. Angestellte und Frauen haben eine ganz wichtige Rolle als Vertrauensleute bei der Gestaltung einer wirksamen Gewerkschaftspolitik gehabt.

Zu Kapitel 9 **Gewerkschaft als soziale Bewegung**
Menschen und Werte

Die Stärke und die Ausstrahlung einer Gewerkschaft hängen nicht zuletzt von der zahlenmässigen Stärke ihrer Vertrauensleute in den Betrieben ab. Wichtig sind ausserdem Motivation, Identifikation, Fachkompetenz und Engagement der aktiven Vertrauensleute sowie der Gewerkschaftsmitarbeitenden, insbesondere der Führungskräfte mit ihrer Vorbildfunktion.

Schlüssel für das Gelingen der Neuausrichtung waren:
- die Bedeutung von Werten, auf die das eigene Handeln gestützt wird, und der Umgang mit ihnen,

– das Projekt der «Gewerkschaft als Bewegung» mit jeweils mittelfristigen Zielen oder Fixsternen, nach denen man sich orientiert.

Die positive Geschichte der GBI hat sehr viel mit diesen Schlüsseln zu tun. Bestehende Schwierigkeiten bei der Wiederbelebung und Erweiterung der Vertrauensleute-Netze sowie im Aufbau eines bewegungsorientierten Gewerkschaftsapparates zeigten aber auch die Grenzen unserer Möglichkeiten.

Kapitel 1

Zwischen Status quo und Erneuerung
Schweizer Gewerkschaften nach 1968

Bisherige Publikationen zur Geschichte der Bewegung von 1968 berichten sehr wenig über deren Bedeutung für die schweizerischen Gewerkschaften. Ein Grund dafür mag die Tatsache sein, dass es viele Jahre brauchte, bis die politische Arbeit der Achtundsechziger hier eine sichtbare Wirkung zeigte: in den Gewerkschaften selbst, in ihren Strukturen, ihrer Ausrichtung, in der Arbeitswelt und in der gesellschaftlichen Realität.

Tatsächlich hatte ein Teil der Achtundsechziger-Bewegung sich programmatisch vorgenommen, den «Faktor Arbeit» gegenüber dem «Faktor Kapital» zu stärken. 1987 schreibt Fritz Osterwalder, langjähriges Leitungsmitglied der trotzkistischen SAP, rückblickend zu den Siebzigerjahren: «Diskutiert wurde sowohl darüber, welche politischen und gesellschaftlichen Veränderungen angestrebt werden sollten, als auch die Frage, welche gesellschaftlichen Kräfte diese Politik tragen und zum Durchbruch bringen könnten.» Im Zentrum der Diskussion standen «die aktive Solidarität der Lohnabhängigen und damit Arbeitsfriede und ‹Sozialpartnerschaft› im weitesten Sinne»: «die helvetische Konkordanzpolitik».[1]

Verschiedene politische Strömungen der Jahre nach 1968 – seien es POCH, RML, linke Sozialdemokraten, Junge PdA oder Maoisten – stimmten in einem Punkt überein: Voraussetzung für eine Umwälzung der Gesellschaft war, dass es gelang, die Lohnabhängigen dafür zu gewinnen. Die Geschichte der organisierten Arbeiterbewegung lieferte zahlreiche Beispiele, dass es anders nicht ging. «Wichtigster Anstoss für eine erneute Diskussion über die Politik und die Rolle der Gewerkschaften in der Schweiz», schreibt Osterwalder 1987 weiter, «waren ohne Zweifel die grossen Arbeitskämpfe in West-Europa um und nach 1968 und deren Fähigkeit, langanstehende gesellschaftliche Reformen durchzusetzen.»[2] Gemeint sind etwa die sozialen Auswirkungen des Generalstreiks vom Sommer 1968 in Frankreich oder des «Autunno caldo» 1969 in Italien, der ein einmaliges «Statuto dei lavoratori» hervorbrachte.

In der schweizerischen Arbeitswelt waren Lage und Stimmung in dieser Zeit allerdings ganz anders als in manchen europäischen Ländern. Die spezielle Schweizer Situation erschwerte jede Mobilisierungsdynamik oder verzögerte sie um Jahre. Verschiedene Faktoren spielten dabei mit.

Männergewerkschaften, Branchengrenzen

Die erste Zeit nach dem Ende des Zweiten Weltkriegs bis 1949 wurde auch in der Schweiz von Streikbewegungen und Mobilisierungen in verschiedenen Branchen geprägt. Sie verfolgten das Ziel, soziale Verbesserungen und neue Gesamtarbeitsverträge (GAV) durchzusetzen. Danach aber, in den dreissig «glorreichen Jahren» der Hochkonjunktur, führte ein zunächst unerwartetes und schliesslich fortdauerndes Wirtschaftswachstum bei ständiger Zunahme der Beschäftigung zu einem starken Rückgang der offenen sozialen Konflikte. Im Gegenteil, es kam zu einer breiten Verankerung von Arbeitsfriedensklauseln in den GAV.

Die ausserordentlich starke Immigration trug zu dieser Befriedung der Gewerkschaften bei. Sie hatte zur Folge, dass die einheimischen Arbeitnehmenden, auch dank einer gewissen Demokratisierung der Bildung, in den betrieblichen und gesellschaftlichen Hierarchien rascher aufstiegen. Ihren Lohn konnten sie nun ohne das Kollektiv verbessern. Zusammen mit einer gleichzeitig stattfindenden allgemeinen Individualisierung der Gesellschaft führte dies zur Schwächung der Vertrauensleute-Netze in den Betrieben und zu einem Abflauen der Kampf- und Organisationsbereitschaft.

In den Sechzigerjahren stagnierten die Mitgliederzahlen der einzelnen Gewerkschaften oder sie gingen zurück. Eine zunehmende Zahl von Beschäftigten störte sich wenig daran, von den Vorteilen der gewerkschaftlich ausgehandelten GAV zu profitieren, jedoch keinen Mitgliederbeitrag an die Gewerkschaften zu bezahlen.[3] Die beginnende Erosion der gewerkschaftlichen Macht hatte aber noch einen anderen Ursprung: die Tertiarisierung der Gesellschaft, das heisst, die wachsende Bedeutung des «dritten Sektors», die fortschreitende Verlagerung der Beschäftigung von Landwirtschaft und Industrie in die Dienstleistungsbranchen.

Erwerbstätige nach Wirtschaftssektoren in der Schweiz
(Durchschnittliche Jahreswerte, in % und in 1000)

Sektor	1960	1970	1980	1990	2000	2010	2020
Sektor 1	14,5%	8,6%	6,9%	4,2%	4,1%	3,5%	2,5%
Sektor 2	46,5%	46,2%	38,1%	32,2%	24,0%	22,5%	20,7%
Sektor 3	39%	45,5%	55%	63,6%	71,9%	74%	76,8%
Total Erwerbstätige	2717	3143	3166	3821	4022	4480	5103

Quelle: Bundesamt für Statistik

Die Tertiarisierung bedeutete nicht zuletzt den raschen Anstieg der Beschäftigung von Frauen. Mit der zunehmenden Zahl von sogenannten *white collars*, Angestellten und technischen Kadern, gegenüber der schwindenden Zahl von Arbeitern im traditionellen Sinn, mehrheitlich männlichen *blue collars*, gewannen zudem Bereiche an

Bedeutung, die praktisch keine gewerkschaftliche Tradition aufwiesen. Bisher hatten die Gewerkschaften ihre Organisierung auf die klassischen Branchen und auf die traditionellen «Männerberufe» des Gewerbes, der Industrie sowie auf den öffentlichen Dienst fokussiert. Entlang der jeweiligen Branchengrenzen hatten sie sich stark voneinander abgeschottet. Für die Herausforderungen der Tertiarisierung waren sie damit schlecht gerüstet.

Die lange Zeit abweisende Haltung der Gewerkschaften gegenüber dem wachsenden Anteil von ausländischen Arbeitern und Arbeiterinnen behinderte deren Organisierung. Bis in die Sechzigerjahre teilten führende Gewerkschafter die offizielle Einschätzung des Bundesrates, dass Immigration nur als ein vorübergehendes Phänomen zu betrachten sei. Man glaubte, die Integration dieser Leute in die Gewerkschaften würde sich gar nicht lohnen. Als die Zahl der MigrantInnen in den Sechzigerjahren jedoch weiter zunahm, gehörten die Gewerkschaften zusammen mit den Rechtsnationalen zu den Exponenten einer restriktiven Kontingentierungspolitik und zu den Befürwortern der Diskriminierung sogenannter Fremdarbeiter, insbesondere durch das Saisonnierstatut.[4]

Diese feindselige Politik gegenüber MigrantInnen stand im Widerspruch zum gewerkschaftlichen Prinzip, möglichst viele KollegInnen gleichberechtigt zu organisieren. Erst allmählich begannen einige Mitgliedsgewerkschaften des Schweizerischen Gewerkschaftsbundes (SGB) – konkret die Gewerkschaft Bau und Holz (GBH) – sowie des Christlichnationalen Gewerkschaftsbundes (CNG) – vorab die christlichen Bau- und Metallarbeitergewerkschaften –, die ausländischen Arbeiterinnen und Arbeiter mehr oder weniger systematisch zu organisieren und damit auch deren Anliegen zu vertreten.[5]

Strukturkonservativismus, verpasste Reformen

Unter dem Druck der wirtschaftlichen und sozialen Veränderungen, die manchen Gewerkschaftsführer in Schwierigkeiten brachten, begann in den Siebzigerjahren eine Reformdiskussion, die schliesslich zu einer gewissen Öffnung führte.

In der ersten Hälfte der Siebzigerjahre legten die damals grössten Gewerkschaften – der Schweizerische Metall- und Uhrenverband (SMUV) und der Schweizerische Bau- und Holzarbeiterverband (SBHV) – ein Bekenntnis zum Prinzip der «Industriegewerkschaft» ab. Damit verbunden war der Anspruch und der Wille, ganze Branchen zu organisieren, nicht nur die ArbeiterInnen, sondern auch die Angestellten. Der SBHV änderte aus diesem Grund seinen Namen 1974 in Gewerkschaft Bau und Holz (GBH); der Schweizerische Textil- und Fabrikarbeiterverband (STAF) hatte sich schon 1963 in Gewerkschaft Chemie Textil Papier umgetauft. Auch passten diese Verbände ihre Strukturen an das neue Ziel an, sowohl die Basisbeteiligung zu stärken als auch die *white collars* zu organisieren und die GAV für sie zu öffnen. Ein weiterer Schritt war die Schaffung von Interessengruppen für Frauen, Jugendliche, technische Angestellte und Immigranten, später auch für RentnerInnen[6]. Die Gruppen der technischen Angestellten spielten sowohl in der GBH wie im SMUV bis in die Neunzigerjahre eine dynamisierende Rolle, die Organisierung der *white collars* auf einer breiten Basis gelang aber trotzdem nie richtig. Leichter fiel die Organisierung der Frauen, der ImmigrantInnen und Jugendlichen – nicht zuletzt dank dem Schwung der Achtundsechziger.

Ein starker Strukturkonservatismus hat allerdings verhindert, dass den Gewerkschaften der Schritt in Richtung «Interprofessionalität» und damit eine notwendige Voraussetzung zur «Begrünung der gewerkschaftlichen Wüsten» in den privaten Dienstleistungsbranchen rechtzeitig gelang. Zwar setzte der SGB eine Kommission dafür ein, aber die Reformvorschläge, die diese 1977/78 machte, wurden nie umgesetzt. Sie fanden keine Mehrheiten im SGB.

Aus dem Schlussbericht der SGB-Strukturreformkommission 1977/78

Als «Fernziel» schlägt die Kommission des SGB 1978 eine neue Verbandsstruktur vor:

«1. Metall-, Maschinen-, Apparate- und Uhrenindustrie inkl. metallverarbeitendes Gewerbe: *Gewerkschaft Maschinen, Uhren.* – 2. Bauwirtschaft inkl. Baunebengewerbe: *Gewerkschaft Bau.* – 3. Chemische Industrie (inkl. Papier- und Plastikherstellung), Textil-, Bekleidungs- und Lederindustrie: *Gewerkschaft Chemie, Textil, Bekleidung, Leder.* – 4. Graphisches Gewerbe sowie Massenmedien: *Gewerkschaft Graphik und Medien.* – 5. Handel, Transport, Lebensmittelindustrie inkl. Gastgewerbe und Detailhandel: *Gewerkschaft Handel, Transport, Lebensmittel.* – 6. Banken und Versicherungen: *Gewerkschaft Banken und Versicherungen.* – 7. Eisenbahnen: *Gewerkschaft Bahnen.* – 8. Post, Telephon und Telegraph: *PTT-Gewerkschaft.* – 9. Allgemeine Bundesverwaltung (inkl. Anstalten unter Bundesaufsicht wie SUVA), kantonale und kommunale Verwaltungen, Spitäler, öffentliche Versorgungs- und Entsorgungsbetriebe u. ä.: *Gewerkschaft öffentliche Dienste.*»

In seinem Bericht «Von der Föderation zur Konföderation» zuhanden der GBI-Gremien schreibt Andreas Rieger am 11. Januar 1995 rückblickend: «Es handelt sich bei dem Vorschlag um eine etwas rationalere Aufteilung strikte nach dem Branchenprinzip. Erkannt wurde zudem das Problem der Abwesenheit des SGB im privaten Dienstleistungsbereich. Aufgrund der Widerstände des VHTL beschränkte sich die Kommission hier allerdings darauf, ohne konkrete Vorschläge den Aufbau eines Bankenverbandes zu postulieren.»

Mit dem Schlussbericht der SGB-Kommission von 1978 war die Neustrukturierung der Gewerkschaften für mehr als ein Jahrzehnt quasi beendet. Einzig die Fusion der Typographen mit den BuchbinderInnen zur Gewerkschaft Druck und Papier (GDP) im Jahr 1980 fand im Rahmen des Vorgeschlagenen statt.

Quelle: «Gewerkschaftliche Rundschau» 5/1978

Die Achtzigerjahre hätten nach dem SGB-Papier (siehe Kasten 1) ein Jahrzehnt der Strukturreformen werden sollen. Die Dringlichkeit der Zusammenlegung der Kräfte über die einzelnen Branchen hinaus, um die Organisierung in neuen Branchen voranzutreiben, war bereits offensichtlich. Diese Strategie setzte aber eine gewerkschaftliche Umorientierung voraus. Das war zu viel verlangt von Gewerkschaftsapparaten, die sich vor tiefgreifenden Veränderungen fürchteten und ausserdem noch über Reserven verfügten, also nicht unter grossem finanziellen Druck standen. Notwendige Reformen wurden hinausgeschoben. Im Rückblick kann man hier sagen: verschoben bedeutete nicht aufgehoben.

Zumindest eine Zeit lang blieb die finanzielle Situation der Gewerkschaften auch dank der Einführung von Solidaritäts- beziehungsweise Berufsbeiträgen entspannt. Solche Beiträge gab es seit Anfang der Siebzigerjahre. Sie hatten und haben immer noch ihre Berechtigung: Zur Kasse gebeten werden damit die nichtorganisierten «TrittbrettfahrerInnen», die vom Einsatz der Gewerkschaften für GAV und eine soziale Gesetzgebung profitieren, ohne sich daran zu beteiligen. Das Geld, das in paritätischen Fonds der Sozialpartner verwaltet wird, dient zur Erfüllung von Verbandsaufgaben: etwa der Durchsetzung der GAV in den Betrieben, der Berufs- und Weiterbildung, der Sicherheit und dem Gesundheitsschutz am Arbeitsplatz. Berufsbeiträge erleichtern die gewerkschaftliche Organisierung der Arbeitnehmenden und damit die Stärkung der Verhandlungsmacht der Gewerkschaften, sie stärken aber auch die Verbände der Unternehmer. Meist sind es Branchen mit einem relativ hohen Organisierungsgrad auf beiden Seiten, die über ein Berufsbeitragssystem verfügen. Die Kehrseite der Medaille ist allerdings, dass die Einführung dieses Systems die «Ordnungsfunktion der Gewerkschaften» honorierte[7], und dass die gewerkschaftliche Kampfbereitschaft dadurch geschwächt worden ist.

Wilde Streiks und Arbeitsfrieden

Mit der um 1974 beginnenden Rezession und dem Ende der Hochkonjunktur kündigten sich wirtschaftliche Umstrukturierungen in grossem Ausmass an.[8] Gleichzeitig sank die Kompromissbereitschaft der Unternehmer. Schon auf dem Höhepunkt der Hochkonjunktur waren Vorzeichen dafür sichtbar: Obwohl gerade die SMUV-Führung Ende der Sechzigerjahre Umstrukturierungs- und Rationalisierungsprozesse im Sinne der «Wettbewerbsfähigkeit» begrüsste, kam es in der Metall- und Maschinenindustrie der Westschweiz um 1971 zu Unruhe bei betroffenen Lohnabhängigen. Entgegen der Idee vom Arbeitsfrieden gab es nach vielen Jahren im Kanton Genf wieder wilde und teilweise erfolgreiche Streiks.

Auf die hereinbrechende Krise folgte eine zweite Welle von militanten Auseinandersetzungen. Der Historiker Christian Koller schreibt: «Die Gewerkschaft SMUV sah sich nun verschiedentlich in der Zwickmühle zwischen der Erhaltung der Friedenspflicht und der Unterstützung spontan ausgebrochener Streiks.»[9] Fritz Osterwalder fährt fort: «Bei Bulova, Dubied, Matisa, Leu und Burger & Jakobi u. a. kam es zu aktiven Bewegungen, die getragen wurden von Belegschaften, die schon vor den Bewegungen lebendige Netze gebildet hatten. Obwohl diese Kämpfe ein sehr breites Echo im ganzen Land fanden, endeten sie fast alle mit weniger befriedigenden Resultaten als diejenigen der frühen 70er Jahre.»[10]

Zentral für Widerstandsaktionen waren oft kommunistische Immigranten und Immigrantinnen aus Spanien und Italien, die, beflügelt durch die Auseinandersetzungen in ihren Herkunftsländern, aktiv in den schweizerischen Gewerkschaften mitmachten. Unterstützt wurden sie von den Kräften der Neuen Linken, die in Solidaritätskomitees und in den Gewerkschaften aktiv geworden waren. Auf die Immigranten und Immigrantinnen setzte die Neue Linke jetzt ihre grössten, zweifellos übertriebenen Hoffnungen. Sie erwartete von ihnen eine Aktivierung der Arbeiterklasse und den Bruch mit der Tradition des absoluten Arbeitsfriedens.

Auch unter den SchweizerInnen hatten in den meisten Gewerkschaften – «eingeschlossen dem SMUV» – «kleine Kerne von Strömungen, die gegen die Arbeitsfriedenspolitik waren, aus der Zeit vor den 1970er Jahren überlebt», wie Osterwalder feststellt. Doch nur «in den wenigsten Fällen» waren diese noch imstande, «eine Auseinandersetzung lebendig zu halten» und «die Kräfte der neuen Linken in die Gewerkschaften hineinzuziehen»: «Dies erklärt, warum ein grosser Teil der Debatte der Linken über den Arbeitsfrieden ausserhalb der Gewerkschaften stattfand und nur langsam in diese hineingetragen wurde.»[11]

Eine Alternative zur Mehrheitsstrategie der Arbeitsfriedenspolitik gelang gesamtschweizerisch erstmals in der Gewerkschaft Druck und Papier (GDP) dank der Verbindung zwischen alter und neuer Linken. 1980 führte die GDP eine Streikbewegung für die 40-Stunden-Woche in der grafischen Industrie und gewann. Wegen der einsetzenden technischen Revolution konnte die Erosion der gewerkschaftlichen Kraft in diesem Bereich aber trotzdem nicht gestoppt werden. Auch in anderen Branchen, wo die Widerstände des Apparates grösser waren, setzte sich die Neue Linke für aktivere Basisstrukturen ein und versuchte, «gleichzeitig innerhalb der Gewerkschaft die Diskussion über eine alternative aktive Politik zu entwickeln». Das gelang vor allem im öffentlichen Dienst «wo sich die Gewerkschaft in den Spitälern, bei den Lehrern und über Frauenkommissionen neu aufbaute».[12]

GBH: Öffnung zur Basis und nach links

In der Gewerkschaft Bau & Holz (GBH) stellte Präsident Ezio Canonica selber die Berechtigung der Arbeitsfriedenspolitik infrage, natürlich auch unter dem Einfluss der Oppositionsbewegungen von 1968, als er 1972 erklärte: «Die Idealisierung des Arbeitsfriedens, besonders des absoluten und zeitlich unbeschränkten, bedeutet die Eingliederung der Gewerkschaften in das bestehende System und somit den Verzicht auf den Kampf für eine höhere soziale Ordnung.»[13]

Als Alternative schlug Canonica ein Konzept des «relativen Arbeitsfriedens» vor, das 1974 ins Programm der GBH aufgenommen wurde. Für den vertragslosen Zustand und für alle Themen, die nicht im GAV geregelt sind, sollten Kampfmassnahmen erlaubt sein. Noch eine andere Dimension der Arbeitsfriedenspolitik stellte der GBH-

Chef infrage: Als neu gewählter SGB-Präsident wehrte er sich 1973 gegen das gegenseitige Ausspielen von Vertrag und Gesetz und verlangte eine bewusste Stärkung der politischen Initiative. Der damit eintretende «Verlust an Deckungsgleichheit zwischen SGB-Präsidium und dem SMUV» führte bald zu Konfrontationen in den Gremien des SGB, wie der Historiker Angelus Eisinger berichtet, vor allem dann «wegen der passiven Haltung des SMUV» in der Kampagne zur 1976 gescheiterten Mitbestimmungsinitiative.[14]

Bei all ihren Zweideutigkeiten blieb die neue Haltung im GBH nicht ohne Folgen: 1974 unterstützte diese Gewerkschaft beispielsweise den Streik bei der Klavierfabrik Burger & Jakobi in Biel von Anfang an und bezog auch das linke Solidaritätskomitee mit ein. Während der Vertragserneuerungen im Bauhauptgewerbe versuchte die GBH nun regelmässig die Basis besser zu mobilisieren, am erfolgreichsten war sie dabei in der Westschweiz – wo sich im März 1987 rund 6000 Bauarbeiter an einer dreistündigen Arbeitsniederlegung beteiligten. Bei der Erneuerung des Landesmantelvertrages resultierte daraus eine kräftige Lohnerhöhung. Auf der politischen Ebene hatte die Gewerkschaft Bau und Holz bereits 1980 – im Hinblick auf die Volksabstimmung zur «Mitenand-Initiative» von 1981 – mit mehr als 10 000 Leuten auf dem Bundesplatz in Bern für die Abschaffung des Saisonnierstatuts demonstriert.

SMUV: Absage an jeden Kurswechsel

Ganz anders lief die Entwicklung beim Schweizerischen Metall- und Uhrenarbeiterverband (SMUV). Obschon die Streiks der Siebzigerjahre seine Gremien stark unter Druck gesetzt hatten und in der Westschweiz zur Bildung von aktiven Betriebskommissionen führten, hielt sich der SMUV weiterhin an die Linie der absoluten Arbeitsfriedenspolitik.

Zwei Westschweizer Anträge, die auf eine Lockerung des Arbeitsfriedens zielten, scheiterten am SMUV-Kongress 1976 deutlich. Zu einer offenen und öffentlich ausgetragenen Auseinandersetzung kam es, als 27 Westschweizer SMUV-Funktionäre und Vertrauensleute im Juli 1977 das «Manifest 77» lancierten. Dieses Manifest «warf der Gewerkschaft SMUV die stillschweigende Anerkennung einer *nur auf Profit ausgerichteten Wirtschaft* und eine mangelhafte demokratische Kultur vor»: «Die Initianten forderten eine Lockerung des Arbeitsfriedens sowie den Aufbau einer *breit abgestützten Linksunion* zur militanteren Vertretung der ArbeitnehmerInnen-Interessen».[15] Sehr schnell weitete sich die Anhängerschaft des «Manifests 77» über die ganze Westschweiz aus, namentlich auch in der krisengeschüttelten Uhrenindustrie: Mehr als 2000 Vertrauensleute unterschrieben es. Im Herbst 1977 antwortete die Führung des Verbandes darauf mit harten Massnahmen wie der Suspendierung und Entlassung von Sekretären, die der Trägerschaft des Manifests angehörten. Dieses autoritäre Vorgehen bezahlte der SMUV später mit dem Verlust von Aktivisten und Mitgliedern. Ende der Achtzigerjahre verlor er – noch aus anderen Gründen – sogar seine Vormachtstellung im SGB, indem ihn die GBH bei den Mitgliederzahlen überholte.

Die Dominanz der Konservativen im SMUV, die Wahl des SMUV-Präsidenten Fritz Reimann zum SGB-Präsidenten 1982, das wieder einsetzende Wirtschaftswachstum, der internationale Vormarsch des Neoliberalismus (mit Margaret Thatcher und Ronald Reagan) sowie der verebbende Schwung der Achtundsechziger-Bewegung schwächten die Reformbestrebungen in den nächsten Jahren. Bezeichnend für diese Zeit ist, dass der Jubiläumskongress des SGB von 1980 – er wurde damals hundert Jahre alt – ein Programm in Form eines Wunschzettels verabschiedete, das auf jede Überlegung zum strategischen Vorgehen und zu den Mitteln der Durchsetzung von Forderungen verzichtete.

Für die organisatorische Entwicklung der Gewerkschaftsbewegung könnte man die Achtzigerjahre als verlorenes Jahrzehnt bezeichnen. Andererseits ist der Weg für tiefgreifende Veränderungen gerade in dieser Zeit freigeräumt worden.

Am Ende des Lateins

Linke AktivistInnen in verschiedenen Gewerkschaften, die in den Siebzigerjahren begonnen hatten, untereinander Netze zu bilden, koordinierten sich in den Achtzigerjahren systematischer, um die Gewerkschaften branchenübergreifend zu beeinflussen und zu aktivieren. Junge Leute – auch viele Frauen – wurden davon angezogen. Neue Netze der aktiven Solidarität entstanden, neue Berufsgruppen – wie die SozialarbeiterInnen oder das Spitalpersonal – konnten organisiert oder – wie die LehrerInnen – gewerkschaftlich reaktiviert werden. Neue, in den Gewerkschaften kaum bekannte Themen wurden auf die Tagesordnungen gesetzt, wie die Umweltpolitik in den Programmen von GBH und GTCP. Einige gute Mobilisierungen, etwa jene der ChemiearbeiterInnen für den Erhalt des automatischen Teuerungsausgleichs 1983/84, ein dreiwöchiger Streik von SozialarbeiterInnen in Bern 1987, die Vertragskampagne in der westschweizerischen Bauindustrie 1986/87, Bewegungen beim Staatspersonal in Genf und in den Spitälern in Bern und Basel zeigten, dass die Zeiten für Veränderungen trotz scheinbarer Reformblockade gekommen waren.

In diesem Kontext erschien ab April 1987 eine neue gewerkschaftliche Zeitschrift, die «Diskussion». Im Vorfeld des SGB-Kongresses 1986 hatte die Gewerkschaftslinke sich abgesprochen, um ihre Interventionen vorzubereiten. Sie erzielte damit auch gewisse Erfolge. Nach dem SGB-Kongress zog man Bilanz und beschloss, sich als Gruppe zu strukturieren. Daraus entstand schliesslich die Revue «Diskussion», die sich vornahm, die gewerkschaftliche Orientierung in den zentralen Bereichen zu hinterfragen und die Strategie- und Reformdiskussion voranzutreiben. Von 1987 bis 1994 veröffentlichte die «Diskussion» jeweils drei Nummern pro Jahr und funktionierte als Sprachrohr des linken Flügels und der Erneuerungskräfte in den Gewerkschaften.[16]

Trotz interner Widerstände spielte eine beachtliche Anzahl von BasisaktivistInnen im Laufe der Achtzigerjahre eine immer wichtigere Rolle. Junge VertreterInnen des fortschrittlichen Flügels wurden als GewerkschaftsekretärInnen angestellt, manchmal in einflussreichen Positionen, die ersten schon Ende der Siebzigerjahre. Schliesslich schafften sie es auch, den blockierten Reformprozess wieder in Gang zu setzen, und das hatte mehrere Gründe: Die Wolken waren dunkler geworden am Horizont. Von 1991 bis 1997 erlebte die Schweiz die längste Krise und wirtschaftliche Stagnation der Nachkriegszeit mit einer starken Zunahme der Arbeitslosigkeit. Die Restrukturierungsprozesse und die Tertiarisierung in der Wirtschaft beschleunigten sich. Die traditionelle Sozialpartnerschaft und die damit verbundene Konsenspolitik gerieten stark unter Druck – auch wegen dem Neoliberalismus, der sich zuerst in den Führungsetagen namhafter Grosskonzerne ausbreitete.

Wie in jeder Umbruchsphase ging nicht alles in die falsche Richtung. 1989 markierte der Fall der Berliner Mauer eine politische Zäsur von historischer Dimension und bewirkte auch in der Schweiz eine gesellschaftliche Öffnung, die nicht zuletzt von der Auseinandersetzung mit der Fichenaffäre und dem jede Opposition überwachenden «Schnüffelstaat» im Kalten Krieg geprägt war.

Langsam, aber sicher waren die traditionellen Gewerkschaftsführer am Ende ihres Lateins. Strukturkonservatismus und Arbeitsfriedenpolitik erwiesen sich als immer weniger geeignet, um die neuen Herausforderungen zu meistern. Schon anlässlich des 50-Jahre-Jubiläums des Friedensabkommens in der Maschinenindustrie 1987 kam es zu einer breiten Kontroverse über die Berechtigung der Politik des absoluten Arbeitsfriedens: Während auf der anderen Seite eine zunehmende Zahl von Unternehmen den Sinn und den Zweck der Sozialpartnerschaft infrage stellten.

Arbeitsfrieden, Realität eines Mythos

Von Franz Cahannes[*]

Im Jahre 1987 jährte sich zum 50. Mal das Friedensabkommen in der Maschinen- und Metallindustrie. Der Schweizerische Metall- und Uhrenindustrieverband (SMUV), der 1937 unter Führung ihres Präsidenten Konrad Ilg das Abkommen ausgehandelt hatte, schickte sich an, das Jubiläum mit viel Brimborium zusammen mit den Arbeitgeberverbänden im Kongresshaus Zürich zu feiern.

Dieser Umstand war für viele Linke in- und ausserhalb der Gewerkschaften unerträglich. Im Rahmen der Redaktion der Zeitschrift *Widerspruch*, die erstmals im Februar 1981 erschien und die von Kreisen ausgeschlossener oder *kürzlich ausgetretener PdA-Mitglieder und ihrem Umfeld gegründet worden war, sollte der Widerstand gegen* die unlautere Glorifizierung historisch aufbereitet werden. Unter dem Titel «Arbeitsfrieden – Realität eines Mythos, Gewerkschaftspolitik und Kampf um Arbeit – Geschichte, Krise, Perspektiven» wurde das Thema in einem Sonderheft des «Widerspruch» in seinen verschiedenen Aspekten behandelt. Autoren aus einem breiten linken politischen und gewerkschaftlichen Spektrum wagten sich an eine fundierte Aufarbeitung der Geschichte.

Widerstand regte sich auch anderswo. In Kreisen der Gewerkschaft Bau und Holz, Sektion Zürich, deren Berufsgruppe Schreinermonteure soeben einen erfolgreichen Streik durchgeführt hatte, wirkte die geplante Jubiläumsfeier wie ein Schlag ins Gesicht. Sie thematisierten diesen Umstand in allen Sektionsgremien und bezogen sich dabei auch auf den verstorbenen GBH-Präsidenten Ezio Canonica, der Jahre zuvor die Relativierung des absoluten Arbeitsfriedens verlangt hatte. Die Sektion erarbeitete nun Anträge an den GBH-Kongress vom Oktober 1987 in Davos aus, mit denen der absolute Arbeitsfrieden in allen Gesamtarbeitsverträgen durchgehend relativiert werden sollte.

Es wurde ein kurzes Manifest erstellt, das als Inserat mit dem Titel «50 Jahre Arbeitsfrieden sind genug» in der Presse platziert werden sollte. Um es finanzieren zu können, startete man in linken Kreisen eine Kampagne, die äusserst erfolgreich war. Innert kürzester Zeit gingen Spenden im Umfang von ca. 30 000 Franken ein.

Das Inserat sollte vorerst ganzseitig im Zürcher Tagesanzeiger erscheinen. Zur allgemeinen Verwunderung lehnte der Zeitungsverlag die Publikation jedoch mit der Begründung ab, sie würde einen unnötigen Konflikt anheizen. Die Ablehnung des Inserates löste nun geradezu einen Hype aus. Die meisten Schweizer Medien landauf, landab berichteten ausführlich darüber. Ein Flugblatt wurde zehntausendfach in Betrieben und per Post an Gewerkschaftsmitglieder vertrieben. So war die Kampagne äusserst erfolgreich und zuletzt konnte noch das letzte Pünktchen aufs i gesetzt werden:

Die Ablehnung des Inserats führte nämlich dazu, dass das gesammelte Geld nur teilweise gebraucht wurde. Anlässlich eines Besuches einer Gewerkschaftsdelegation der südafrikanischen Bergbaugewerkschaft COSATU in der Schweiz, händigte man ihr einen Scheck von mehr als 20 000 Franken. für ihren gewerkschaftlichen Kampf und die Bekämpfung der Apartheid aus. Und mit Schmunzeln durfte vermerkt werden, dass auch der «Tages-Anzeiger» als Auslöser dieser Entwicklung, zwar den Abdruck des Inserats verweigerte, aber in einem redaktionellen Beitrag darüber berichtete.

* Franz Cahannes war Mitbegründer der Zeitschrift «Widerspruch» und Kampagnenleiter «50 Jahre Arbeitsfrieden sind genug». Später GBI-Geschäftsleitungsmitglied und Unia-Co-Sektorleiter Gewerbe.

Dienstleister oder Gegenmacht?

Die Veränderungen in der schweizerischen Beschäftigungsstruktur führten in den Neunzigerjahren zu immer schärferen internen Auseinandersetzungen über den einzuschlagenden gewerkschaftlichen Kurs. Vereinfacht formuliert, schälten sich zwei gegensätzliche Konzepte heraus.

Einerseits gab es die Position, weiterhin fest auf Branchenstrukturen zu setzen und dabei auf ein profiliertes politisches Mandat, das heisst auf eine linke Politik zu verzichten, um für die neuen Schichten von Arbeitnehmenden, *white collars*, Angestellte und mittlere Kader, attraktiv zu werden. Von diesem Geist war auch die Idee geprägt, dass die gewerkschaftlichen Apparate deutlich redimensioniert werden sollten, um die Beiträge zu reduzieren und die Mitgliederwerbung zu erleichtern. Ein Abbau wurde für möglich gehalten, wenn die Gewerkschaften sich hauptsächlich als Lieferanten von individuellen Dienstleistungen verstanden. Mit anderen Worten: Die Gewerkschaften sollten im Grunde genommen das Modell der Berufsverbände kopieren. Beat Kappeler, damals Chefökonom des SGB, vertrat solche Ideen am radikalsten. Letztlich strebten er und seinesgleichen die volle Integration der Arbeitnehmenden und ihrer Organisationen ins bestehende System an. Kappelers Vorschlag, die Belegschaften sollten sich mit Aktien an ihren Unternehmen beteiligen, ging ebenfalls in diese Richtung, stiess aber auf wenig Akzeptanz.

Auf der anderen Seite gab es die Position, die Strukturen branchenübergreifend zu erweitern und sich als Bewegung mit politisch linkem Anspruch, als soziale Gegenmacht im kapitalistischen System zu verstehen. Um diesem Anspruch gerecht zu werden, musste zunächst die Kampfbereitschaft wieder erlangt werden. Eine Öffnung gegenüber christlichen Gewerkschaften und Berufsverbänden wurde zwar angestrebt, sie sollte jedoch gewerkschaftlich geprägt sein. Erst im Laufe der Neunzigerjahre und nach dem Jahr 2000 erwies sich dieser Ansatz als erfolgreich und setzte sich schliesslich durch. Der aggressive Neoliberalismus und Neokonservatismus in Kombination mit tiefgreifenden Restrukturierungsprozessen schwächten sowohl die Überzeugungskraft der traditionellen alten Garden als auch jene der jungen Modernisten um Beat Kappeler.

Für die politische Neuorientierung und den Umbau der Gewerkschaften hätten alte Linke, AchtundsechzigerInnen und MigrantInnen aber allein keine Mehrheit gefunden. Dazu brauchte es eine breite Bewegung an der Basis, insbesondere in den Vertrauensleute-Netzen. Gerade zur richtigen Zeit entstand nun diese Bewegung auch. Für die Dynamik des Prozesses stehen beispielhaft die Aussagen von Ueli Stoffer, einem ehemaligen Vertrauensmann der Gewerkschaft SMUV und späteren Gewerkschaftssekretär der GBH/GBI in der Ostschweiz; er sagt heute: «Der rechte Gewerkschaftsflügel schien uns immer weniger glaubwürdig mit seinem Konservatismus in Anbetracht der neuen grossen Herausforderungen. Der linke Flügel wurde glaubwürdiger: Er organisierte sich besser und entwickelte Alternativen – weniger ideologisch als früher, konkreter –, die aus unserer Sicht eher anschlussfähig waren. So begann ein Teil von uns, sich von der alten Politik zu lösen und sich an der neuen, linken Gewerkschaftspolitik zu orientieren.» Aus Stoffers Sicht waren die Achtundsechziger und ihre Organisationen nicht der Auslöser der Veränderungen, sondern ein Katalysator «für die Aufnahme und Weiterführung von latent Vorhandenem».

Ein weiterer Faktor begünstigte diesen Prozess. Der spätere Unia-Präsident Andreas Rieger erklärt ihn so: «In den Gewerkschaften hielt sich eine Generation an der Macht, die keine Veränderung schaffte. Sie sagten: Die Jungen sollen jetzt schauen. Dass sie selber keine NachfolgerInnen fanden, war das Glück der jüngeren, kämpferischen Generation: Diese ist in Führungspositionen gelangt, weil nach dem Abgang der vorgegangenen Generation ein Vakuum entstanden ist. Man musste jetzt froh sein um junge fähige Leute, auch wenn sie einem nicht so passten ...»[17]

Die Achtundsechziger und die GTCP

Von Hans Schäppi

Von der Achtundsechziger-Bewegung beeinflusste Reformbestrebungen gab es in der GTCP seit den frühen Siebzigerjahren. Peter Vonlanthen, damals zuständig für die Gewerkschaftszeitung und die gewerkschaftliche Schulung, unterstützte diese, indem er ReferentInnen aus der Bewegung wie Fritz Osterwalder, Jakob Tanner oder Hans Schäppi engagierte. Die GTCP-Zeitung konzipierte er neu als Aktionszeitung. Grosses Gewicht legte Vonlanthen auch auf die Erneuerung der Werbung mit dem einschlägigen Slogan: «Die Gewerkschaft sind wir alle.»

Im Herbst 1977 mobilisierte die GTCP ihre Basis für eine Erneuerung des Gesamtarbeitsvertrags in der Basler Chemie (GAV 78–80), was nicht ohne Auseinandersetzungen zwischen den Achtundsechzigern und den Präsidenten der Arbeiterkommissionen verlief. Ein weiterer Konflikt entstand, als Peter Vonlanthen und einige AktivistInnen 1979 ein «Schwarzbuch Viscosuisse Emmenbrücke» veröffentlichen; es kam zu Differenzen, wie es sie in der traditionellen Sozialpartnerschaft lange nicht gegeben hatte. Durch die Entlassung von Peter Vonlanthen 1980 erlitten die Reformbestrebungen einen Rückschlag. Vonlanthen hatte zwar viel zur Erneuerung der GTCP beigetragen, mit einem sorglosen Umgang mit Gewerkschaftsgeldern, Eigenmächtigkeit und unsolidarischem Verhalten aber auch einiges verschuldet und grosse Fehler gemacht.

Eine Verstärkung der Reformkräfte bedeutete umgekehrt die Anstellung von Gewerkschaftssekretären aus der Achtundsechziger-Bewegung, zunächst im April 1978 von Hans Schäppi, der von Ewald Kaeser, einem Vertreter der alten Gewerkschaftslinken, relativ eigenmächtig als Sekretär für die Chemische Industrie in Basel durchgesetzt wurde. Damit war es möglich, auch weitere jüngere Leute in die Gewerkschaft zu holen, vorab aus der SP-Linken: Verena Bürcher für die Verbandszeitung, Ueli Bürgi für die Schulung und als politische Gewerkschaftssekretäre Daniel Nordmann, Fritz Gfeller sowie Matthias Bonert aus der PdA und Rita Schiavi aus der POCH. Die PdA hatte in der Geschichte der GTCP eine wichtige Rolle gespielt – um 1980 war sie aber in Sektionen zerfallen und in der Deutschschweiz unbedeutend geworden.

Bei den Kämpfen um die Vertragserneuerungen verbesserte sich nun die Mobilisierung. Im Herbst 1983 suchte der Arbeitgeberverband der Basler Chemie (VBCHI) die Konfrontation, indem er den automatischen und rückwirkenden Teuerungsausgleich infrage stellte. Die inzwischen stark von den Achtundsechzigern beeinflusste Gewerkschaft antwortete mit einer Kundgebung von über 10 000 Personen auf dem Basler Marktplatz. Im vertragslosen Zustand im Januar 1984 traf die Gewerkschaft Streikvorbereitungen, wurde dafür aber von den einflussreichen Arbeiterkommissionspräsidenten von Ciba-Geigy, Hoffmann-La Roche und Sandoz in der «Basler Zeitung» kritisiert. Das erinnerte an Disziplinierungsvorgänge, wie sie ein Jahrzehnt früher in der deutschen Chemieindustrie stattgefunden hatten. Schliesslich zeigte sich der VBCHI zu einem Kompromiss bereit: Der automatische Teuerungsausgleich blieb mit einer «Escapeklausel» erhalten und der rückwirkende Teuerungsausgleich wurde in der Höhe von 2 Prozent in die Grundlöhne eingebaut. Das für die GTCP gute Resultat kam zustande, weil der VBCHI von der unerwartet starken Mobilisierung beeindruckt war und mit Streikaktionen in den Schichtbetrieben in Schweizerhalle und im Fricktal rechnen musste.

Die Mobilisierung von 1983/84 war ein Höhepunkt. Strukturelle Entwicklungen in der Basler Chemie, Rationalisierungen, Personalabbau, Reduktion des Gesamtarbeitsvertragsbereichs gegenüber dem Bereich Einzelarbeitsverträge und das Ausscheiden älterer, erfahrener GewerkschaftskollegInnen schränkten die Mobilisierungs- und Streikmöglichkeiten in der Folge zunehmend ein. An einer Kundgebung anlässlich der Lohnverhandlungen im Winter 1993, also zehn Jahre später, nahmen nur noch etwa 1500 Personen teil.

Am ordentlichen Kongress der GTCP in Lausanne 1982 wurde Ewald Kaeser für zwei Jahre zum Präsidenten gewählt, obwohl er das Pensionsalter überschritten hatte, weil die jüngere Generation noch nicht bereit war. Ein ausserordentlicher Kongress in Biberist 1984 wählte dann Hans Schäppi zum Präsidenten, nachdem eine durch die Arbeitgeber geförderte Abspaltung von Mitgliedern in der Kartonfabrik Deisswil seitens der Gewerkschaft zwar eingeschränkt, aber nicht verhindert werden konnte. Auch sonst waren die Achtzigerjahre in der Papier- und Kartonindustrie turbulent. Die wichtigste Restrukturierung war wohl diejenige der Papierfabrik Biberist, die dennoch 2011 geschlossen wurde.

Die Führungsequipe der GTCP war nun vollständig mit Personen besetzt, die aus der Achtundsechziger-Bewegung stammten.

In den Jahren 1983/84 führte die GTCP auch erfolgreiche Kämpfe in der

Textilindustrie gegen die Frauennachtarbeit sowie die Sonntagsarbeit. Es war eine Zeit, in der die Textilindustrie massiv restrukturiert und durch Betriebsschliessungen reduziert wurde. Mitte der Achtzigerjahre begann die Auseinandersetzung mit dem Textilbaron Adrian Gasser, der Spinnereien aufkaufte und nach Möglichkeit die Gewerkschaften aus den Betrieben fernhalten wollte. Über Gasser gab die GTCP ein Schwarzbuch heraus – ein immer noch lesenswertes Dokument über die Auseinandersetzung mit diesem Unternehmer insbesondere anlässlich der Schliessung der Kammgarnspinnerei Kollbrunn.

Am Kongress in Schaffhausen im Herbst 1986 verabschiedete die Gewerkschaft ein fortschrittliches Gesundheits- und Umweltprogramm. 1986 ist andererseits das Jahr von Tschernobyl und der Brandkatastrophe bei Sandoz in Schweizerhalle. Die Führung der GTCP, insbesondere die Chemiebranche, wurde nun mit den Folgen von Schweizerhalle und jenen der Dioxin-Katastrophe von Seveso, aber auch mit anderen neuen Fragen, etwa zur Vivisektion oder zur Bio- und Gentechnologie stark in Beschlag genommen. Dies erklärt vielleicht, warum die Zukunft der GTCP trotz Mitgliederverlusten relativ spät, nämlich erst Ende 1988, zu einem zentralen Thema wurde.

Um über die internen Diskussionen beim SGB im Bilde zu sein, nahm Hans Schäppi mit Vasco Pedrina Kontakt auf, der – ebenfalls ein Achtundsechziger – seit 1980 in der Arbeiterbildungszentrale (heute Movendo) arbeitete. Ab 1986/87 standen die beiden auch im regen Austausch als Mitherausgeber der Gewerkschaftsrevue «Diskussion». Daraus entwickelten sich während Pedrinas Aufstieg in der GBH gemeinsame Ideen zu einer Reform der Gewerkschaften und schliesslich zu einer Fusion von GBH und GTCP.

Gewerkschaftliche Organisierung der MigrantInnen

Von Vasco Pedrina

Während der starken Zunahme der Immigration nach dem Zweiten Weltkrieg machte vor allem die grosse Konzentration von Saisonniers auf Staudammbaustellen (wie der Staumauer «Grande Dixence» in Wallis) eine Intervention der Gewerkschaften dringend nötig: Oft arbeiteten und lebten die Saisonniers in den abgelegenen Bergtälern unter miserablen Bedingungen. Ihre von vielen Schweizer Arbeitern mit Misstrauen beobachtete Organisierung wurde für die GBH zu einer Art ausländerpolitischen Lockerungsübung. Aufgrund dieser Primärerfahrung fiel es den Gewerkschaftsexponentlnnen – allen voran Ezio Canonica – später leichter, eine echte Wende der gewerkschaftlichen

Migrationspolitik herbeizuführen und die Ausgrenzung der MigrantInnen zu beenden.

Die Organisierung der MigrantInnen folgte nicht allein der Einsicht, dass nur die Einheit der ArbeiterInnen genügend gewerkschaftliche Kraft garantierte. Mit der Zeit musste man einsehen, dass die Arbeitsmigration kein vorübergehendes Phänomen war, und dass trotz eines fremdenpolizeilichen Rotationsprinzips, das ihre Ansiedlung verhindern sollte, auch Saisonniers eines Tages mit ihren Familien in der Schweiz bleiben würden.

Im Laufe der Sechzigerjahre entschied die Führung der GBH, die ausländischen Arbeitnehmenden offensiv zu organisieren. Dieser Strategiewechsel erfolgte mitten im Kalten Krieg, obwohl die moderat sozialdemokratisch ausgerichtete Gewerkschaftsführung sich des «Risikos» bewusst war, dass vor allem mit den Spaniern und Italienern auch kommunistische Aktivisten aufgenommen würden. Tatsächlich empfahlen die kommunistischen Parteien ihren Mitgliedern den Beitritt zur Schweizer Gewerkschaft und verzichteten in der Folge auf den Aufbau eigener Organisationen.

Doch bei weitem nicht alle Schweizer Gewerkschaften teilten diese Strategie. Die Angst vor der «roten» oder «stalinistischen» Infiltration war sehr verbreitet. Manche Gewerkschaften öffneten auch aus diesem Grund ihre Tore für MigrantInnen erst zehn oder fünfzehn Jahre später. Die Mitgliederzahl der Baugewerkschaft hat schliesslich diejenige des SMUV überstiegen und die GBH wurde zur grössten Schweizer Arbeitnehmerorganisation – mit Folgen für die zukünftige Ausrichtung der gesamten Gewerkschaftsbewegung. Ab Mitte der Siebzigerjahre trug der zunehmende Einfluss von Vertrauensleuten und SekretärInnen aus der Achtundsechziger-Bewegung zur Veränderung der gewerkschaftlichen Migrationspolitik bei. Und die aktiven MigrantInnen selber beeinflussten die Politik der Gewerkschaften immer mehr.

Der Erfolg der GBH-Strategie war eng verknüpft mit der Art und Weise der Organisation von MigrantInnen: Ein Schlüsselfaktor war die Entscheidung, als Gewerkschaftsfunktionäre direkt MitgrantInnen einzustellen. Dass die kommunistischen und sozialistischen AktivistInnen unter den MigrantInnen über viel Erfahrung in sozialen Auseinandersetzungen verfügten, erwies sich als grosser Vorteil. Ein zweiter Schlüsselfaktor war die Entscheidung, innerhalb der Gewerkschaft spezielle Strukturen für MigrantInnen zu schaffen. Sie konnten sich in eigenen Interessengruppen organisieren, sei es nach Nationalität, Sprachgruppe oder auf interkultureller Basis. Dank der italienischen, spanischen, türkischen, portugiesischen und jugoslawischen Funktionäre wurden Sprach- und Kommunikationsbarrieren leicht überwunden. Neu zugezogenen Arbeiterinnen und Arbeitern fiel es leichter, dem Gewerkschaftsapparat zu vertrauen und sich mit ihm zu identifizieren. Die Gründung der Interessengruppen ermöglichte den MigrantInnen, sich innerhalb ihrer eigenen Kultur zu artikulieren und ihre Bedürfnisse in die Gewerkschaft zu tragen.

Die Geschichte hat jenen recht gegeben, die es wagten, die ausgetretenen Pfade des «strukturellen Konservatismus» zu verlassen. Ende der Achtzigerjahre waren von fast 130 000 GBH-Mitgliedern rund zwei Drittel MigrantInnen. Damit konnte die Gewerkschaft den Rückgang der einheimischen Mitglieder weit mehr als kompensieren. Die erfolgreiche Integration der MigrantInnen hat auch die Kultur der Gewerkschaft vielfältiger gemacht und vor allem zu einer erhöhten Kampfbereitschaft beigetragen. Ohne diese Entwicklung wäre der lange Marsch der AchtundsechzigerInnen durch die Institution Gewerkschaft noch schwieriger gewesen.

Das im Kalten Krieg gefürchtete Problem der «Roten Gefahr» wurde übrigens von Ezio Canonica ganz pragmatisch gelöst. Die Abmachung mit den kommunistischen Aktivisten hiess: «Wir stellen euch als Gewerkschaftssekretäre und Mitgliederwerber an, wenn ihr darauf verzichtet, eure Parteitätigkeit in die Gewerkschaften hineinzutragen. Wenn ihr nicht dazu bereit seid, lassen wir es sein!» Diese Abmachung – so berichten beteiligte Kollegen – wurde eingehalten.

Anmerkungen

1 Fritz Osterwalder, «Der Arbeitsfriede in der gewerkschaftlichen Debatte der 70er Jahre», Widerspruch, Sonderband 1987, S. 83.
2 Osterwalder, a. a. O., S. 83.
3 Eine ausführliche Analyse zur Entwicklung der Mitgliedschaft und der Organisationsstrukturen nach dem Zweiten Weltkrieg ist zu lesen in: Robert Fluder u. a., «Gewerkschaften und Angestelltenverbände in der schweizerischen Privatwirtschaft», Seismo Verlag, Zürich, 1991.
4 Fluder u. a., S. 442–447.
5 Vasco Pedrina, «Von der Kontingentierungspolitik zur Personenfreizügigkeit», Kapitel 2 und 3, Publikationsreihe Unia, 2018.
6 Angelus Eisinger, «Die dynamische Kraft des Fortschritts – Gewerkschaftliche Politik zwischen Friedensabkommen, Wandel und technischem Fortschritt. Der SMUV», Chronos Verlag Zürich, 1996, S. 164/171 und GBI, «Gewerkschaftsleben», 2004, S. 100/101.
7 Siehe als Beispiel, was die NZZ vom 2.7.1969 zur Einführung eines «Partnerschaftsfonds» (paritätische Kasse) schreibt: «Zu Beginn stand das Begehren nach Solidaritätsbeiträgen der Nichtorganisierten im Vordergrund, die damit für ihre Haltung als ‹Trittbrettfahrer› der Gewerkschaften belangt, um nicht zu sagen bestraft werden sollten (...) Im Laufe der monatelangen Verhandlungen zeichnete sich schliesslich die getroffene Vereinbarung ab, in der sich der Arbeitgeberverband und die Gewerkschaften im Zeichen einer vertieften Zusammenarbeit zur «gemeinsamen Erfüllung von beide Seiten interessierenden Aufgaben zusammenfinden und dafür einen ‹Partnerschaftsfond› gründen.»
8 Jean-Pierre Ghelfi, «Weniger Staat, mehr Freiheit», in SMUV (Hrsg.), «Keinen Schritt umsonst getan – Blicke auf die Gewerkschaft SMUV 1970–2000», S. 27/29.

9   Christian Koller, «Streik, Sozialpartnerschaft und Mitbestimmung», in SMUV (Hrsg.), «Keinen Schritt», a.a.O., S. 47/48.
10 SMUV (Hrsg.), «Keinen Schritt», a.a.O., S. 48/49; Nelly Valsangiacomo, «Streiks in der Schweiz», in Paolo Barcella u.a., «Der Streik in den SBB-Werkstätte in Bellinzona», Edition 8, Zürich, 2020.
11 Osterwalder, a.a.O., S. 86.
12 Osterwalder, a.a.O., S. 86/87.
13 Ezio Canonica: «Gewerkschaften und Arbeitsfrieden» (Manuskript) 1972. Abgedruckt in Karl Aeschbach und Dario Robbiani: «Ezio Canonica: der Mensch und der Gewerkschafter». Bern, 1979, S. 114. Ezio Canonica war zuerst Zentralsekretär und Redaktor (1947–1967), später bis zu seinem frühen Tod Präsident des SBHV/GBH (1968–1978).
14 Eisinger, a.a.O., S. 196. Zum erwähnten Gegensatz zwischen Vertrag und Gesetz in der früheren Gewerkschaftspolitik siehe auch Kapitel 7.
15 Christian Koller, «Streik, Sozialpartnerschaft und Mitbestimmung», in SMUV (Hrsg.), «Keinen Schritt», a.a.O., S. 48/49; und Eisinger, a.a.O., S. 208/222.
16 «Diskussion – Magazin für aktuelle Gewerkschaftspolitik», Zürich, 1987–1994.
17 Schweizerischer Gewerkschaftsbund (Hrsg.), «Feierabendgespräche mit Paul Rechsteiner», SGB 2018, Kapitel «Umbau, Öffnung, Demokratisierung», S. 11.

Ein Dankeschön an folgende, im Text nicht zitierte GenossInnen, die uns Informationen über ihre damaligen Erfahrungen gegeben haben: Hans Baumann, Bruno Bollinger, Matthias Bonert, Salvatore di Concilio, Ueli Gähler, Stefan Hofer, Irène Huber, Bernd Körner, Christine Luchsinger, Peter Niggli, Fernanda Pedrina, Rita Schiavi, Kaspar Wohnlich.

Kapitel 2

Die Zeit der Wenden
Der Weg zur interprofessionellen GBI

Der Zusammenschluss von GBH und GTCP im Jahr 1993 sollte unsere Gewerkschaften für eine schwierigere Zukunft nach der Hochkonjunktur rüsten. Ab Mitte der Achtzigerjahre hiess das organisationspolitische Ziel: «Von den Gewerkschaften der Hochkonjunktur zu den Gewerkschaften für raue Zeiten».

Der ökonomische Aufschwung in den Jahren von 1984 bis 1990 ermöglichte zunächst noch eine Verschnaufpause und eine Art Patt zwischen den Sozialpartnern. Aber die internationalen Entwicklungen – vor allem mit der Politik von Ronald Reagan in den USA und jener von Margret Thatcher in Grossbritannien – kündigten den Vormarsch des Neoliberalismus und des Neokonservatismus auch hierzulande an: nur mit zeitlicher Verzögerung. Die Lage änderte sich abrupt um das Jahr 1990. Einerseits versanken die europäische Wirtschaft zwischen 1991 und 1997 in der tiefsten Rezession und Stagnation seit der Krise der Dreissigerjahre. Umstrukturierungen und Entlassungen waren an der Tagesordnung. Die Arbeitslosigkeit stieg zum ersten Mal seit dem Zweiten Weltkrieg auf über 100 000 Personen, das brachte die Gewerkschaften in die Defensive.[1] Andererseits begann nach der verlorenen Abstimmung über den Beitritt zum Europäischen Wirtschaftsraum EWR vom 6. Dezember 1992 auch der fortschrittlichere Teil des Bürgertums an das Rezept zu glauben, die Schweizer Konkurrenzfähigkeit könne auf dem Buckel der Lohnabhängigen gesteigert und damit ein EU-Beitritt vermieden werden.

Klassenkampf von oben

Die neoliberale Offensive in der Schweiz begann mit Angriffen auf soziale Errungenschaften wie den Teuerungsausgleich, dem Kampf gegen generelle Reallohnerhöhungen sowie mit dem Versuch, die Arbeitszeit zu verlängern. Für die Gewerkschaften war die Situation schwierig. Die Sozialpartnerschaft wurde von Unternehmerseite de facto infrage gestellt, auf der eigenen Seite fehlte es jedoch an Konflikt- und Streikfähigkeit.

Den programmatischen Rahmen für diesen «Klassenkampf von oben» lieferten neoliberale «Weissbücher» in den Jahren 1992 und 1995. Das zweite Weissbuch von 1995, mit dem Titel «Mut zum Aufbruch» hatte eine grössere Wirkung als das erste; es skizzierte forsch eine «wirtschaftspolitische Agenda für die Schweiz»: Ihre Leitkategorien lauteten Privatisierung, Liberalisierung, Deregulierung. Die Formel «Mehr Markt» erschien als Allzweckwaffe, mit der staatliche Verkrustungen und ineffiziente Politik bekämpft werden sollten.

Dieses «Weissbuch» war «recht eigentlich das programmatische *Coming out* einer neuen *Corporate Governance,* welche nicht mehr auf die ‹Festung Schweiz› und helvetische Sozialpartnerschaft, sondern auf Standortverbesserungen und *Shareholder-Value* setzte», schreibt Jakob Tanner 2015: «Das Sozialversicherungsmodell und der Service public waren aus dieser Perspektive ein Relikt des Bevormundungsstaates von gestern. Damit wurde der Sozialdemokratie und den Gewerkschaften der Fehdehandschuh hingeworfen».[2] «*Shareholder-Value, Investment Banking* und exorbitante CEO-Boni» waren internationale Phänomene, die sich auch in der Schweiz verbreiteten und zur Finanzialisierung der Wirtschaft führten. Die Schweiz bot laut Tanner eine «Traumkonstellation» für solche Spekulanten. Zu den Pionieren gehörte schon in den Achtzigerjahren der Finanzakrobat Werner K. Rey. 1991 war er am Ende und landete auf Umwegen im Gefängnis. Christoph Blocher, der Chef der Ems Chemie, war längerfristig erfolgreich – Hand in Hand mit dem Bankier Martin Ebner. Vor allem zwischen 1992 und 1998 setzten die beiden mit vier Kapitalbeteiligungsgesellschaften neue Massstäbe als «Abzocker-Pioniere», wobei sie sich in diesen Jahren mehr als 150 Millionen allein als persönliche Verwaltungsratshonorare auszahlten[3]. – Keine erfreuliche Lage für die Lohnabhängigen und ihre gewerkschaftliche Vertretung!

Das neoliberale Projekt um 1990

Von Hans Schäppi

Zwar wird immer wieder auf Grenzen der Internationalisierung hingewiesen, dennoch gibt es eine neue Qualität dieser Internationalisierung seit den Neunzigerjahren, welche als Globalisierung bezeichnet werden kann. Treibende Kraft der zunehmenden Integration des Weltmarktes sind die multinationalen Konzerne. Die Globalisierung erfasst alle Regionen der Welt, auf deren Märkten und mit deren Ressourcen Kapital verwertet wird.

Von zentraler Bedeutung ist die Veränderung der Unternehmensstrukturen. Mit der gezielten Ausnützung der Standortkonkurrenz durch die Unternehmen und im Gefolge des neoliberalen Marktradikalismus sind aber auch die Arbeitsverhältnisse zunehmend flexibilisiert und prekarisiert worden. Hand in Hand damit ging die Zersplitterung und Schwächung von Gegenmacht einher; Individualisierung, Entsolidarisierung und ein Demokratieabbau stellten sich immer ungebremster ein.

Das neoliberale Projekt war und ist jedoch gesamtwirtschaftlich gesehen keineswegs erfolgreich. Im Gegenteil: Die neoliberale Entwicklung hat zu einer Stagnation der Investitionen geführt, zu einer Schere von Profiten und Investitionen: Die Investitionsquote, der Anteil der realen Investitionen an der Wertschöpfung (BIP) ist in den letzten dreissig Jahren in fast allen Ländern gesunken. Dies ist der Grund für die Aufblähung der Profite, die in den Finanzbereich fliessen, für die Börsenhaussen, aber auch für finanzielle Krisen. Dem Neoliberalismus geht es nicht um wirtschaftliche und schon gar nicht um eine nachhaltige Entwicklung, sondern um die ungehinderte Profitsteigerung und -aneignung für die Besitzenden, mithin um eine Umverteilung von unten nach oben.

Insofern ist der Neoliberalismus kein

rein ökonomisches Projekt, sondern es handelt sich um Klassenkampf von oben, bei einer dramatischen Beeinträchtigung des Wohlergehens der grossen Mehrheit der Menschen und der Umwelt. Sein Kern richtet sich auf die Erfüllung aller Wünsche der Multis und des Finanzkapitals mithilfe der Staaten und der internationalen Finanzinstitutionen. Mittels Standortoptimierung wird die Ausbeutungsrate gesteigert. Bei den Löhnen bestehen vielfältige Methoden des gegenseitigen Ausspielens von Belegschaften. Allerdings werden nicht nur die ArbeiterInnen gegeneinander in scharfe Konkurrenz gesetzt, sondern auch die Nationalstaaten und die Regionen innerhalb dieser Staaten wie etwa die Kantone in der Schweiz. In einem Standortwettbewerb werden für regionale Konkurrenzvorteile Lohnregelungen eliminiert, Sozialleistungen abgebaut, Steuererleichterungen gewährt und die Möglichkeiten der Gewerkschaften eingeschränkt. Dieses Regime ist gekennzeichnet durch eine verstärkte Ausbeutung und eine Verschiebung der Aufteilung der Wertschöpfung von den Löhnen zu den Profiten. Damit verbunden ist eine Zunahme der ökonomischen und sozialen Ungleichheit. Auch nimmt im neoliberalen Regime die Bedeutung des Finanzkapitals, der Banken, Versicherungen und Pensionskassen gegenüber dem produzierenden Kapital zu. Eigentumstitel können zunehmend als Mittel der Akkumulation von Geld und Vermögen ausserhalb des Wertschöpfungsprozesses dienen.

Umbrüche, Skandale, Wendezeit

Die «Geschichte der Schweiz im 20. Jahrhundert» von Jakob Tanner enthält ein Kapitel mit dem Titel «Schweizer Wenden um 1990». In der Tat ging es damals nicht nur um die beschriebene ökonomische Wende, obgleich diese sich für die Gewerkschaftspolitik als massgeblich erweisen sollte: Ab «Ende 1988 stürzte die Schweiz in eine noch nie dagewesene Skandalisierungskaskade. Die Altlasten des Kalten Krieges warfen den neutralen Kleinstaat gerade in jenem Moment auf sich zurück, als sich ein weltgeschichtlicher Umschwung ereignete.»[4]

«Das Ungemach setzte mit dem ‹Kopp-Skandal› ein, der am 12. Januar 1989 im spektakulären Sofort-Rücktritt von Bundesrätin Elisabeth Kopp gipfelte», schreibt Tanner. Der Bericht einer daraufhin eingesetzten Parlamentarischen Untersuchungskommission (PUK) vom November 1989 enthielt ein umfangreiches Kapitel zur Tätigkeit der Schweizerischen Bundesanwaltschaft. Ans Licht kam «ein gigantisches wie völlig veraltetes Überwachungssystem»[5] mit 900 000 Staatsschutzdossiers. «Der Fichen-Skandal und das generelle Unbehagen an der Schweiz (...)» beflügelte auch die Volksinitiative «für eine Schweiz ohne Armee».[6] Die Abstimmungskampagne zu dieser Initiative weckte grosse Emotionen. Die unerwartete hohe Zustimmung mit 35,6 Prozent Ja und mit Mehrheiten in den Kantonen Genf und Jura im Herbst 1989 erschütterte die Schweiz. Als Antwort auf die Einladung, bei der Gestaltung der für 1991 geplanten 700-Jahr-Feier der Schweizerischen Eidgenossenschaft mitzuarbeiten, veröffentlichte der Schriftstellerverband «Gruppe Olten» zusammen mit der linken «WochenZeitung» im Februar 1990 den Aufruf «Keine Kultur für den Schnüffelstaat!» und forderte dazu auf, diese Feier zu boykottieren.

Am 3. März 1990 fand in Bern die seit langem grösste nationale Demonstration mit 35 000 Teilnehmenden gegen die Staatsschutzmethoden statt. In den folgenden Monaten reichten 300 000 Personen ein Gesuch zur Einsichtnahme in ihre Fichen ein. Im März wurde die Existenz der P26 bekannt, einer aussergesetzlichen Geheim- und Widerstandsorganisation, die in den Zeiten des Kalten Krieges mit Unterstützung der offiziellen Schweiz aufgebaut worden war, und zu der auch einzelne Gewerkschaftsfunktionäre gehörten.

Dies alles geschah im internationalen Kontext des Falls der Berliner Mauer von 1989 und der dadurch ausgelösten historischen Umwälzungen. Nach dem Mauerfall herrschte zuerst eine breite Aufbruchstimmung und ein Wille zu Reformen auch bei der europäischen Integration. Es gab Schritte der gesellschaftlichen Öffnung, beispielsweise die bedeutenden Berichte der vom Parlament im Dezember 1996 eingesetzten Unabhängigen Expertenkommission Schweiz-Zweiter Weltkrieg, der «Bergier-Kommission», welche die Machenschaften unseres Landes während der Nazizeit aufdeckte.

Fortschritte gab es auch bei Volksabstimmungen und Parlamentsbeschlüssen: etwa das Ja zum Moratorium beim Atomkraftbau (1990), das Ja zur Herabsetzung des Stimmrechtsalters auf 18 Jahre (1991), das Ja zum Moratorium bei der Gentechnologie (1992), die Einführung der Doppelbürgerschaft (1992) und das Ja zur Alpeninitiative (1994).

Aber bald formierte sich eine kräftige Gegenbewegung zu einem «Comeback nationaler Reflexe».[7] Die spektakuläre Ablehnung einer Schweizer Beteiligung am EWR im Dezember 1992 war Ausdruck dieses Rückschlags. Sie markierte den Beginn eines beispiellosen Aufschwunges der rechtsnationalen SVP um Christoph Blocher, der Neoliberalismus und Neokonservatismus meisterhaft kombinierte.

All diese Umwälzungen, Fortschritte und Rückschläge erhöhten den Druck auf die Gewerkschaften, aus ihrer Starre auszubrechen, um nicht von der gesellschaftlichen Bildfläche weggefegt zu werden. Die Zeit drängte jetzt wirklich.

GTCP 2000: Zusammenschluss!

1982 reaktivierte die GTCP eine Strukturkommission aus den Siebzigerjahren, die Reformvorschläge ausarbeiten sollte. Grund dafür war neben Führungsproblemen der Mitgliederschwund: 1951 hatte die Gewerkschaft rund 29 000 Mitglieder in 144 Sektionen; 1982 noch 13 150 Mitglieder in 75 Sektionen. Die Strukturkommission setzte sich unter der Leitung des Vizepräsidenten Ewald Kaeser aus FunktionärInnen zusammen. In der Folge schlug sie eine Regionalisierung der Gewerkschaft vor: Die Bildung von vier Regionen mit Regionalsekretariaten und RegionalsekretärInnen sowie eine Verlagerung von Kompetenzen aus der Zentrale in die Regionen mit dem Ziel einer besseren Präsenz vor Ort. Zudem empfahl sie die Anstellung eines Organisationssekretärs fürs Präsidium, die Aushandlung eines GAV für das Gewerkschaftspersonal und die Wahl einer gewerkschaftsinternen Personalkommission mit einer Vertretung im Zentralvorstand (ZV). Am GTCP-Kongress in Lausanne im Herbst 1982 wurden diese Vorschläge gutgeheissen.

Punkto Mitgliederentwicklung brachte die Reform allerdings keine positiven Resultate; das Thema «Zukunft der GTCP» wurde deshalb ab 1987 zum Dauertraktandum von Geschäftsleitung (GL) und ZV. Zwar schien die GTCP in den Achtzigerjahren noch recht erfolgreich. Der wichtige GAV in der Basler chemischen Industrie konnte verteidigt und weiterentwickelt werden. In der Auseinandersetzung mit dem Textilunternehmer Adrian Gasser kämpfte die Gewerkschaft erfolgreich gegen Frauennachtarbeit und Sonntagsarbeit. Nach den Katastrophen in Tschernobyl im April 1986 und derjenigen in Schweizerhalle im darauffolgenden November leistete die GTCP eine intensive und überzeugende Arbeit auf den Gebieten des Katastrophenschutzes sowie des Gesundheits- und Umweltschutzes. Aber finanziell war die Gewerkschaft seit dem Schwund der einheimischen Textilindustrie immer stärker abhängig von den Vertragskostenbeiträgen (Solidaritätsbeiträgen) der chemischen Industrie.

Im Dezember 1988 beschloss der ZV die Bildung einer Kommission «GTCP 2000». Beigezogen wurden auch zwei externe Soziologen, Walter Schöni und Martin Wicki, die einen umfangreichen Bericht verfassten: «Entwicklung und Perspektiven der GTCP». Es war wohl eine der gründlichsten Analysen einer Schweizer Gewerkschaft überhaupt. Der Bericht bildete den Ausgangspunkt der drei Zukunftsszenarien, die am GTCP-Kongress im Oktober 1990 zur Diskussion gestellt wurden:

- Szenarium 1 bedeutete Bestandessicherung und konnte von Anfang an ausgeschlossen werden, da es keine Lösung der Probleme enthielt. Dennoch wurde es von Sekretären vertreten, die insbesondere Szenarium 3, den Zusammenschluss mit der GBH ablehnten, da sie diese für hierarchisch, zu wenig demokratisch und das finanzielle Gebaren von gewissen GBH-Regionalsekretären für intransparent hielten.

- Szenarium 2, Öffnung zu Jugendlichen, Frauen und Angestellten und Abgabe des Textilbereichs an eine grössere Gewerkschaft, erschien schon attraktiver. Ein Problem bestand darin, dass es vorsah, Vermögensreserven aufzulösen, ohne dass ein Erfolg garantiert gewesen wäre. Vor allem aber beinhaltete Szenarium 2 eine weitergehende Abhängigkeit von den Vertragskostenbeiträgen und damit von der Basler chemischen Industrie.
- Mit grosser Mehrheit entschied sich der Kongress schliesslich für Szenarium 3, den Zusammenschluss mit einer grösseren Gewerkschaft, wobei, wie gesagt, die GBH im Vordergrund stand.

Schon vor dem Kongress hatten Gespräche mit der GBH-Spitze stattgefunden. Es gab vorab zwei Gründe, weshalb die GBH den anderen Gewerkschaften, insbesondere dem Metallarbeiterverband SMUV vorgezogen wurde: Bei beiden Gewerkschaften stand die berufliche Qualifikation nicht im Vordergrund. Sie waren Verbände mit einer Mehrheit von «Ungelernten» oder «Angelernten», also in der Berufsarbeit selber qualifizierten Personen. Die berufliche Qualifikation stand für diese Leute als Verbandsmerkmal nicht im Vordergrund; es war für sie weniger wichtig, was mit einer sozialpartnerschaftlichen Zusammenarbeit, zum Beispiel in der Berufsbildung, oder mit paritätischen Fonds gewonnen werden konnte, als was die Gewerkschaft mit einer Mobilisierung für alle erreichte. Die Basis beider Gewerkschaften stand dem Prinzip einer interprofessionellen Gewerkschaft daher aufgeschlossener gegenüber, als dies anderswo der Fall war. Hinzu kam eine ähnliche gewerkschaftspolitische Ausrichtung der zwei Verbände. Beide gehörten zum linken Flügel im SGB, während der Verband des Personals der Öffentlichen Dienste (VPOD) im Zentrum und der SMUV sowie die Eisenbahnergewerkschaft SEV im rechten oder konservativen Flügel politisierten. Am GTCP-Kongress in Basel 1990 war als Gast auch Christiane Brunner anwesend, die zukünftige SMUV-Präsidentin. Sie wollte den SMUV erneuern und hätte eine Fusion der GTCP mit ihrer Gewerkschaft vorgezogen. Sie machte auch entsprechende Avancen.

GBH 2000: Der dritte Weg

In der GBH lief die von der Spitze her organisierte Zukunftsdiskussion unter dem Titel «Reformprojekt GBH 2000». Im Herbst 1989 lieferten zwei Arbeitsgruppen dazu erste Resultate.[8] Der Auftrag der einen Arbeitsgruppe, «Zukunftsmarkt», bestand darin, neue Leitungsgrundsätze für die GBH zu entwickeln. Die andere Arbeitsgruppe, «Statuten», hatte den Auftrag, die letzte Strukturreform aus dem Jahr 1974 zu bilanzieren, damit die nicht erreichten Ziele der Demokratisierung der Gewerkschaft endlich realisiert werden konnten[9].

Ein «Thesenpapier GBH 2000» vom Mai 1990 zuhanden des Zentralvorstandes fasste die Schlussfolgerungen dieser Arbeiten zusammen und bezeichnete die Faktoren, welche die gewerkschaftliche Organisation erschweren – etwa den Trend zur Dienstleistungsgesellschaft, die Segmentierung des Arbeitsmarktes und eine entsprechende Diversifizierung von Interessenlagen, Ansprüchen und Bedürfnissen der Mitgliedschaft.[10] Das Thesenpapier konstatierte einen Wertewandel und ein abnehmendes Interesse an aktiver Mitarbeit von Mitgliedern der GBH: «Dies als Resultat des gesellschaftlichen, sozialen und organisatorischen Umfelds und unserer eigenen strategischen (Arbeitsfrieden) und gewerkschaftsorganisatorischen Fehler (Bürokratisierung, Dominanz der Dienstleistungen in vielen Sektionen).» Weiter ist die Rede von «Entpolitisierung, dem Verlust von idealen und ethischen Werten in unserem Funktionärsapparat» und von «Veränderungen bei der jungen Generation bezüglich Einstellung zur Arbeit und zum Berufsleben». Nun gelte es neue Wege zu beschreiten. Dabei könne man «sehr vereinfacht» zwei «extreme Zukunftsvisionen einer Gewerkschaft» ausmachen:
– Erstens «die korporatistische Arbeitnehmerinteressenvertretung, teilweise finanziert durch paritätische/staatliche Beiträge und

Einnahmen aus z. B. Kursbeiträgen etc. Diese Gewerkschaft kann sehr effiziente Dienstleistungen anbieten und die Arbeitnehmerinteressen in paritätischen Kommissionen etc. wahrnehmen. Sie hat aber keinen grossen politischen Anspruch mehr.»
- Zweitens die «Gewerkschaft als traditionelle Kampforganisation der Arbeiterbewegung (...)», deren Hauptziele weiterhin die «Verbesserung der materiellen Arbeitsbedingungen» und der «politische Anspruch auf Veränderung der gesellschaftlichen Bedingungen bleiben».

«Die meisten von uns» – steht weiter in dem Papier – «werden sich spontan für das zweite, traditionelle Szenario aussprechen». Dabei sei aber zu berücksichtigen, «dass die finanziellen Abhängigkeiten zugenommen» hätten «und eine differenzierte Interessenlage der Beschäftigten neue Ausrichtungen und mitgliedernähere Angebote/Strukturen» verlange: «Wir befürworten deshalb ein drittes Szenario, welches versucht, den politischen Anspruch einer Kampforganisation und demokratische Strukturen mit einem modernen Dienstleistungsangebot und professionellem Management zu verbinden.»

Dieser vorgeschlagene dritte Weg ist im Thesenpapier in groben Zügen skizziert. Bei der Lektüre des Papiers fällt heute sein vorausschauender Charakter auf, sowohl was die nötige gewerkschaftliche Umorientierung als auch die Anpassung der Gewerkschaftsstrukturen betrifft. Das Thesenpapier betont dabei zum ersten Mal auch die europäische Dimension und weist darauf hin, wie wichtig es sei, dass die Gewerkschaft die Zusammenarbeit mit den europäischen Schwestergewerkschaften bis hin zur Entwicklung einer gemeinsamen Vertragspolitik mitberücksichtige. Noch kein Thema ist zu diesem Zeitpunkt eine Fusion. Das wird sich aber rasch ändern. Schon im Herbst 1989 nimmt die GTCP informell Kontakt mit der Spitze der GBH auf.

Das Reformprojekt GBH 2000 wurde in seiner ursprünglichen

Form nicht mehr weiterverfolgt, nachdem sich der Zusammenschluss von GBH und GTCP abzeichnete. Seine Lösungsansätze sind aber sowohl in den Fusionsprozess als auch in das vom ausserordentlichen Kongress der GBI 1994 verabschiedete Reformprogramm eingeflossen. Seine Spuren finden sich auch auf dem Weg zum späteren Zusammenschluss der Unia.

1991/92: Fusionspapiere und Beschlüsse

Die Diskussion über die Umorientierung der Gewerkschaftspolitik in der zweiten Hälfte der Achtzigerjahre führte unter anderem zur Feststellung, dass die Zersplitterung der gewerkschaftlichen Landschaft ein grosses Hindernis für jede Vorwärtsstrategie war. Diese Diskussion hatte aber zunächst sehr abstrakte Züge. Wie schon erwähnt, änderte sich die Situation schlagartig, als die GTCP Richtung GBH aktiv wurde. Die Tatsache, dass es von diesem Vorstoss bis zur Entstehung der neuen Gewerkschaft GBI am 1. Januar 1993 relativ schnell ging, und dass eine Reihe weiterer Fusionen folgte, zeigt jedenfalls, dass die Zeit für tiefgreifende Veränderungen mehr als reif war.

Das Reformprojekt GBH 2000 war die Voraussetzung für eine positive Antwort der GBH-Führung an die GTCP und für die bald sehr breite Zustimmung zur Idee eines Zusammenschlusses. Am 21. September 1990 wurden auf dem Basler GTCP-Kongress mit 98 zu 10 Delegiertenstimmen die Weichen in diese Richtung gestellt. Die Landesdelegiertenversammlung der GBH vom 24. November 1990 gab ihrerseits grossmehrheitlich grünes Licht für Verhandlungen mit der GTCP.

Wie hatte die GBH-Geschäftsleitung die Gesamtorganisation davon überzeugt, diesen Schritt zu wagen? Folgende Argumente wurden genannt:
– Ein Zusammenschluss würde den dynamischen und erneuerungswilligen Pool im SGB stärken.

- Die gewerkschaftspolitische Nähe der beiden Gewerkschaften würde das Zusammengehen erleichtern.
- Die GTCP war in Branchen der Industrie beziehungsweise Exportwirtschaft tätig; die GBH vor allem in gewerblichen Branchen der Binnenwirtschaft. Gerade mit Blick auf die bevorstehende Öffnung auch der binnenwirtschaftlichen Branchen – als Folge der fortschreitenden Globalisierung und der europäischen Integration – wäre für die GBH ein Zusammenschluss sowohl Herausforderung als auch eine Brücke zur letztlich unvermeidbaren Öffnung.
- Die GBH habe kein Interesse an einer weiteren Schwächung der GTCP und auch nicht an einem Anschluss der GTCP an die konservative Gewerkschaft SMUV. GTCP und SMUV würden zwar von den Branchenstrukturen her – exportorientierte Industrie – besser zueinander passen. Aber mit Blick auf eine Neuausrichtung der Gewerkschaften ergebe diese Alternative keine positive Perspektive.

Nach den Beschlüssen der zuständigen Organe in Richtung Zusammenschluss wurden gemischte Ausschüsse und eine Koordinationskommission gebildet. Man betrat damit Neuland. Die Verunsicherung in beiden Gewerkschaften war im Fusionsprozess immer wieder zu spüren, vor allem, wenn es Konflikte gab. Was den Mitgliederbestand betraf, so war das Verhältnis zwischen den beiden Partnern zehn zu eins zugunsten der GBH. Das weckte bei den GTCP-KollegInnen die Sorge über ihren zukünftigen Platz und über den Fortbestand der eigenen gewerkschaftlichen Kultur in einer neuen Organisation. Bei der GBH hatte die Verunsicherung vor allem mit der Angst vor Veränderungen zu tun.

In den Fusionsverhandlungen setzte sich die GTCP-Delegation stark für tiefgreifende Veränderungen der gewachsenen Strukturen ein, mit dem Ziel, genügend Spielraum für Neues zu schaffen. Die Wortführer der GBH schwankten hingegen zwischen einer Fusion auf der Basis der bestehenden GBH-Strukturen und einer Fusion mit grösseren Veränderungen, die gleichzeitig auch die Erkenntnisse aus dem Reformprojekt «GBH 2000» mitberücksichtigen würden. Letztlich wählte man den pragmatischen mittleren Weg, allerdings mit der Vorgabe, dass man weitergehende Schritte später an einem ausserordentlichen Kongress anpacken würde.

Beide Gewerkschaften waren mit ähnlichen Problemen konfrontiert: Schwund der traditionellen gewerkschaftlichen Organisationsbasis, Verlagerung von Arbeitsplätzen in den Dienstleistungs- und Angestelltenbereich, grosse Organisationslücken bei Frauen, Jugendlichen und Angestellten, sowie verbandsinterne Schwerfälligkeiten und Mängel im Dienstleistungsangebot. Ein gemeinsamer Bericht stellte im August 1991 ausserdem fest: «Erschwerend kommen seit einigen Jahren die unternehmerischen Versuche zum Abbau von Arbeitnehmerrechten, Arbeitsschutzbestimmungen und Kollektivverträgen hinzu; und schliesslich wird die europäische Integration in unseren Branchen erhebliche Folgen zeitigen.»[11]

Um diese Probleme zu überwinden, werden unter anderem folgende Ziele formuliert: Schaffung von Synergien im Gewerkschaftsapparat zugunsten der Bewegungsarbeit mit einem mitgliedernahen Betreuungsnetz in der ganzen Schweiz; zeitgemässe Anpassung des Dienstleistungsangebots und des gewerkschaftlichen Vertretungsmandats; sowie Verbesserung der gewerkschaftlichen Präsenz in schwierigen Organisationsbereichen. Man entschied sich für Strukturen, die einerseits den verschiedenen Einheiten weitgehende Kompetenzen (Autonomie) einräumen und die Teilnahme der Basis fördern, aber trotzdem ein verstärktes koordiniertes Vorgehen in der Gewerkschaftspolitik ermöglichen sollten. Bei den Strukturen galt es auch dem Umstand Rechnung zu tragen, dass in der GTCP die Betriebsgruppen die unterste Einheit bildeten, während diese Rolle bei der GBH die Berufs- oder Ortsgruppen übernahmen. Beide Formen konnten nebeneinander weiterbestehen. Wichtig war es, ihre Vertretung in den künftigen Zentralorganen so zu regeln, dass alle ihre Stimme mit genügend Gewicht einbringen konnten, gerade auch die der Industriebranchen.[12]

Erklärtes Ziel der Fusion war es insbesondere, die Organisierung der Frauen und der Angestellten zu forcieren. Die Stärkung der bestehenden Interessengruppen durch zentrale Unterstützung sollte ein erster Schritt sein. «Die Aktivität bei den Angestellten» – heisst es in dem gemeinsamen Bericht – «ist für die Zukunft einer fusionierten Gewerkschaft GBH-GTCP enorm wichtig, da einerseits eine quantitative Verschiebung von den Arbeitern in Richtung der Angestellten stattfindet (vor allem in der Chemie) und anderseits die Kader (auch im Bauwesen/in der Holzbranche) eine wichtige strategische Stütze für eine wirksame Gewerkschaft sind.». Tatsächlich fand eine Diskussion statt, ob es nicht allenfalls besser wäre, eine separate Organisation für die Angestellten aufzubauen. Entschieden wurde, die Angestellten in die Strukturen der zukünftigen Gewerkschaft zu integrieren, ihnen aber eine weitgehende Autonomie und die Möglichkeit eines eigenen Logos und Namens zu geben.[13].

Oktober 1991: Ein Meilenstein in Genf

Der GBH-Kongress vom 24. bis 26. Oktober 1991 in Genf, dem dieses gemeinsame Papier vorgelegt wurde, erwies sich als wichtiger Meilenstein. Er gab den Führungsgremien grünes Licht und segnete grossmehrheitlich die programmatischen Eckpfeiler der zukünftigen Gewerkschaft ab.[14] Er markierte einen Generationswechsel an der Spitze der Organisation.

Dieser vollzog sich nicht ohne Auseinandersetzungen. Die Mehrheit der GL hatte sich bei den Kongressvorbereitungen auf einen Vertreter der alten Garde als neuen Präsidenten festgelegt. Der linke Flügel, der im Wesentlichen aus Achtundsechzigern und Vertretern der Migration bestand, einigte sich auf eine Gegenkandidatur Vasco Pedrinas und einige programmatische wie organisatorische Punkte. Wenn das Ja des Kongresses zur Quotenregelung für die Führungsgremien eine Folge des ersten nationalen Frauenstreiks vom Juni desselben Jahres war, so war der Rückzug des Kandidats der «alten Garde» der grossen nationalen GBH-Demonstration gegen das Saisonnierstatut zu verdanken – die am 12. September 1990 in Bern stattfand und von Pedrina wesentlich mitinitiiert worden war – sowie dem Wunsch nach einer Beschleunigung der Neuausrichtung.

Die ersten Reaktionen der Gewerkschaften im SGB auf diese Weichenstellungen und ein Jahr später auf den effektiven Zusammenschluss waren allerdings nicht begeistert. Sie hatten Mühe mit einer Fusion, die nicht einer Branchenlogik entsprach, sondern aus politischer Affinität und mit einem Veränderungsprogramm entstand, das von manchen als expansionistisch empfunden wurde. Mit eine Rolle spielte die Angst vor einer Verschiebung der Gleichgewichte innerhalb des SGB-Gefüges. Aber diese Bedenken verschwanden bald, jedenfalls bis zum nächsten, noch bedeutenderen Schritt ein paar Jahre später: dem Annährungsprozess zwischen GBI und SMUV. Die inzwischen mit voller Wucht wirkende Wirtschaftskrise und die gewerkschaftlichen Aufgaben, die daraus entstanden, liessen wenig Raum für Konflikte zwischen Gewerkschaftsapparaten.

In den GTCP-Branchen reagierten die Arbeitgeber auf die Fusion mit einer deutlichen Verhärtung der Vertragsbeziehungen, ähnlich wie schon in den Achtzigerjahren nach der Wahl eines linken GTCP-Präsidenten. Auch die Wahl von Roche-Manager Guido Richterich, einem neoliberalen Gewerkschaftsfeind, zum Präsidenten des Schweizerischen Arbeitgeberverbandes, trug dazu bei, die Spannungen zwischen den Sozialpartnern in den folgenden Jahren zu erhöhen.

Die Auswirkung der sich nun abzeichnenden Neuausrichtung der Gewerkschaften auf das Verhältnis zur Sozialdemokratischen Partei SPS wird ausführlich im Kapitel 7 beschrieben. In die Zeit des Zusammenschlusses GBH-GTCP fiel der Stabwechsel an der SPS-Spitze von Helmut Hubacher zu Peter Bodenmann (1990). Letzter sah in der

GBI-Gründung die Chance einer Kursänderung zu einer linkeren Politik, von der die SPS profitieren konnte – nicht zuletzt auch dank der Schwächung des rechten Flügels der Partei, in dem GewerkschaftsvertreterInnen eine starke Stimme hatten. Allerdings bekundete der neue SPS-Präsident Mühe mit dem Willen der neuen Gewerkschaft, unabhängiger von der Partei zu politisieren, und noch mehr mit der Tatsache, dass Präsident, Vize-Präsident und andere Kader der GBI keine SP-Mitglieder waren. Trotzdem kam es zu einer fruchtbaren Zusammenarbeit, insbesondere in wirtschafts- und europapolitischen Fragen.

GBI 1992: Selbstverständnis und Programm

Der Gründungskongress der GBI vom 5. September 1992 in Zürich fand in einer aufgestellten, fast euphorischen Stimmung statt. Die Beschlüsse wurden mit grossen Mehrheiten gefasst. Schon das Logo mit dem Schriftzug «GBI – die neue Gewerkschaft» markierte den hohen Anspruch der fusionierten Organisationen an sich selbst. Die Hoffnungen waren entsprechend gross, auch übertrieben, aber sie weckten Pioniergeist und lösten Veränderungsdynamik aus. Viele Vertrauensleute, GewerkschaftssekretärInnen, MitarbeiterInnen leisteten in der Folge mehrere Jahre lang ausserordentliche Anstrengungen, um die Ziele der Erneuerung zu realisieren.

Das am Kongress verabschiedete «Selbstverständnis» mit dem begleitenden «Grundsatzprogramm» lieferte den Rahmen für ein künftiges Handeln.[15] Es ging darum, die Identität der neuen Gewerkschaft mit einer offeneren gewerkschaftspolitischen Kultur zu definieren.

Was waren die Kernelemente dieser neuen Kultur?

Eine Neuausrichtung unter dem programmatischen Titel «Unser Selbstverständnis – Solidarität neu entwickeln», so der volle Titel der allerersten GBI-Publikation von 1992, aus der hier zitiert wird, setzte voraus, die «Gewerkschaft als gesellschaftliche Bewegung und als Gegenmacht zum Kapital aufzubauen»: «Grundlage für unsere Gewerkschaftsarbeit sind die Gesamtarbeitsverträge. Zur Verteidigung unserer Interessen und zur Durchsetzung unserer Ziele werden wir wenn nötig Kampfmassnahmen ergreifen. Wir verstehen uns auch als politische Kraft.»

Das Grundsatzprogramm vom April 1993 formulierte: «Eine Politik der Öffnung betreiben heisst, die traditionellen Anliegen der Vertragspolitik qualitativ zu erweitern.»[16] Neben den klassischen Schwerpunkten Lohn, Renten und Arbeitnehmerrechte ging es um die Gestaltung der Arbeit – mit Fokus auf die Gleichstellung von Mann und Frau –, um eine lebenswerte Umwelt, um eine solidarische Gesellschaft, mit Kampagnen gegen die (neue) Armut, gegen die Diskriminierungen insbesondere der MigrantInnen und zugunsten benachteiligter Bevölkerungsgruppen und Regionen. Inhaltliche und organisatorische Ziele wurden als «Fixsterne» festgelegt:

- *Eine neue Bewegung schaffen:* «Wir sind eine neue Gewerkschaft und wollen unsere Zukunft nach eigenen Vorstellungen aktiv gestalten. Der wilden Deregulierung der Märkte und dem sozialen Abbau setzen wir unseren Anspruch auf eine Gesellschaft gegenüber, die die Interessen des Menschen ins Zentrum stellt. Dazu brauchen wir die Gewerkschaft als gesellschaftliche Bewegung und Gegenmacht zum Kapital.»
- *Für eine sichere Existenz kämpfen:* «Wir wollen die Gesellschaft so gestalten, dass jeder Mensch ein würdiges und selbstbestimmtes Leben führen kann. Voraussetzung dazu ist, dass die Grundbedürfnisse durch gesetzliche Bestimmungen und durch GAV abgesichert sind.»
- *Arbeit sinnvoll gestalten:* «Wir wollen die gesellschaftliche und berufliche Position der ArbeitnehmerInnen stärken, denn jede Arbeit verdient soziale Anerkennung. Unsere Arbeit wollen wir selber gestalten können.»
- *Lebensqualität über den Profit stellen:* «Wir wollen für uns und unsere Kinder eine lebenswerte Umwelt erhalten. Dies erfordert

ein konsequentes Umdenken sowie einschneidende Massnahmen.»
- *Eine solidarische Gesellschaft aufbauen:* «Der zügellosen Leistungsgesellschaft, der rücksichtslosen Deregulierung in Wirtschaft und Politik, der Ausgrenzung benachteiligter Bevölkerungsgruppen stellen wir die Vision einer Gesellschaft entgegen, in der sich jeder Mensch wohlfühlen und entfalten kann.»
- *Internationale Solidarität vertiefen:* «Wir unterstützen die Gewerkschaften und demokratischen Bewegungen weltweit. Wir beteiligen uns aktiv an den Bestrebungen der europäischen Gewerkschaftsverbände (...), soziale und umweltgerechte Gesetze und GAV durchzusetzen. Wir unterstützen alle Bestrebungen für eine offene und solidarische Schweiz (...). Wir werden ein soziales, demokratisches und weltoffenes Europa aktiv mitgestalten».
- *Bündnisse eingehen:* «Wir wollen: die Beziehungen zu den Minderheits-Gewerkschaften ausbauen (...); mit den Kader- und Angestelltenorganisationen gemeinsamen Handlungsgrundlagen herstellen (...); bei übereinstimmenden Zielen eine enge Zusammenarbeit mit Parteien, gesellschaftlichen Bewegungen und weiteren Organisationen anstreben».
- *Den Willen der Mitglieder umsetzen:* «Der Einsatz der GBI für die gemeinsamen Ziele muss den Erwartungen ihrer Mitglieder entsprechen. Die Gewerkschaft gehört den Mitgliedern. Ihr Wissen und ihre Perspektiven bestimmen den Charakter der Organisation und sind massgebend für deren Leistungsfähigkeit.»
- *Die eigene Organisation zum Vorbild machen:* «Die gesamtarbeitsvertraglichen und sozialen Forderungen, die die GBI für die ArbeitnehmerInnen stellt, verpflichtet sie zu beispielhaften und fortschrittlichen Arbeitsbedingungen in der eigenen Organisation.»

Diese Punkte waren als Leitplanken gedacht, um das Gewerkschaftsleben zu gestalten. Bei den inhaltlichen «Fixsternen» handelte es sich um mittelfristige Zielsetzungen, die über die Tagespolitik hinausgingen und die Grundlage für soziale, gesellschaftliche Alternativen lieferten. In der Folge erwiesen sich diese «Fixsterne» als sehr hilfreich für die Orientierung, die Motivation und das Engagement der GewerkschafssekretärInnen und Vertrauensleute, sie steigerten dabei auch die Anziehungs- und Mobilisierungskraft der Bewegung.

In seiner programmatischen Kongressrede thematisierte Vasco Pedrina, der Präsident der neuen Gewerkschaft, Mitautor dieses Buches, die «Anpassungskrise der Gewerkschaften» und sprach von einem historischen Schritt, nicht nur weil es sich um die wichtigste Fusion seit den Zwanzigerjahren handelte, sondern auch weil diese mit einer Tradition brach und zwei Gewerkschaften aus ganz unterschiedlichen Branchen vereinigte. Pedrina erklärte: «Damit unsere Fusion wirklich eine Wende einleitet, müssen wir:
– Erstens, den Erneuerungsprozess der Ideen und der gewerkschaftlichen Praxis, sowie die Flexibilisierung unserer eigenen Gewerkschaftsstrukturen fortsetzen (...);
– Zweitens, mit Entschlossenheit den Umbau der gewerkschaftlichen Kräfte in der Schweiz stimulieren. Beim Status quo [zu] bleiben, bedeutet den gewerkschaftlichen Niedergang in Kauf zu nehmen. Deswegen richten wir einen Appell an die anderen SGB-Verbände, unserem Beispiel zu folgen. Deswegen plädieren wir für eine Reformstruktur des SGB. Deswegen wollen wir in den nächsten Jahren einen Beitrag leisten zur Überwindung der historischen Spaltung, die uns von den christlichen Minderheitsgewerkschaften trennt.»

Der Apparat wird umgebaut

Angesichts einer wirtschaftlichen Umbruchphase von grosser Tragweite musste die neue Spitze der GBH und ein Jahr später jene der GBI so schnell wie möglich nachholen, was die Vorgänger verpasst hatten: die Modernisierung und Professionalisierung ihres Apparats.

Die Krise legte die Schwächen der Gewerkschaft offen. Am dramatischsten zeigten sie sich bei der gewerkschaftseigenen Schweizerischen Krankenkasse für die Bau- und Holzberufe (SKBH). 1992 befand sich diese in einer Lage, die innerhalb eines Jahres zu ihrem Konkurs führen konnte. Nicht allein die Situation in der Bauwirtschaft war daran schuld, sondern auch die gewerkschaftliche Führung der Krankenkasse. Man hatte es verschlafen, rechtzeitig die Informatisierung an die Hand zu nehmen und sich als (zu) kleine Kasse am Konsolidierungsprozess im Krankenkassenwesen zu beteiligen. Mit einem ausserordentlichen Einsatz gelang Mitte 1993 gerade noch rechtzeitig der Anschluss an eine grosse Krankenkasse – ohne finanziellen Schaden für die neue GBI.

Grosse Mühe bekundete in dieser Zeit auch die Arbeitslosenkasse der GBH (ALK), die unter der massiven Zunahme der Arbeitslosenzahlen litt. Das ging so weit, dass das ALK-Personal sich 1992 veranlasst sah, wegen Überlastung und fehlender Räumlichkeiten Protestaktionen gegen die Gewerkschaftsführung zu organisieren. Sie zwang diese damit, sofort zu reagieren und einiges auf den Kopf zu stellen. Die neue ALK-Führung machte danach mit ihrem Team eine so gute Arbeit, dass der Anteil der von dieser Kasse betreuten Arbeitslosen während der Neunzigerjahre von 12 auf 24 Prozent anstieg; jeder vierte Arbeitslose wurde nun von der ALK der GBI, der inzwischen grössten Kasse im Land, bedient.

Sowohl der Niedergang der Krankenkasse als auch die Wachstumskrise der Arbeitslosenkasse beschleunigten die Bemühungen der neuen Führung, einen qualitativen Sprung in der gewerkschaftseigenen Informatik zu wagen. Die GBI war auf diesem Gebiet bald Vorreiter im SGB. Mehr Zeit benötigte es, das Personalwesen zu erneuern – mit einem einheitlichen Lohnsystem, transparenten und gerechten Regelungen bei Spesen und auch bei der Ausübung von externen Mandaten. Manches lag hier im Argen. Die Einführung der «Null-Toleranz»-Regel im Umgang mit Gewerkschaftsgeldern bedeutete einen Kulturwechsel: Jede Verfehlung in diesem Bereich wurde von nun an mit der fristlosen Kündigung und mit der Einschaltung der Strafbehörde quittiert.

Es ging darum, als Gewerkschaft so «clean» wie möglich zu werden, die eigene moralische Autorität nach innen und aussen zu stärken. Es war die Zeit, in der der gewerkschaftliche Umgang mit Geld im Ausland – insbesondere in Deutschland mit dem Millionenbankrott der Wohnbaugenossenschaft «Neue Heimat» – für negative Schlagzeilen sorgte.

Die Unabhängigkeit gegenüber den Unternehmern sollte soweit wie möglich wiederhergestellt, und Praktiken aus vergangenen Zeiten, die eine selbständige und kämpferische Gewerkschaftspolitik behinderten, sollten beendet werden. Dazu ein Beispiel: Mit der Einführung von paritätischen Fonds in der Bauwirtschaft Anfang der Siebzigerjahre hatte sich in manchen Kantonen die Praxis eingebürgert, dass Bauunternehmen die Gewerkschaftsbeiträge von Saisonniers direkt einkassierten und an die Gewerkschaft weiterleiteten. Dieses Vorgehen war nicht nur fragwürdig den Saisonniers gegenüber, es schaffte auch eine gefährliche Abhängigkeit der Gewerkschaft von den Patrons und machte sie in Krisenzeiten verwundbar. Es brauchte Jahre und aufreibende interne Konflikte, um diese Praxis zu ändern. Dabei half natürlich die stark sinkende Zahl der Saisonniers nach den Konjunktureinbrüchen der Neunzigerjahre, aber auch die von der Gewerkschaft mitinitiierte Weiterbildungsoffensive für Bauleute mit Migrationshintergrund im Hinblick auf die angestrebte Produktivitätssteigerung der Baubranche und auf die absehbare Abschaffung des Saisonnierstatuts. Um von der Abhängigkeit loszukommen, mussten negative Folgen bei den Mitgliederzahlen in Kauf genommen werden.

Einen wichtigen Beitrag zur Verbesserung der Organisation brachte die Festlegung von Zielen und deren Kontrolle nach den Grundsätzen des «management by objectives» (Mbo), 1993 auf Ebene der Geschäftsleitung und in den Jahren danach auf allen Stufen eingeführt. Diese Veränderung konnte in einer Gewerkschaft natürlich nicht ohne heftige Diskussionen stattfinden. Der Widerstand kam vor allem aus der Westschweiz und hatte mit der verständlichen Sorge zu tun, dass «kapitalistische Managementmethoden» ein Hindernis für Bewegungsarbeit und spontane gewerkschaftliche Aktionen sein könnten. Die anarchosyndikalistische Tradition, die wichtiger Teil der Identität der Westschweizer Bauarbeiter war, kam dabei zum Ausdruck. Etwas weniger ehrenhaft war hingegen die Sorge mancher GewerkschaftssekretärInnen und Gremienmitglieder, vor Ort nicht mehr unkontrolliert machen zu können, was sie wollten. Das «management by objectives» setzte sich in der Gesamtorganisation durch – ohne Bewegungen, Streiks und politische Aktionen wie Referenden oder Volksinitiativen irgendwie zu behindern.

Die Erneuerung geht weiter: GBI-Strukturreform 1994

Auch mit der Fusion zur GBI blieb eine Reihe von Problemen ungelöst. Im Frühjahr 1994 stellte eine Kommission «Strukturreform GBI» dazu fest: «Die Erfahrungen in der neuen 12-köpfigen Geschäftsleitung, die Schwierigkeiten bei den ersten Mobilisierungsschritten 1992/1993, die Krise der SKBH und die Schwierigkeiten bei der Aufbauarbeit in neuen oder bisher vernachlässigten Bereichen haben gezeigt, dass die Strukturen der GBI den gestellten Aufgaben nicht genügend angepasst sind.»[17]

Die von dieser Kommission skizzierte Strukturreform hatte vier Ziele: die Stärkung der Fähigkeit zur Problemlösung vor Ort; die Stärkung der demokratischen Strukturen; eine Geschäftsleitung als kleineres und handlungsfähigeres Führungskollektiv und eine besser in die Regionen integrierte Führung. Einerseits sollte die Mobilisierungs- und die Streikfähigkeit erhöht werden, um die drohende rechtliche Aushöhlung der Arbeitsbeziehungen und der GAV zu verhindern. Andererseits sollten die dezentralen professionellen und demokratischen Strukturen gestärkt werden, um einen Ausgleich zum Ausbau des Apparates – insbesondere der ALK – zu schaffen.

Gegen die drohende Gefahr der Bürokratisierung brauchte es ein Gegengewicht. Die regionale Ebene der Organisation kam damit in den Fokus. Die GBI stand zunehmend vor Aufgaben, die eine regionale Zusammenarbeit und Integration erforderten: sei es in der Vertrags- und Mobilisierungspolitik; bei Aufbauprojekten in bisher vernachlässigten oder neuen Mitgliederbereichen; sei es bei der gewerkschaftlichen Bildung, der gewerkschaftlichen Begleitung der Arbeitslosenkasse oder in der Öffentlichkeitsarbeit. Die ehemalige GTCP war zwar seit den Achtzigerjahren organisatorisch regionalisiert; hingegen waren in der wesentlich grösseren GBH die Sektionen die wichtigste dezentrale Einheit, ihre regionalen Strukturen verfügten über sehr beschränkte Mittel und Kompetenzen. Vor die Alternative gestellt, die Strukturen der GBI zulasten der Sektionen zu regionalisieren oder die etwa fünfzig lokalen Sektionen beizubehalten und gleichzeitig die regionale Ebene zu stärken, entschied sich der Kongress für die zweite Variante. Den Regionen wurden Kompetenzen von den Sektionen übertragen und man schaffte auch in der GBI die Funktion der Regio-SekretärInnen. Als Gegenstück zum Ausbau der regionalen Profi-Struktur versuchte man, die demokratischen Basisstrukturen mit der Bildung von Regio-Vorständen, Aufwertung regionaler Delegiertenversammlungen und einer grösseren Gewichtung der Stimmen von ehrenamtlichen Mitgliedern zu stärken.

Ein weiteres Anliegen dieser Strukturreform von 1994 war eine klarere Trennung zwischen den legislativen Organen, dem Kongress und der LDV einerseits und den exekutiven Gremien wie ZV und GL andererseits. Die Vermischung solcher Funktionen stellt demokratische Massenorganisationen wie die Gewerkschaften immer wieder vor Probleme, sie schafft Unklarheiten über die jeweilige Rolle der aktiven Basis und der Führungskräfte im Apparat. Wichtig war, dass die Delegierten der Legislativorgane von nun an aktive Basismitglieder sein mussten, was früher nicht der Fall gewesen war.

In ihren Zwischenbilanzen an den Zentralvorstand und an den GBI-Kongress 1996 konstatierte die Geschäftsleitung mit Befriedigung, dass die GBI entlang ihrer Fixsterne sich gut etablieren konnte, auch in der öffentlichen Wahrnehmung.[18] Sie konnte eine erneuerte gewerkschaftspolitische Kraft entwickeln, dazu gehörten ihre Antworten auf die Krise von 1993/95, ihre Rolle in der Bekämpfung der Arbeitslosigkeit und in Sachen Arbeitslosenkasse, ihre sozialpolitische Präsenz in der AHV- und Ausländerpolitik.[19]

Den Fokus legte die GL aber vor allem auf die organisationspolitischen Schwierigkeiten des in die Wege geleiteten Projektes. Beim gewerkschaftlichen Aufbau in neuen gesellschaftlichen Schichten erwies sich ein schneller Durchbruch nicht als realistisch. Einige positive Ansätze wurden immerhin vermeldet. Das offene Image der GBI in den «neuen Schichten» konnte verbessert werden. Die vorgesehene Stärkung der gewerkschaftlichen Präsenz in der Industrie war hingegen ein Wettlauf gegen den Trend: Die Arbeitsplätze in allen Industriebranchen wurden in den Neunzigerjahren laufend dezimiert. Die Fusion erlaubte immerhin mithilfe regionaler Stützpunkte neue Aktivitäten in der Industrie.

Die Erneuerung der aktiven Kerne der Gewerkschaft und die Integration der unterschiedlichen Kulturen erwiesen sich als die schwierigsten Aufgaben. Die Fusion hatte aber einen langsamen Prozess ausgelöst, der die bisherige Identität der «Bau»- oder «Industrie»-Gewerkschaft mehr und mehr in Richtung branchenübergreifende Gewerkschaft veränderte. Die Aufnahme von Aktivitäten im Tertiärsektor verstärkte diese Tendenz.

Impulse dieser Fusion auf die übrige Gewerkschaftsbewegung werden im folgenden Kapitel beschrieben.

Anmerkungen

1 Die Devise «Von den Gewerkschaften der Hochkonjunktur zu den Gewerkschaften für raue Zeiten» figurierte als Titel einer Rede von Vasco Pedrina an einer gewerkschaftlichen Bildungsveranstaltung 1986.
2 Jakob Tanner, «Geschichte der Schweiz im 20. Jahrhundert», C.H.Beck, München, 2015, S. 514/515.

3   J. Tanner, a. a. O., S. 496.
4   J. Tanner, a. a. O., S. 466.
5   J. Tanner, a. a. O., S. 471.
6   J. Tanner, a. a. O., S. 473.
7   Jakob Tanner, «Die Schweiz nach 1989 – Das Comeback nationaler Reflexe», WOZ Nr. 48, 28.11.2019.
8   «Projekt GBH 2000. Berichte der Arbeitsgruppen Zukunftsmarkt» (September 1989) und Statuten (Oktober 1989). Archiv GBH im Schweizerischen Sozialarchiv Zürich.
9   Die GBH-Strukturreform von 1974 hatte diese Kernelemente enthalten:
    – den Übergang zur Industriegewerkschaft;
    – die Schaffung von Interessengruppen (insbesondere der Saisonniers), die Aufwertung der Berufskonferenzen, die Schaffung einer Landesdelegiertenversammlung, die Schaffung von Regionen;
    – eine klarere Trennung zwischen den Organen mit exekutiver Funktion (GL und ZV) und legislativer Funktion (Landesdelegiertenversammlung, LDV);
    – eine Stärkung der gewerkschaftlichen Bildung.
    Angestrebt wurde eine stärkere Dezentralisierung der Organisation mit Blick auf eine aktivere Mitgliederbeteiligung.
10 Thesenpapier GBH 2000: «Warum das Reformprojekt GBH 2000?» vom 8.5.1990. Archiv GBH im Schweizerischen Sozialarchiv.
11 Bericht «Zusammenschluss der Gewerkschaften GBH und GTCP z. H. der LDV vom 30./31.8.1991 und des ordentlichen GBH-Kongresses vom 23./26.10.1991»; S. 5. Archiv GBH im Schweizerischen Sozialarchiv.
12 Bericht «Zusammenschluss ...», S. 5/6 und S. 14.
13 Bericht «Zusammenschluss ...», S. 10.
14 Einwände gegen eine Fusion, die zur Sprache kamen: Die GBH hat genug Probleme selber zu bewältigen, ohne sich noch mit einer Fusion zu belasten, fehlendes mittelfristiges klares politisches Projekt, Angst vor einer «Intellektualisierung» der GBH. Letzteres so ausgedrückt von Edmond Balmer, einem älteren Basiskollegen: «Nous sommes arrivés à nous demander si ce marriage n'était pas contre nature ... Nous craignour une chose, c'est que dans le domaine de la chimie surtout, nous nous trouvions face à des scientifiques, gens d'une éducation peut-être supérieure à celle de la plupart de nos membres et que nous allons être manipulés». Protokoll GBH-Kongress – Genf, 24./26.10.1991, S. 164.
15 Publikationen der GBI – Nr. 1: «Unser Selbstverständnis – Solidarität neu entwickeln» (genehmigt vom Fusionskongress GBH-GTCP, September 1992) und «Grundsatzprogramm» (genehmigt vom ZV GBI, April 1993).
16 GBI-Grundsatzprogramm, a. a. O., S. 24.
17 Bericht «Strukturreform GBI» für den ausserordentlichen Kongress GBI vom 25.6.1994, S. 1.
18 Zwischenbericht über die GBI-Strukturreform 1994 an den ZV vom 25.4.1996 und Bericht «Strukturen GBI» für den ordentlichen GBI-Kongress 1996.
19 Bericht «Bilanz der Fusion von GBH und GTCP zur GBI» z. H. des ZV GBI vom 8.2.1996.

Gewerkschaftsbiografie

Maulwurf, Chemiezelle, Feministin, Umweltschutz
Irène Huber

Irène Huber machte Anfang der Achtzigerjahre eine Lehre bei der Ciba-Geigy in Basel. Sie war Mitglied der GTCP und der trotzkistischen RML. Sie lebt heute noch in der Stadt und ist Altgrossrätin der Frauenliste Basel.

Irène Huber kam mit rund zwanzig Jahren in Kontakt mit dem «Maulwurf», der Jugendorganisation der Revolutionären Marxistischen Liga RML (später SAP). Die Schulungskurse begeisterten sie, sie besuchte die «Maulwurflager», wo Ernest Mandel und Leo Trotzki gelesen wurde. Morgens um 6 Uhr verteilte sie fortan Flugblätter vor den Toren der grossen Unternehmen. «Bleiwüsten, nicht wirklich lesefreundlich», wie sie heute sagt. Nach der Matura begann sie eine Laborantinnenlehre in der Ciba-Geigy AG und wurde Teil des Projektes «Entrismus» der SAP (ehemals RML). Die Chemiezelle der SAP wurde ihre politische Heimat. In der Gewerkschaft Textil Chemie Papier GTCP sammelte sie praktische Erfahrungen. «Besonders wichtig war mir die Frauengruppe. Die Stimmung unter uns war gut. Ich fühlte mich wohl und ernst genommen, ich fand dort Freundinnen fürs Leben. In der Frauengruppe konnte ich einen riesigen Erfolg miterleben: die Verwirklichung des Grundsatzes vom gleichen Lohn für gleiche Arbeit in der Basler Chemie.»

Irène engagierte sich auch in der Gewerkschaftsgruppe der Angestellten. Diese gab den «Katalysator» heraus, eine Zeitschrift, die die Chemieangestellten für die Gewerkschaft gewinnen wollte. Eine harte Konkurrenz dabei war allerdings der Angestelltenverband. Er verlangte tiefere Beiträge und «passte eher zum braveren Image jener Angestellten, die sich irgendwie besser fühlten als die normalen ArbeiterInnen». Doch es gelang nicht, die

Angestellten zu überzeugen, dass Gesamtarbeitsverträge mehr Schutz und Sicherheit bedeuten und allen vermeintlichen Privilegien vorzuziehen seien.

In der GTCP tobte damals der Kampf zwischen den älteren BetriebsarbeiterInnen und den AchtundsechzigerInnen. «Die Alten hielten an hart erkämpften Werten fest. Sie wollten keine Revolution, keine internationale Solidarität, keinen Kampf gegen AKWs und Chemiemüll, sondern gute Gesamtarbeitsverträge», bilanziert Irène ihre damalige Erfahrung. Das habe sich beispielsweise auch 1982 gezeigt, während ihrem zweiten Lehrjahr, als die Ciba rationalisierte und ein Drittel der Belegschaft im Bereich FC (Farbstoffe und Chemikalien) aussortiert wurde.

Für die angehende Laborantin war es sonnenklar, dass dagegen gestreikt und eine konzernübergreifende Solidaritätsaktion eingeläutet wird. Und dass die GTCP sich in vorderster Front für sie und ihre MitarbeiterInnen stark machen würde. «In der Realität tat die GTCP wenig und der zuständige Betriebsrat legte sich auch nicht besonders ins Zeug. Der Abbau wurde geschluckt, weil er vor allem die Angestellten betraf und die GewerkschafterInnen wenig tangierte. Auch die AchtundsechzigerInnen, die damals schon Funktionärsfunktionen innehatten, mussten sich der mächtigen Arbeiterkommission beugen», musste sie feststellen. Eine harte Lektion in Sachen Realpolitik.

Aber langsam kamen diese AchtundsechzigerInnen an die Macht, ergatterten gute Funktionärsjobs und versuchten, die Gewerkschaft «moderner» zu machen. Eine Fusion mit den organisierten BauarbeiterInnen zur Gewerkschaft GBI sollte dem grossen Mitgliederschwund entgegenwirken. Grundsätzlich gelang es aber nicht, ein Bewusstsein dafür zu schaffen, dass Arbeitnehmende nur stark sind, wenn sie sich zusammenschliessen.

Nach dem Chemieunglück in Schweizerhalle 1986 brach Irène Huber mit GTCP und SAP. Damals arbeitete sie als Zentralsekretärin der Arbeitsgemeinschaft «MITENAND».

Der Bruch mit der GTCP erfolgte, weil diese sich nicht an einer Anti-Schweizerhalle-Demonstration der chemiekritischen «Aktion Selbstschutz» beteiligen wollte, da gerade Gesamtarbeitsvertragsverhandlungen ins Haus standen.

Redaktion: Hans Schäppi

Kapitel 3

Zusammenarbeit oder Fusion?
Von der GBI zur Unia

Auch nach der Gründung der GBI 1993 ging die Diskussion über ein besseres Gewerkschaftsmodell und seine praktische Verwirklichung weiter. Phasenweise kam es zu heftigen Auseinandersetzungen und zu Brüchen zwischen GewerkschafterInnen verschiedener Richtungen. Verantwortlich dafür war nicht zuletzt eine überraschende Wende in der Zukunftsplanung: Niemand hätte sich bei der Entstehung der GBI nämlich vorstellen können, dass nur zwei Jahre später ein Prozess der Annäherung zwischen der «progressiven» GBI und dem «konservativen» SMUV beginnen und zehn Jahre später zur Fusion und zur Unia führen könnte.

Die Annäherung fing mit einem Konflikt an. Bei der Erneuerung des GAV der Metall- und Maschinenindustrie im Sommer 1993 hatte der SMUV den Arbeitgebern einen sogenannten «Krisenartikel» zugestanden, das heisst die Möglichkeit, unter bestimmten Bedingungen vorübergehend die Arbeitszeit zu erhöhen. Baumeisterpräsident Erwin Grimm pries diesen Kompromiss bei Verhandlungen im Bauhauptgewerbe als «best practice», als vernünftige gewerkschaftliche Haltung, die mit der angeblich sturen Haltung des GBI kontrastiere.

In den GBI-Reihen sorgte das für Aufregung. Auch Präsident Vasco Pedrina – Koautor dieses Textes – machte seinen Unmut öffentlich, was zu einer weiteren Belastung der ohnehin schwierigen Beziehungen zwischen den beiden grössten Gewerkschaften im SGB führte.

Einige Wochen später fand auf Initiative der neuen SMUV-Präsidentin Christiane Brunner eine Aussprache statt. Später folgten informelle Gespräche «unter acht Augen» von beiden Gewerkschaftsspitzen.[1] Nach der Beilegung des unmittelbaren Konfliktes konnte Christiane Brunner glaubwürdig darlegen, dass sie und ihr Führungsteam gewillt waren, im SMUV ein gewerkschaftspolitisches Erneuerungsprojekt zu verfolgen.

Hinweise auf Veränderungen hatte es auch beim SMUV schon zuvor gegeben. Eindrückliches Zeichen: Der erste nationale Frauenstreik vom Juni 1991, dessen treibende Kraft Christiane Brunner war. Ein anderes Beispiel: Im Frühling 1992 nahm die GBH im SGB einen zweiten Anlauf für ein Anti-Krisenprogramm. Der damalige Chef-Ökonom des SGB, Beat Kappeler, opponierte wieder ganz entschieden und zwar mit der klassisch neoliberalen Argumentation, dass Konjunkturprogramme prozyklisch wirkten und daher abzulehnen seien. Doch nun wechselte die SMUV-Vertretung im SGB das Lager und stimmte für den Antrag der GBH, sie öffnete damit gegen den Willen des Chefökonomen die Türe zu den erfolgreichen Konjunkturprogrammen I und II, die das Parlament in den Jahren 1993/94 und 1996/1997 in die Wege leitete. Nachdem Kappeler sah, dass er mit dem SMUV eine seiner Hauptstützen im SGB verloren hatte, verliess er einige Monate später seinen Posten. Dieser Weggang Mitte 1992 ermöglichte einen dauerhaften Kurswechsel in der SGB-Wirtschaftspolitik.

Die Ausgangslage für Christiane Brunner war schwierig, nicht nur wegen der Last der konservativen SMUV-Geschichte. Mit dem Umbau der eigenen Gewerkschaft begannen die Reformkräfte beim SMUV später als jene von GBH und GTCP. Erst Krise, Strukturwandel und die Verhärtung des Arbeitgeberlagers in den Neunzigerjahren stellten die bisherige Politik genügend infrage. Es brauchte mehr Zeit für eine Wende, und dafür bat Brunner in Gesprächen mit der GBI-Spitze um Verständnis und Geduld. Renzo Ambrosetti, der Nachfolger von Christiane Brunner, damals noch dem traditionellen Flügel zugehörig, sagt heute, dass letztlich der Durchbruch der «Shareholder-Value»-Logik in den Chefetagen zur Wende auch im SMUV führte.

Brunner und Pedrina im SGB-Präsidium

Erneut ein wichtiges Thema stand im Frühjahr 1994 an: die Wahl eines neuen SGB-Präsidiums im kommenden Herbst. Der nach vier Jahren abtretende Präsident Walter Renschler setzte auf Christiane Brunner. In Anbetracht der Veränderungen im SMUV hätte die GBI wohl damit leben können, und die meisten anderen Verbände hätten eine solche Wahl klar unterstützt. Dies umso mehr, als ihre öffentliche Ausstrahlung mit der Nichtwahl in den Bundesrat am 3. März 1993 noch stark zugenommen hatte (der «Brunner-Effekt» löste damals eine einmalige politische Mobilisierung nicht nur von Frauen aus). Brunner war aber nicht gewillt, das SGB-Amt zu übernehmen, weil für sie die bisherigen Tätigkeiten als SMUV-Präsidentin und Nationalrätin zusammen mit den familiären Verpflichtungen schon belastend genug waren. Auf einem informellen Treffen der beiden Verbandsspitzen schlug Hans Schäppi ein Co-Präsidium Brunner/Pedrina vor.

Frischer Wind im SGB

Die Fusion von GBH und GTCP hatte die Wirkung eines Eisbrechers für die festgefahrenen Strukturen der Schweizer Gewerkschaften. Schon im Vorfeld zeigte sich plötzlich ein Wille zur Veränderung auf breiter Basis, als der SGB-Kongress von 1990 den Antrag zur «Begrünung der gewerkschaftlichen Wüsten» im öffentlichen und privaten Dienstleistungssektor verabschiedete und auch mit der Präsidentenwahl für einen Aufbruch stimmte.

Drei Personen kandidierten 1990 für das SGB-Präsidium. Ernst Leuenberger vom SEV, Tiziana Mona vom SSM und Walter Renschler, Generalsekretär des VPOD. Renschler hatte auch den Antrag zu einer Mobilisierung im Dienstleistungssektor mit dem Titel «Begrünung der gewerkschaftlichen Wüsten» vorgelegt; er wurde knapp gewählt, und der Kongress hiess seinen Antrag gut. Massgebend für die Wahl waren die Stimmen von GBH und GTCP, die im SGB auf eine «Mitte-Links-Koalition» setzten. Mit Renschler als «Übergangspräsident» wollten sie den Weg zu einer Neuausrichtung der Gewerkschaftspolitik öffnen. Wie die späteren Wahlen seiner NachfolgerInnen im Präsidium zeigen, ging diese Rechnung auf. Die Hoffnung jedoch, dass mit Renschler als Präsident auch die organisatorische Annäherung zwischen der zukünftigen GBI und dem VPOD erleichtert würde, hat sich nicht erfüllt.

Christiane Brunner reagierte sofort positiv, sogar enthusiastisch. Ein Co-Präsidium hatte es in der Gewerkschaftsbewegung noch nie gegeben. Gerade als leidenschaftliche Kämpferin für die Gleichstellung der Geschlechter sah sie darin einen Schritt mit grosser Symbolkraft. Brunner war überzeugt, dass diese Lösung erfolgreich und das Nachahmungspotenzial gross sein würde. Sie bekam recht: die Institution des Co-Präsidiums verbreitete sich bald auch ausserhalb der Gewerkschaftsbewegung rasch.

Vasco Pedrina reagierte zurückhaltender, obschon er die Chance eines Co-Präsidiums sah. Er fürchtete weniger, dass er sich persönlich mit Christiane Brunner nicht verstehen würde, die Bedenken betrafen eher die unterschiedlichen politischen Werdegänge der beiden, die weiterhin bestehende Kluft zwischen SMUV und GBI sowie die Reaktion des kritischen linken GBI-Flügels auf einen derartigen Vorschlag. Pedrina gab schliesslich seine Zustimmung unter der Bedingung, dass klare Fairnessregeln in der Zusammenarbeit definiert und respektiert würden. In den vier Jahren Co-Präsidium SGB wurden diese Regeln dann strikt eingehalten.

Die Bedenken waren aber nicht unbegründet. Christiane Brunner musste sich in der SMUV-Führung mit einer gewichtigen internen Opposition auseinandersetzen. Es bestand die Gefahr, dass sich die immer noch starken Spannungen zwischen GBI und SMUV im Co-Präsidium reproduzieren könnten. Und natürlich, während die Skepsis beim SMUV im konservativen Flügel am grössten war, kam in der GBI der Gegenwind von links. Dort befürchtete man einen Verlust an kämpferischem Profil für die GBI und eine Schwächung ihrer Anstrengungen zur Reorganisation und Dynamisierung. Interne Überzeugungsarbeit und eine funktionierende gute Zusammenarbeit im Co-Präsidium konnten schliesslich die verbreitete Skepsis in beiden Organisationen weitgehend überwinden. Das galt wohl auch für die Ängste in den anderen SGB-Verbänden vor der geballten Macht von GBI und SMUV; mitgliedermässig repräsentierten die zwei Gewerkschaften ja mehr als die Hälfte des SGB. Trotz verschiedenen Konflikten, oft wegen der Abgrenzungen von Organisationsbereichen der Einzelverbände, war die Einheit der Bewegung in der Folge nie ernsthaft bedroht.

An einem gemeinsamen Treffen am 16. Juni 1994 gaben die Geschäftsleitungen von GBI und SMUV grünes Licht für einen Antrag, der dem SGB-Kongress ein Co-Präsidium Brunner/Pedrina vorschlug. Im November erfolgte die Wahl ohne Gegenkandidatur. Das Co-Präsidium erschien als die beste Möglichkeit im gegebenen Kontext, da es den verbandsübergreifenden Charakter der Gewerkschaftsbewegung betonte und stärkte. Es verkleinerte zudem das Risiko einer starken Polarisierung zwischen GBI und SMUV, die von Unternehmerseite hätten gegeneinander ausgespielt werden können.

Welche Gewerkschaft für die Zukunft?

Mit Blick auf den GBI-Kongress im Herbst 1996 entwickelte sich eine Diskussion über das anzustrebende Gewerkschaftsmodell. In einem Thesenpapier vom Frühjahr 1995 plädierten Andreas Rieger und Vasco Pedrina dafür, mit der Reform die «Abschottungen und Begrenzungen» zwischen den Verbänden aufzulösen zugunsten einer «konföderalen Struktur» der Gewerkschaftsbewegung.[2] Das Papier basierte auf einer sehr kritischen Analyse des Ist-Zustands, es legte den Finger auf eine fundamentale Mobilisierungsschwäche, auf die mangelnde Repräsentativität der SGB-Gewerkschaften insbesondere bei den Angestellten und im Tertiärsektor, auf den Immobilismus der Strukturen der Verbände sowie der Dachorganisationen und schliesslich auf die nach wie vor lähmende Polarisierung zwischen den einzelnen Gewerkschaften.

Was verstand das Papier unter «konföderaler Struktur» der Bewegung? Eine Überwindung der starren Branchenstrukturen zugunsten der Interprofessionalität sollte die gewerkschaftliche Aktivierung der Mitglieder erleichtern und ihre Identifikation mit der Gesamtorganisation verbessern. Der interprofessionelle Ansatz sollte helfen, auch die 1994 vom SGB anvisierte «Begrünung der gewerkschaftlichen Wüsten» voranzutreiben. Die unbewegliche Aufteilung der Organisationsdomänen der SGB-Einzelgewerkschaften – bisher ein Tabuthema – war damit infrage gestellt, denn diese behinderte die Organisierung in Bereichen, in denen von der «zuständigen» Gewerkschaft aktiv nichts unternommen wurde: «Verbände sollen nicht ‹Domänen› für sich beanspruchen können, in welchen sie weder Mitglieder haben noch aktiv sind, noch GAV haben; zentrales Kriterium soll dabei die aktive Präsenz sein. Dies gilt insbesondere für den gesamten privaten Tertiärbereich», heisst es in dem Papier.[3]

Die Auseinandersetzung über Domänen und «konföderative Struktur» in den Gewerkschaften gewann mit dem Annäherungsprozess zwischen GBI und SMUV an Fahrt. Es begann aber auch die Kritik am eingeschlagenen Kurs durch den linksradikalen Flügel der GBI, die ihren Höhepunkt am Kongress von 2000 erreichte. Der Hauptexponent dieser Kritik, Giuseppe Sergi, Tessiner Sektions- und Regionalsekretär, vertrat die Position, dass der Weg in Richtung einer «konföderalen Gewerkschaftsbewegung» nur dann Sinn habe, wenn sich die GBI mit einem klaren Profil als kämpferischer und linker Pol der Bewegung entwickle. Dann würde sie eine starke Anziehungskraft auch auf die kämpferischen Flügel der anderen Gewerkschaften ausüben. Eine Verbindung mit dem SMUV sei dafür jedoch ein Hindernis. Tatsächlich müsse die GBI sogar eine Spaltung des SGB in Kauf nehmen, wenn damit die Basis für eine «rote Gewerkschaftskonföderation» geschaffen werden könne: selbst um den Preis eines (vorläufigen) starken Rückgangs der Mitgliederzahlen, nach der Devise lieber «wenige, aber gute» – «pochi, ma buoni!».

Dass die herrschende Abschottung zwischen Verbänden zu überwinden sei und dass dafür ein interprofessioneller Ansatz verfolgt werden müsse, darin war man sich immerhin einig: Eine starke konföderale Gewerkschaftsbewegung sollte für die Mitglieder bedeuten, dass sie sich nicht primär mit dem eigenen Branchenverband identifizierten, sondern mit der «Konföderation» – ähnlich wie in Italien (CGIL, CISL, UIL) oder Frankreich (CGT, FO, CFDT).

Die Mehrheit der GBI-Führung und der Gesamtorganisation konnte sich allerdings nicht für die Perspektive einer «roten Konföderation» erwärmen, die sich vom Rest der Bewegung sogar abspalten würde. Sie argumentierte dafür, innerhalb der Gewerkschaft eine grosse Breite von Ansichten zu pflegen; nicht zuletzt vor dem äusseren Hintergrund der sehr defensiven Lage, in welcher die Bewegung zu diesem Zeitpunkt steckte. Der bedrohliche wirtschaftliche und sozialpolitische Kontext der Neunzigerjahre förderte ja, wie gesagt, auch bei konservativen Gewerkschaftern eine Infragestellung von traditionellen Mustern und gleichzeitig das Bedürfnis nach Einheit, um neoliberale Angriffe erfolgreich zu parieren.

Lähmende Erfahrungen mit radikalen Richtungsgewerkschaften im Ausland und deren zum Teil unfruchtbaren politischen Auseinandersetzungen – wie in Frankreich und Italien – legten nahe, nicht diesen Weg zu gehen.[4] Das damalige Geschäftsleitungsmitglied Oliver Peters erinnert sich in einem Mail:

> «Unser Gegenprojekt zuerst zum ‹pochi, ma buoni› und dann zur Idee der ‹roten Konföderation› war, zu sagen, dass wenn

man eine andere (aktive, mobilisierende, unbürokratische) Gewerkschaftspolitik fahren will, es zentral ist, sich nicht ausgrenzen und isolieren zu lassen, dass man also eine kämpferische Gewerkschaftspolitik mit einem starken Bündnis zum Mainstream der Gewerkschaftsbewegung kombinieren muss. Es ist eine traditionelle Krankheit von aktiven Bewegungen, ins Offside zu laufen. Erfolgreiche Bewegungen (AKW-, Friedensbewegung) haben es immer wieder geschafft, aktive Mobilisierung mit einer intelligenten Bündnispolitik zu kombinieren.»

Schrittweise setzten sich in den Diskussionen sowohl das Zusammengehen von GBI und SMUV als auch die Suche nach einer Neuausrichtung innerhalb des bestehenden SGB durch. Das Co-Präsidium Brunner/Pedrina im SGB erwies sich dabei als wichtiges Symbol und in der Praxis als ständige Lockerungsübung zwischen starren Fronten.

Gründung der «kleinen Unia»

Der ausserordentliche Kongress der GBI zur Strukturreform vom 25. Juni 1994 nahm einen Antrag der Tessiner und der Zentralschweizer Sektionen zur Prüfung entgegen, der die Gremien beauftragte, mit dem gewerkschaftlichen Aufbau im Dienstleistungssektor zu beginnen. Ein paar Monate später schlug Christiane Brunner vor, dass GBI und SMUV gemeinsam die Gründung einer Dienstleistungsgewerkschaft an die Hand nehmen sollten. Schon der SMUV-Kongress von 1992 hatte eine Namenserweiterung zur «Gewerkschaft Industrie, Gewerbe, *Dienstleistungen*» beschlossen. Das Kürzel «SMUV» wurde jedoch beibehalten. Am selben Kongress hatten die SMUV-Delegierten die Integration des viel kleineren VBLA (Verband der Bekleidungs-, Leder- und Ausrüstungsarbeiter) genehmigt. Wie bei der GBI folgte aus der Diskussion um die Tertiarisierung und aus der Namenserweiterung der Auftrag, sich vermehrt um die neuen Berufe zu kümmern. Es lag nahe, dass sich beide Gewerkschaften auf ein gemeinsames Projekt einigten.

Die Lancierung einer gemeinsamen Tochtergewerkschaft für den Dienstleistungssektor folgte im April 1996 und wurde zum ersten konkreten Schritt der praktischen Zusammenarbeit zwischen SMUV und GBI. Damit auch die regionale Basis der zwei Gewerkschaften sich engagierte, richtete man eine Doppelmitgliedschaft ein. Neue Mitglieder der Tochtergewerkschaft, die bereits den Namen «unia» trug, gehörten zudem der GBI oder dem SMUV an.[5] An dem Projekt beteiligte sich neben den zwei grossen Verbänden die Genfer Gewerkschaft Actions (hervorgegangen aus der «Association des Commis de Genève»).

Die Gründung der «kleinen unia», als Vorläuferin der Grossgewerkschaft Unia, ging nicht ohne Konflikte ab, auch im SGB. Die Gewerkschaft VHTL (Handel, Transport und Lebensmittel) wollte die von der unia anvisierten Organisierungsbereiche für sich allein beanspruchen. Bald erwies sich die Negründung jedoch als wichtiger Schritt. In der gewerkschaftlichen Organisierung von Teilen des Tertiärsektors löste sie einen kräftigen Schub aus.

Das «Gewerkschaftshaus» entsteht

Mitte 1995 schlug die GBI-Führung um Vasco Pedrina der SMUV-Präsidentin Christiane Brunner ein umfassendes Zusammengehen der beiden Gewerkschaften vor. Brunners Antwort kam an einem informellen Treffen im September desselben Jahres: «Ja, aber es darf noch nicht von Fusion geredet werden, sonst stirbt das Projekt schon vor dem Start!» Solche Empfindlichkeit in Bezug auf die Terminologie hatte es schon bei der Fusion der GBI gegeben. Vor allem in der GTCP war bis fast am Schluss nicht von Fusion, sondern von Zusammenschluss geredet worden – aus Rücksicht auf die skeptischen Stimmen, die eine Übernahme durch den GBH befürchteten. 1995 einigten sich SMUV und GBI auf ein schrittweises Vorgehen – in der Überzeugung, dass die dabei entstehende Dynamik schliesslich zu einem guten Ausgang führen werde.

Zunächst sollte mit konkreten Projekten gestartet werden. Neben der «kleinen unia» standen eine Fusion der Gewerkschaftszeitungen, der Bildungsarbeit und der Informatik im Vordergrund. Auf den Kongressen von SMUV und GBI im Herbst 1996 wurde ein jeweils gleichlautender Antrag zur «Zusammenarbeit mit Gewerkschaftsorganisationen» eingebracht. Ziel war, «die nötigen Schritte einzuleiten, um Strukturen und Dienstleistungen gemeinsam mit anderen Gewerkschaften zu organisieren.»[6]

Im Vorfeld dieser Kongresse führte die GBI eine weitere Grundsatzdiskussion, diesmal unter dem Titel «Welche Gewerkschaft? Welche GBI?»; ihre Ergebnisse sind publiziert.[7] Dabei schälten sich zwei mögliche Szenarien der Weiterentwicklung der Gewerkschaftsbewegung heraus: Eine Verfestigung des alten Korporatismus und die Herausbildung von Gewerkschaftsblöcken, welche die Zusammenarbeit noch erschweren würden. Oder ein Prozess, bei dem sich verschiedene Gewerkschaften für branchenübergreifenden Tätigkeiten jeweils zu einem Verbund zusammenschliessen. Der freie Lauf der Dinge hätte vermutlich zur Blockbildung geführt, aber eine Mehrheit im GBI fand, dass diese Option denkbar ungeeignet wäre, um dem wachsenden gesellschaftspolitischen Druck standzuhalten. In seinem Einführungsreferat erklärte der GBI-Präsident am Kongress 1996: «Die Diskussion hat sich deshalb rasch auf die andere Möglichkeit konzentriert: auf den Gewerkschafts-Verbund. Sie bietet die besten Voraussetzungen, um unserer Bewegung neue Impulse zu geben, damit sie den Sprung ins neue Jahrtausend mit neuem Schwung vollzieht.»[8] Weiter sagte Pedrina:

> «Sehr bald stellte sich ein Grundkonsens heraus, den Verbund mit dem Partner SMUV anzustreben (...). Wir haben die Vision einer erneuerten Gewerkschaft, die in der Lage ist, allen

Arbeitnehmenden, aus allen Branchen und überall in der Schweiz, jene Leistungen anzubieten, die das Mitglied beanspruchen will: Rechtsschutz, Arbeitslosenversicherung, Bildung, Information, Anlässe und Aktivitäten politischer und kultureller Art. Kurz ein ‹Gewerkschaftshaus› mit grosser Ausstrahlung. Dank enger Kooperation hätte dieser Verbund weit mehr Durchsetzungsvermögen als heute in politischen und gesamtarbeitsvertraglichen Fragen. Schliesslich könnten Kräfte freigesetzt werden, um die gewerkschaftlichen Wüsten, vor allem im Dienstleistungssektors, wirksamer zu begrünen».

Nach der deutlichen Annahme der Anträge auf «Zusammenarbeit mit Gewerkschaftsorganisationen» in SMUV und GBI vom Herbst 1996 begann rasch die Konkretisierung, nun führte man auch Gespräche mit weiteren möglichen Partnern. Am 19. März 1997 lag eine Grundsatzerklärung zum Projekt eines «Gewerkschaftshauses» vor, im Dezember 1997 verabschiedeten beide Delegiertenversammlungen ein Konzept «Gewerkschaftshaus SMUV-GBI». Am 7. Februar 1998 wurde der Verein Gewerkschaftshaus gegründet. Für die gemeinsamen Projekte (Zeitungen, Informatik und Bildungstätigkeiten) wählte man die Form von Aktiengesellschaften als Tochterfirmen. Die Zusammenarbeit zwischen SMUV und GBI beschränkte sich aber von Anfang an nicht auf diese zentralen Kooperationsprojekte. Gemeinsame Regionalsekretariate und Aussenstellen entstanden und neben der gemeinsamen regionalen Bildung auch weitere Aufbauprojekte. «Vor allem für die Basismitglieder war die Perspektive einer engeren Zusammenarbeit einleuchtend. Widerstand – aus unterschiedlichen Gründen – manifestierte sich demgegenüber vor allem in den Gewerkschaftsapparaten», heisst es in einer Unia-Publikation rückblickend.[9] Der Schritt mit dem «Gewerkschaftshaus» war nötig gewesen, um nach guten gemeinsamen Erfahrungen schliesslich offen über den Zusammenschluss zu reden und eine echte Fusion in Angriff zu nehmen.

Als weitere wichtige Weichenstellung erwies sich die Wahl von Paul Rechsteiner zum neuen Präsidenten des Gewerkschaftsbundes im Herbst 1998 (siehe Kasten 3.1 und 3.2). Diese Wahl bedeutete einen Bruch mit der Tradition, wonach ein SGB-Präsident zwingend Präsident eines Mitgliedsverbandes sein musste. Im SGB verfügte Rechsteiner, der zuvor den Gewerkschaftsbund St. Gallen präsidiert hatte, über keine eigentliche Hausmacht. Trotzdem gelang in seiner Ära – sie dauerte zwanzig Jahre – eine Neupositionierung, Stärkung und organisatorische Öffnung der Bewegung in vielen zentralen Fragen, sei es in der Lohnpolitik (mit politischen Lohnkampagnen, gesetzlichen Mindestlöhnen und Lohnschutzmassnahmen) und bei den Renten, bei den Arbeitnehmerrechten (Streikrecht) oder in einem klaren Kurs gegen die Privatisierung des Service Public.[10]

Die Wahl von Paul Rechsteiner als SGB-Präsident (1998)

Von Vasco Pedrina

Christiane Brunner eröffnete mir im Frühling 1998 den Entscheid, auf eine Wiederkandidatur zu verzichten. Wegen Amtszeitbeschränkung hätte sie 2000 sowieso das SMUV-Präsidium abgeben müssen und plante, sich voll der Politik zu widmen – als Ständerätin, ab 2000 auch als SPS-Präsidentin. Brunner ermunterte mich, die SGB-Führung allein zu übernehmen. Aber für mich war sofort klar, dass ich das nicht machen würde.

Es war damals absehbar, dass der Zusammenschluss von GBI und SMUV ohne sie eine noch anspruchsvollere Aufgabe würde. Ich erachtete es ausserdem als wichtig, dass der SGB-Präsident dem Parlament angehörte, aber ein Nationalratswahlkampf und eine politische Karriere mitten in der begonnenen Neuausrichtung der Gewerkschaften erschien unmöglich. Ausserdem gab es familiäre Gründe, die gegen ein alleiniges SGB-Präsidium sprachen.

Aus GBI-Sicht brauchte es jemanden – soweit möglich ein Mitglied der Bundesversammlung – der oder die das Fusionsprojekt SMUV-GBI konstruktiv begleitete, weitere ähnliche Prozesse unterstützte, einen klaren fortschrittlichen Kurs mittrug und dabei den SGB auch für andere Verbände öffnete. Die Person musste dazu in der Lage sein, integrativ zu wirken.

Paul Rechsteiner bewies nach seiner Wahl, dass er alle diese Ansprüche erfüllen konnte.

Eine interprofessionelle Gewerkschaft für den privaten Sektor

Der zügige und erfolgreiche Start der Kooperation und der «kleinen unia» rief bald nach weiteren Schritten. Im Rückblick schreiben Michael von Felten, Manuel Hartmann und Gabrielle Schlitter acht Jahre später:

«Nach mehrmonatigem Ringen einigten sich die beiden Geschäftsleitungen Anfang 2000 auf einen gemeinsamen Leitantrag an die gleichzeitig stattfindenden Kongresse von SMUV und GBI, der die gemeinsame Entwicklung einer interprofessionellen Gewerkschaft für den privaten Sektor zum Ziel erklärte.»[11]

Auch wenn man weiterhin das Wort Fusion vermied, wurde hier die eigentliche Basis gelegt für die spätere Gründung der Unia. Allerdings ging das nicht ohne heftige interne Kontroversen, die letztlich über Personalfragen geführt worden sind.

Im Vorfeld des GBI-Kongresses vom Herbst 2000 hatte sich um Giuseppe Sergi, Beat Jost und Jean Kunz eine Opposition aus GBI-SekretärInnen, Sektionspräsidenten und Vertrauensleuten gebildet. In ihrer Plattform – mit dem Titel «Manifest GBI»[12] – führten sie den krisenbedingten starken Mitgliederschwund auf eine verfehlte Gewerkschaftspolitik zurück. Aus ihrer Sicht hatte sich die GBI immer mehr von den Arbeitnehmenden entfernt und das Vertrauen von Leuten mit kleinen und mittleren Einkommen verloren. Die Gewerkschaft liess sich durch Sozialpartner und bürgerliche Politiker zu sehr einbinden. Aus diesen Gründen forderte das «Manifest GBI» eine verstärkte Arbeit in den Betrieben sowie eine härtere Konfrontation mit den Unternehmern.

Nur indirekt zielte die Gruppe auch auf den Zusammenschluss von GBI und SMUV, die Fusionsfrage war auch bei den Oppositionellen umstritten. Der radikalste Flügel um Giuseppe Sergi verfolgte zwar immer noch das ursprüngliche Projekt, die GBI zur Drehscheibe für eine «Gewerkschaftskonföderation» mit einem klaren linken, klassenkämpferischen Profil umzubauen[13]. In der Plattform formulierte die Gruppe ihre Stossrichtung zwar nicht so explizit, aber die von ihr geforderte Orientierung des Gewerkschaftshauses an einem «sindacato generale dei lavoratori» hätte der SMUV damals nicht akzeptieren können. Sie wäre als eine Kriegserklärung an den SGB und die anderen Einzelgewerkschaften verstanden worden. Für jenen Teil der Opposition, der den Bruch mit der Gewerkschaft SMUV wollte, handelte es sich dabei um den letzten Versuch, die Fusion zu stoppen und den Prozess rückgängig zu machen.

Den von der Opposition behaupteten Rechtsrutsch bestritt die GBI-Führung selbstverständlich. In einer Replik im Vorfeld des Kongresses erinnerte GBI-Präsident Pedrina an die bisherigen Leistungen: die erfolgreichen Referendumsabstimmungen, die Fortschritte bei den Mobilisierungen insbesondere im Bau, die zunehmende Zahl von erfolgreichen Streiks und den Durchbruch bei der Verankerung des Streikrechtes in der revidierten Bundesverfassung (1999). Die GBI-Führung bekräftigte ihren Willen, die gewerkschaftliche Neuausrichtung konsequent weiterzuverfolgen. Praktische Belege für diesen Kurs lieferten einige Monate später die aufsehenerregenden Streiks in der Zentralwäscherei Basel und in der Wäscherei Aare AG in Rheinfelden sowie anderthalb Jahre später die Streikbewegung im Bauhauptgewerbe für Rentenalter 60 – der erste Branchenstreik seit mehr als fünfzig Jahren!

Offen und stark für alle

Vasco Pedrina: Positionen zum GBI-Kongress 2000

1. Die GBI muss sich einerseits als Vorkämpferin für die Rechte der Arbeitnehmenden in den Tieflohnbereichen profilieren und gleichzeitig auch wichtige und verlässliche Partnerin für die besser gestellten ArbeitnehmerInnen in Gewerbe und Industrie sein. Zudem wollen wir vermehrt auch die Angestellten und Kader – auch im Dienstleistungssektor – sowie Frauen und ImmigrantInnen ansprechen.
2. Die GBI will beim Projekt einer interprofessionellen Gewerkschaft eine zentrale Rolle spielen und bei der Umgestaltung der Gewerkschaftsbe-

wegung an vorderster Front mitwirken.
3. Die GBI muss ihr Profil als kämpferische Gewerkschaft verstärken, indem sie ihre Kampfbereitschaft und Streik- und Referendumsfähigkeit weiter erhöht.
4. Die GBI muss Teil einer gesellschaftlichen Gegenbewegung in der Schweiz, in Europa und weltweit sein, die sich gegen den globalen Kapitalismus wehrt. Dabei müssen wir unsere Unabhängigkeit bewahren und dürfen nicht zum Instrument einer politischen Partei werden.
5. Die GBI will eine Gewerkschaft mit einem soliden Netz von Vertrauensleuten und qualifizierten und respektierten Kadern sein, die auf ihre Organisation vertrauen, die ihre Kritik innerhalb der Verbandsgremien frei äussern, aber nach aussen geschlossen und stolz für ihre Organisation einstehen.

Auf den Kongress im Herbst 2000 portierte die Opposition vier Kandidaten für die Geschäftsleitung der GBI – Giuseppe Sergi, Beat Jost, Jean Kunz und Roland Schiesser –, jedoch keine Kandidatur für das Präsidium. Mit etwa achtzig Prozent der Stimmen wurden jene GL-Kandidatinnen gewählt, welche den von der Führung vorgeschlagenen Gewerkschaftskurs vertraten. Mit zwei Drittel der Stimmen votierten die Delegierten für den gemeinsamen Leitantrag zur weiteren Zusammenarbeit von SMUV und GBI. Ein Antrag der Sektion Zürich zur Beerdigung des Projektes «Gewerkschaftshaus» wurde sehr deutlich abgelehnt. Aber wie in der Kongressbilanz zu lesen ist: «Schon vor dem Kongress verspürte man das Bedürfnis, den ‹Leitantrag› dahingehend zu ergänzen, dass die Vorhaben der GBI auf jeden Fall umzusetzen seien, und zwar auch dann, wenn das Projekt ‹Gewerkschaftshaus› mit dem SMUV im Sande verlaufen sollte.»[14] Eine Resolution in diesem Sinne wurde grossmehrheitlich angenommen, ein Votum für die weitere Reform.

Auch auf dem fast gleichzeitig stattfindenden Kongress des SMUV gab es Opposition gegen das Zusammengehen mit der GBI – unter anderem durch Rolando Lepori, Tessiner Regionalsekretär. Gleichzeitig kam es zwischen Renzo Ambrosetti und André Daguet zu einer Kampfwahl um das Präsidium, bei der aber die Frage des Zusammenschlusses nicht im Vordergrund stand.

Die Opposition im SMUV stellte die Unvereinbarkeit der Kulturen und der Geschichte von SMUV und GBI in den Vordergrund. In der italienischsprachigen SMUV-Zeitung «Lotta sindacale» vom 15. Oktober 1999 vertrat Rolando Lepori diese Thesen ausführlich. Die Beziehungen zwischen Arbeitgebern und Gewerkschaft, so Lepori, stünden im SMUV ganz in einer «protestantischen Tradition»: Das Prinzip von Treu und Glauben sowie der Respekt gegenüber dem Sozialpartner stünden im Vordergrund. Zudem schliesse der SMUV offene GAV ab, welche den Arbeitgebern Spielraum liessen. In einer anderen, «katholischen Kultur» stehe die GBI: Hier gebe es keinen Respekt vor den Regeln der Demokratie, statt Treu und Glauben dominiere das Misstrauen. Dies zeige sich im Landesmantelvertrag für das Bauhauptgewerbe, welcher keine offenen Spielräume lasse, sondern «eiserne Spielregeln» für Baumeister und Arbeiter vorschreibe und sie einer «eisernen Kontrolle» unterwerfe. In Wirklichkeit sah die Realität der Kulturen und der gewerkschaftlichen Praxis allerdings schon damals etwas anders aus, als Lepori sie beschrieb, und vor dem Hintergrund der Umwälzungen der Neunzigerjahre, angesichts der Krise und der Offensiven der Unternehmer verloren Argumente dieser Art schnell ihre Zugkraft im SMUV.

Für die Nachfolge von Präsidentin Christiane Brunner als SMUV-Präsidentin kandidierten André Daguet, «der seit 1996 der Geschäftsleitung angehörte und sich klar für das Projekt einer interprofessionellen Gewerkschaft ausgesprochen hatte», sowie «Renzo Ambrosetti, früher SMUV-Regionalsekretär im Tessin, der einer Fusion skeptisch gegenüberstand». Ambrosetti setzte sich gegen André Daguet durch.[15] Skeptisch zu sein, bedeutete aber für ihn nicht etwa frontale Opposition wie bei Lepori. Sonst hätte er sich nach dem Kongress nicht mit den Vizepräsidenten Daguet und Werner Funk auf eine Zusammenarbeit und eine Fortsetzung des Projekts der interprofessionellen Gewerkschaft verständigt.

Die Zeit war nun reif, um einen echten Zusammenschluss anzupeilen, dessen Realisierung schliesslich noch weitere vier Jahre benötigte. In der Startphase des Prozesses liessen GBI und SMUV die Türe offen für andere mögliche Partner. Die Gewerkschaft Verkauf, Handel, Transport, Lebensmittel (VHTL) war mit einem dramatischen Mitgliederrückgang konfrontiert. Zwischen 1990 und 2003 verlor sie fast die Hälfte ihres Bestandes; er sank von 26 600 auf 14 400. Deshalb versuchte sie Kooperationen mit anderen Verbänden inner- und ausserhalb des SGB einzugehen – mit dem VPOD, dem Kaufmännischen Verband, der Union Helvetia (heute Hotel & Gastro Union) und anderen. Weil diese Versuche scheiterten, und nachdem sie die gewünschten Garantien von GBI und SMUV auf faire Behandlung bekommen hatte, entschied der VHTL-Kongress vom 17. und 18. September 1999, sich am gemeinsamen Prozess in Richtung Fusion zu beteiligen.[16]

Denselben Entscheid fasste auch die Genfer Organisation «Actions», die ja bereits in der «kleinen unia» mitarbeitete.

Eine Bewegung zugunsten einer verstärkten Kooperation mit SMUV und GBI regte sich auch in Teilen des VPOD. Der entsprechende Antrag am Kongress 2003 wurde aber von einer Koalition linksradikaler WestschweizerInnen und eher strukturkonservativer DeutschschweizerInnen abgelehnt (siehe dazu im Anhang die Darstellung von Nico Lutz).

Im Laufe des Zusammenschlusses boten SMUV und GBI praktische Kooperationen in den Bereichen Zeitungen, Bildung und Informatik allen SGB-Verbänden an. Das einzige Projekt in diesem Sinn wurde 2001 mit der Schaffung des gewerkschaftlichen Bildungsinstituts Movendo realisiert.

Die Fusion rückt näher

Die Wahl von Renzo Ambrosetti als SMUV-Präsident statt des Wunschkandidaten André Daguet wirkte für die GBI zunächst wie eine kalte Dusche. Dass der SMUV-Kongress mit Blick auf das gemeinsame Vorhaben wahrscheinlich doch die bessere Wahl getroffen hatte, realisierte man erst später. Die Wahl von Ambrosetti war Ausdruck einer verbreiteten Angst, von der gut geölten «GBI-Maschine» überrollt zu werden. Die SMUV-Delegierten sagten zwar klar Ja zum Zusammengehen, für die Umsetzung des gemeinsamen Leitantrages wollten sie aber jemanden an der Spitze mit «Stallgeruch». Aufgrund seiner langjährigen gewerkschaftlichen Erfahrung und guten Verankerung im Verband galt Ambrosetti offensichtlich als geeigneter Verhandlungspartner gegenüber der als arrogant empfundenen GBI. Er sollte die SMUV-Interessen vor allem in der Branchenpolitik und im Gewerkschaftsapparat wahren. Der aus der Politik quer eingestiegene Daguet genoss in dieser Beziehung weniger Vertrauen – nicht zuletzt weil die vorangegangene Erneuerung des GAV in der Metall- und Maschinenindustrie unter seiner Mitführung in einer bitteren Niederlage geendet hatte.

Auf beiden Seiten war jedoch eine Pause nötig, um sich in der neuen Situation wieder zurechtzufinden. Eine Klärung fand in mehreren Gesprächen statt. Im Juni 2001 wurde der Fahrplan für den Zusammenschluss und das Projekt einer gemeinsamen Geschäftsleitung SMUV-GBI genehmigt. Unter den neuen Umständen und nach den am Kongress 2000 mit Vehemenz geäusserten Bedenken nahm sich die GBI für die entscheidende Phase der Verhandlungen zwei Vorsätze: Erstens sollte die bereits in Gang gesetzte gewerkschaftliche Dynamik in der Vertragspolitik und auf der politischen Ebene noch konsequenter vorangetrieben werden. Man war überzeugt, dass eine solche Dynamik auf den künftigen Kurs der neuen Gewerkschaft ausstrahlen würde. Zweitens sollten keine Konzessionen gemacht werden, die etablierten GewerkschaftssekretärInnen die Fortführung ihrer gewerkschaftlichen Königreiche ermöglichten und zur Bürokratisierung der neuen Gewerkschaft führten.

Was die Stärkung der gewerkschaftlichen Dynamik betrifft, ist in der Folge einiges gelungen. Hervorgehoben werden muss die starke Unterstützung, die von vielen SMUV- und VHTL-KollegInnen gekommen ist, als es um wegweisende Auseinandersetzungen ging, etwa bei wichtigen Arbeitskämpfen und bei der Streikbewegung fürs Rentenalter 60 auf dem Bau im Jahr 2002. Ein «Wir-Gefühl» im Hinblick auf die neue Gewerkschaft war auch zu spüren, als die GBI 2003 die SMUV-KollegInnen beim – erfolgreichen – Referendum gegen die Privatisierung des Energiemarktes unterstützte.

Als wie wichtig der Aspekt der Entwicklung einer gemeinsamen Identität durch gemeinsame Praxis erachtet wurde, bezeugt unter anderem das Thema eines Seminars des erweiterten GBI-ZVs ein Jahr vor dem Fusionskongress: «Unsere Identität im Wandel»[17], sowie die Vorkehrungen, welche die Unia schon bei ihrem Start getroffen hatte: die emotionale Inszenierung des Gründungskongresses und die grosse nationale Demonstration zwei Wochen nach dem Kongress.[18]

Die Umsetzung des zweiten Vorsatzes, nämlich gewerkschaftliche Königreiche und eine Bürokratisierung in der neuen Organisation zu verhindern, war nicht einfach. Im Aushandlungsprozess blieben gegen Schluss bezeichnende Differenzen offen: Die Gewerkschaft SMUV bestand auf Sektor- und Branchenorganisationen mit rechtlicher Selbständigkeit. Die GBI wollte nicht primär die Regionen, sondern die Sektionen als wichtigste dezentrale Einheiten verankern.

Die GBI war zwar einverstanden, dass in der neuen Gewerkschaft die Branchen weitgehende Autonomie in allen Belangen der Branchen- und insbesondere der Vertragspolitik geniessen, aber sie war strikt dagegen, dass die Sektoren totale Autonomie und sogar rechtliche Selbständigkeit erhielten. Damit hätte die neue Gewerkschaft einen Holding-Charakter bekommen und ihre Sektoren hätten als Staat im Staat operieren können. Die Vorteile und Synergien einer echten Fusion wären verschwunden. Der Konflikt löste sich dann auf unerwartete Weise, als sich «bei der Erarbeitung der rechtlichen Konstruktion von Unia zeigte», dass die vom SMUV anvisierte Selbständigkeit der Sektoren «erhebliche steuerliche und juristische Probleme nach sich ziehen würde».[19] Die Verbände einigten sich letztlich auf die Formel einer starken Autonomie der Sektoren und der Branchen, nach der Devise «Vielfalt der Kulturen in der Einheit». Gewiss erhöhte dieser Kompromiss die Akzeptanz für die Fusion stark. Ohne Tücken war er aber nicht. Mit einer weniger weitgehenden Autonomie der Sektoren hatte sich die GBI eine grössere Flexibilität im Einsatz der Kräfte erhofft und so auch eine stärkere Schlagkraft in den entscheidenden Momenten.

Auch in der Frage Regionen versus Sektionen wurde eine Formel gefunden: «Die Region bildet die Verwaltungseinheit, aber Regionen mit grösseren Territorien organisieren sich mit relativ selbständigen Sektionen».[20] Dieser Kompromiss erwies sich als sinnvolle Synthese zwischen dezentraler Verankerung und organisatorischer Effizienz. Er wurde auch nicht die Quelle der befürchteten stärkeren Bürokratisierung. Eher zur Bürokratisierung trugen die nicht zu vermeidenden Kompromisse bei der Besetzung von wichtigen Kaderposten bei, auch hier musste ein Ausgleich zwischen den beteiligten Partnern gefunden werden.

An den ausserordentlichen Kongressen von SMUV und GBI am 7. September 2002 war dann nicht mehr nur die Rede von Zusammenschluss, sondern ganz offen von Fusion. Auf der Basis des dort verabschiedeten Organisationskonzepts wurden in der Folge rund fünfzig Teilprojekte lanciert und die offenen Fragen weitgehend geklärt. Sodass schliesslich «die Kongressdelegierten der drei Gewerkschaften SMUV, GBI und VHTL im Oktober 2004 genau wussten, worauf sie sich einliessen, als sie grossmehrheitlich die Fusionsbeschlüsse fassten».[21] An den Kongressen von 2002 und 2004 äusserte sich kaum mehr Opposition. Das begünstigte eine rasche Funktionsfähigkeit der interprofessionellen Gewerkschaft Unia ab ihrem Start am 1. Januar 2005.

Anmerkungen

1 Für die Gewerkschaft SMUV: Christiane Brunner, Präsidentin, und Edgar Köppel, GL-Mitglied und Kommunikationschef; für die GBI: Vasco Pedrina, Präsident, und Hans Schäppi, Vize-Präsident.
2 Thesenpapier von Andreas Rieger und Vasco Pedrina: «Für eine Strukturreform des SGB und seiner Verbände» z. H. des ZV vom 26.5.1995.
3 Thesenpapier «Für eine Strukturreform des SGB ...», a. a. O., Thesen 5 und 7.
4 Im ZV GBI wurde ein weiterer Bezug hergestellt: Der epische englische Bergarbeiterstreik von 1984/1985. Nach mehr als einem Jahr endete er in einer historischen Niederlage; dies nicht nur wegen den strukturellen Problemen der Branche und der knallharten Haltung von Regierungschefin Margaret Thatcher, sondern auch weil der radikale Kurs der Streikführung um Arthur Scargill zu seiner teilweisen Marginalisierung auch innerhalb des TUC führte.
5 Michael von Felten, Manuel Hartmann und Gabrielle Schlitter: «Wege zur Unia – Erfolgsfaktoren der Fusion», in Unia: «Gewerkschaften im Umbruch – *Eine Analyse der Fusion zur Grossgewerkschaft Unia»*, Hrsg.: A. Rieger, R. Ambrosetti, R. Beck; Rüegger Verlag, Zürich/Chur, 2008, S. 57.
6 Unia: «Gewerkschaften im Umbruch», a. a. O., S. 57. Der gemeinsame leitende Antrag hatte folgenden Inhalt: «Der Verbandsvorstand wird beauftragt, die nötigen Schritte einzuleiten, um Strukturen und Dienstleistungen gemeinsam mit anderen Gewerkschaften zu organisieren. Diese gemeinsamen Strukturen sollen für alle Gewerkschaften offen sein und auf Identität sowie Branchengebiete der bestehenden Gewerkschaften Rücksicht nehmen. Ziel ist es, die gewerkschaftliche Arbeit, die Aktionsfähigkeit und die Mitgliederdienstleistungen in ihrer Wirksamkeit zu verstärken und so der gesamten Bewegung optimal zu dienen.»
7 Andreas Rieger: «Welche Gewerkschaft? Welche GBI», Publikation Nr. 4 der Schriftenreihe GBI, 1997.
8 Vasco Pedrina: «Zukunft der GBI – Zukunft der Gewerkschaften», Einführungsreferat am GBI-Kongress 1996.
9 Unia: «Gewerkschaften im Umbruch ...», a. a. O., S. 59.
10 SGB, «Feierabendgespräche mit Paul Rechsteiner», Hrsg. Stefan Keller und Andreas Rieger, Werner Druck & Medien, Basel, 2019.
11 Unia: «Gewerkschaften im Umbruch ...», a. a. O., S. 60.
12 «Manifest GBI – Beitrag zur gewerkschaftlichen Diskussion im Hinblick auf den GBI-Kongress vom Oktober 2000».
13 Diese Orientierung war von der damaligen Tessiner Gewerkschaftsrealität geprägt, die sich insbesondere von der Lage in der Deutschschweiz stark unterschied (deutlich höherer Organisierungsgrad, extreme Polarisierung zwischen GBI und SMUV mit lähmenden Erscheinungen im kantonalen Gewerkschaftsbund, usw.).
14 Bericht von Vasco Pedrina, «Bilanz vom ordentlichen GBI-Kongress 2000» an die LDV vom 3.2.2001.
15 Unia: «Gewerkschaften im Umbruch ...», a. a. O., S. 61
16 Martin Meyer. «Gewerkschaft VHTL – Persönlicher Rückblick», Bern, Februar 2020, S. 13.
17 Dokumentation zum GBI-Seminar des erweiterten ZV vom 24./25.9.2003 «Unsere Identität im Wandel. Siehe auch das Buch «GBI-Gewerkschaftsleben», Zürich, 9.2004.
18 Unia, «Gewerkschaft im Umbruch ...», a. a. O., S. 68/69.

19 Unia, «Gewerkschaften im Umbruch…», a. a. O., S. 63.
20 Unia, «Gewerkschaften im Umbruch…», a. a. O., S. 63.
21 Unia, «Gewerkschaften im Umbruch…», a. a. O., S. 66.

Gewerkschaftsbiografie

Globuskrawall, Maoismus, Basler Chemie
Bernd Körner

Bernd Körner tritt 1972 als Betriebsarbeiter und maoistischer Aktivist in die Ciba-Geigy ein. Er ist Deutscher. Sowohl in den Vertragsverhandlungen mit der Basler Chemie als auch in der Gewerkschaft, zuerst in der GTCP, dann in der GBI und zuletzt in der Unia spielt er eine wichtige Rolle. Er wird Präsident der internen Personalvertretung der Ciba-Geigy/Novartis, Präsident der Chemiebranche der GTCP/GBI/Unia, Präsident der Sektion Basel und Präsident der Landesdelegiertenversammlung der GBI/ UNIA.

Bernd Körner, geboren 1950, wurde 1966/67 in Ulm politisiert, und zwar im Widerstand gegen die amtliche Schliessung der avantgardistischen Hochschule für Gestaltung durch die baden-württembergische Regierung. Aktiv in den Vorgängergruppen der K-Gruppen, kam er 1968 als Koch in die Schweiz, wo er ein Jahr im Bahnhofbuffet Winterthur arbeitete.

Körner las Adorno mit Hilfe des Fremdwörterbuchs und andere Texte der Achtundsechziger-Bewegung, er war nun Mitglied der Anarchogruppe «Die Engelmacher». In Zürich beteiligte er sich an der Anti-Schah-Demonstration vor dem Hotel Dolder sowie an den Globuskrawallen.

1969 wurde Körner aus dem Kanton Zürich ausgewiesen, und weil er keine Arbeit mehr fand – auch nicht in einem anderen Kanton –, ging er zurück nach Ulm. 1970 kam Körner illegal zurück in die Schweiz, zuerst nach Frauenfeld und später nach Basel, wo er offiziell als Grenzgänger gemeldet war. In dieser Zeit arbeitete er bei der Basler Druck- und Verlagsanstalt. Er beteiligte sich an der Herstellung eines Raubdrucks von Wilhelm Reichs Schriften zur Sexualität und hatte in Basel über tausend Bücher auf Lager, die er verkaufte oder verschenkte.

Beim Bücherverkauf in Lörrach lernte er jemanden von der KPD-ML kennen: So kam er zum «Roten Morgen». 1971 heiratete er Anita Gazzoli, eine Schweizerin, und konnte nun wieder legal in der Schweiz wohnen. Im Oktober 1972 begann er als Betriebsarbeiter bei der Ciba-Geigy, gleichzeitig wurde er Mitglied der OKS/ML (Organisation der Kommunisten in der Schweiz – Marxisten-Leninisten) einer Abspaltung der PdA in Genf. In Zürich bestand diese Gruppe vorab aus ArchitekturstudentInnen – auch Kaspar Wohnlich gehörte dazu, der sich «proletarisierte», in der SRO, der Kugellagerfabrik Oerlikon, arbeitete und sich im SMUV engagierte. Andere GenossInnen waren Monika Spring, die spätere langjährige Präsidentin des Zürcher Gewerkschaftskartells. Der führende Kopf in Zürich war der spätere Journalist und Schriftsteller Willi Wottreng. Zur Gruppe gehörte auch Hans-Peter Bärtschi, heute ein bekannter Industriehistoriker, sowie der Zürcher Aktivist Salvatore di Concilio.

Dass Bernd Körner 1972 als Betriebsarbeiter in der Ciba-Geigy anfing, war ein politisches Projekt: Zusammen mit Jost Arnet, ebenfalls Maoist, der eine Laborantenlehre in der Ciba-Geigy machte, gründete er eine Betriebsgruppe der Arbeiterunion, einer «Massenorganisation» der KPS/ML. Die erste Betriebszeitung, «Das Rote Rührwerk», verteilten sie 1973. Es enthielt einen Artikel zum Thema «36 Jahre Arbeitsfrieden – 36 Jahre Klassenverrat». Diese Zeitung gab es bis 1986, dem Datum der Auflösung der Betriebsgruppe. Der erste GAV der Basler Chemie, bei dem Bernd und seine Gruppe als Opposition intervenierten, war jener von 1975/77. Zu Beginn ihrer Betriebsarbeit 1973 hatten sie eine Gewerkschaftsmitgliedschaft abgelehnt und versucht, eine «Rote Gewerkschaftsopposition» (RGO) aufzubauen. Als das in Basel auf Schwierigkeiten stiess, trat Bernd als einer der ersten Maoisten in die GTCP ein.

Nach 1976 vertrat die Organisation die 3-Welten-Theorie, welche die UdSSR zum Hauptfeind erklärte. Man war jetzt für AKWs, für den Arbeitsfrieden und gegen die 40-Stunden-Wochen-Initiative der POCH. Erst nach 1975 galt die allgemeine Devise, in die SGB-Gewerkschaften einzutreten.

Bernd wurde 1981 in die Arbeiterkommission der Ciba-Geigy gewählt. Ab 1987 gehörte er zur Verhandlungsdelegation und war Präsident der gewerkschaftlichen Betriebsgruppe Ciba-Geigy. Ende 1988 wurde die Kommission GTCP 2000 gebildet und Bernd präsidierte sie. Als Kommissionspräsident stellte er am Kongress 1990 in Basel die verschiedenen möglichen Szenarien vor, während Hans Schäppi das Szenario für einen Zusammenschluss mit der GBH begründete. Matthias Bonert und die

Betriebsgruppe Roche befürworteten hingegen einen Anschluss an den SMUV. In den Arbeitsgruppen zur Vorbereitung der Fusion leistete Bernd eine wichtige Arbeit. Später war er Präsident der Chemiebranche, Präsident der GBI-Landesdelegiertenversammlung und noch bis in die Unia-Zeit hinein Sektionspräsident der Sektion Basel. Er ist heute pensioniert.

Redaktion: Hans Schäppi

Kapitel 4

Ende der Blockade?
Die gewerkschaftliche Landschaft kommt ins Rutschen

Strukturwandel, Privatisierungsdruck in den öffentlichen Diensten, Wirtschaftskrise, Mitgliederverluste, Generationenwechsel und Internationalisierung in den Führungsetagen von mittleren und grossen Unternehmen, stärkere Polarisierung in den kollektiven Arbeitsbeziehungen – und auf der politischen Ebene steigender Druck von rechts: All diese Faktoren bewirken in der zweiten Hälfte der Neunzigerjahre die längst überfällige Restrukturierung der schweizerischen Gewerkschaftslandschaft. In manchen europäischen Ländern passiert Ähnliches.

Die Fusion zur GBI im Jahr 1992 und der Annäherungsprozess zwischen GBI und SMUV ab 1994 markieren den Anfang und sind zum Teil Auslöser einer Dynamik des organisatorischen Umbaus der Gewerkschaften, zuerst auf der Ebene der Branchenverbände.[1]

Unter dem Dach des Schweizerischen Gewerkschaftsbundes (SGB) finden danach folgende Zusammenschlüsse statt:
- 1999: Gewerkschaft Kommunikation (GeKo), als Fusion von PTT-Union, Verband Schweizerischer Postbeamtinnen und Postbeamten, Verband Schweizerischer Telefon- und Telegraphenbeamten, Schweizerischer Posthalterverband und Postsektion des Personalverbandes des Bundes.

- 1999: Comedia, als Zusammenschluss von Gewerkschaft Druck und Papier, Schweizerischem Lithographenbund, Schweizerischer JournalistInnen-Union sowie Angestelltenverband des Schweizer Buchhandels.
- 2001: Garanto, als Zusammenschluss des Verbands Schweizerischer Zollbeamter und des Verbands des Schweizerischen Zollpersonals.

Fusionen und Zusammenarbeit

Gescheitert ist hingegen, unter anderem wegen Strukturkonservatismus, das grössere Projekt zur Gründung einer interprofessionellen Gewerkschaft für die öffentlichen Dienste mit unterschiedlich intensiver Beteiligung von Comedia, GeKo, VPOD und SEV im Jahr 2007/2008. Das Projekt sollte ein Pendant zum Zusammenschluss von SMUV und GBI im privaten Sektor werden. Es reduzierte sich am Ende auf eine Fusion von Comedia und GeKo zur Gewerkschaft Syndicom 2011.

In den christlichen Gewerkschaften gibt es Zusammenschlüsse zunächst bei kleinen, allein nicht mehr überlebensfähigen Verbänden wie den Chemiearbeitern, die im Christlichen Metallarbeiterverband Unterschlupf fanden (CMV, dann Christliche Gewerkschaft für Industrie, Handel und Gewerbe). Von grösster Bedeutung ist ein Fusionsprozess, den die beiden grössten christlichen Verbände CMV und CHB (Christlicher Bau- und Holzarbeiterverband) initiieren und der 1998 zur Gründung der Syna führt: als Zusammenschluss von CHB, CMV, dem Landesverband Freier Schweizer Arbeitnehmer (LFSA), der Schweizerischen Graphischen Gewerkschaft und dem Verband des Christlichen Staats- und Gemeindepersonals.

Im Jahr 2000 folgt die Gründung von Transfair als Zusammenschluss von Christlichem Verkehrspersonal, Christlicher Gewerkschaft PTT und dem Verband des Christlichen Bundespersonals.

Die Suche nach Bündelung der Kräfte führt – gerade bei der

GBH – auch zu einem Überdenken des historisch belasteten Verhältnisses zwischen SGB-Gewerkschaften und christlichen Verbänden. Dieses Verhältnis war lange Zeit von ideologischen Gräben und einem harten Konkurrenzkampf geprägt. Erst spät entspannte es sich etwas und es entstand allmählich Platz für eine punktuelle Zusammenarbeit.

Mit seinen mehr als 45 000 Mitgliedern ist der Christliche Holz- und Bauarbeiterverband (CHB) Anfang der Neunzigerjahre eine der bedeutendsten Gewerkschaften überhaupt und für die GBH die wichtigste Konkurrenz- und Partnerorganisation. Im Februar 1990 findet ein Seminar zwischen Vertretern der GBH und der CHB statt. Als vermutlich erstes derartiges Treffen in der ganzen Gewerkschaftsgeschichte der Schweiz dient es der Diskussion von Konfliktfeldern und der Suche nach Perspektiven einer verstärkten Zusammenarbeit. «Wann zusammen, wann getrennt marschieren?», steht auf dem Programm. Es geht um die möglichen Kooperationsformen: «Aktionseinheit, bessere Koordination der Vertragspolitik, Absprachen, festes Koordinationsorgan, Dachorganisation». Zwei Jahre später, am 30. März 1992, unterbreiten die Spitzen der beiden Gewerkschaften ihren zuständigen Organen einen «Vereinbarungsentwurf GBH-CHB», der die Prinzipien und die Vorgehensweise einer verbesserten Zusammenarbeit regeln soll. Zu den Zielen gehört eine rechtzeitige Kontaktaufnahme zwischen den Verhandlungsdelegationen bei Vertragsverhandlungen, gemeinsame Verhandlungsvorbereitung und Formulierung gemeinsamer Schwerpunkte und Forderungen; ferner die gemeinsame Bewertung der Verhandlungsresultate. Ausserdem werden Regeln festgelegt, die einen unlauteren Wettbewerb zwischen den beiden Organisationen in der Mitgliederwerbung verhindern sollen. Geplant ist schliesslich die Errichtung eines zentralen Koordinationsausschusses für die Einhaltung dieser Vereinbarung.

Das Vorhaben löst eine heftige Diskussion in beiden Gewerkschaften aus. Im CHB ist es vor allem der konservative katholische

Flügel, der seine liebe Mühe mit der «roten, grossen und bedrohlichen GBH» bekundet.

Im Zentralvorstand der GBH einigt man sich am 30. April 1992 darauf, den Vereinbarungsentwurf zur Vernehmlassung in die Sektionen zu schicken. Noch vor den Sommerferien soll der Zentralvorstand definitiv darüber befinden. Widerstand kommt vor allem aus der lateinischen Schweiz, wo die christlichen Gewerkschaften entweder sehr schwach oder dann stärker als die GBH sind und wo das Konkurrenzdenken das gegenseitige Verhältnis entscheidend prägt – wie im Wallis und im Tessin. Besonders frustrierend für die KollegInnen ist der Umstand, dass der CHB in den CVP-Hochburgen dieser Regionen dank mehr oder weniger direkter Unterstützung der Unternehmen ein leichtes Spiel bei der gewerkschaftlichen Organisierung hat. Entsprechend unternehmerfreundlich ist auch die CHB-Politik. Trotz solchen Vorbehalten hätte der Zentralvorstand wohl grünes Licht für die Vereinbarung gegeben, wenn es nicht zeitgleich zu einem gravierenden Konflikt zwischen den beiden Gewerkschaften in der Bündner Ems-Chemie gekommen wäre. Wegen Löhnen und Arbeitszeiten, die deutlich schlechter als im Durchschnitt der Branche sind, greift die GTCP mit Hilfe der GBH den Ems-Patron Christoph Blocher öffentlich an – und zwar im Vorfeld der schicksalhaften Volksabstimmung über den Schweizer Beitritt zum EWR am 6. Dezember 1992. Es kommt zum Bruch mit Blocher in den Vertragsbeziehungen und zum Bruch mit dem CHB, der sich vom GBH distanziert, um Vertragspartner in der Ems bleiben zu dürfen.[2]

Die Beratung des Vereinbarungsentwurfes wird nun auf unbestimmte Zeit verschoben und nie wieder aus der Schublade geholt. Aber trotzdem: Schaut man die spätere Praxis der Zusammenarbeit zwischen der GBI und CHB oder Syna, später zwischen Unia und Syna an, dann lässt sich feststellen, dass manche Prinzipien und Regeln dieser nicht zustande gekommenen Vereinbarung dennoch praktiziert worden sind. Immer wieder kommt es zwar zu konfliktiven Phasen, aber die verhärteten sozialen Verhältnisse führten letztlich dazu, dass sich die Zusammenarbeit verbessert. Weil sowohl die GBI, später die Unia, als auch der CHB, später die Syna, in ihren Dachverbänden die jeweils stärksten Kräfte sind, hat das verbesserte Verhältnis auch eine Ausstrahlung auf die Beziehungen dieser Dachverbände. Als bestes Beispiel dafür steht die enge, einwandfreie Zusammenarbeit im Kampf für eine sozial flankierte Personenfreizügigkeit nach der Annahme der SVP-Volksinitiative zur Masseneinwanderung 2014.

In der Basler Chemie wurden in den Siebziger- und Achtzigerjahren die GAV getrennt verhandelt: In der Verhandlungsdelegation A waren die Mehrheitsgewerkschaft GTCP und der SMUV, in der Delegation B der Christliche Verband der Arbeiter und Arbeiterinnen der Textil- und Bekleidungsindustrie (CTB, seit 1998 Syna), der Schweizerische Verband evangelischer Arbeitnehmer (SVEA, 1920–1993) und der freisinnige Landesverband Schweizer Arbeitnehmer (LFSA, seit 1998 Syna). Dass in den schwierigen GAV-Verhandlungen im Winter 1983/84, als es um den automatischen Teuerungsausgleich ging, die Gruppe B den Vertrag noch vor seinem Auslaufen, das heisst vor Ende Dezember unterzeichnete, während Gruppe A im Januar und Februar in einen vertragslosen Zustand geriet, führte zu grossen Emotionen. Auch im Herbst 1986, als es um die 40-Stundenwoche mit vollem Lohnausgleich ging, wurde nochmals getrennt verhandelt. Nachdem es in diesen schwierigen Verhandlungen mit Guido Richterich als Präsidenten des Arbeitgeberverbands keine Abweichungen zwischen den beiden Gruppen gegeben hatte, beschlossen sie, die nächsten Verhandlungen im Herbst 1989 gemeinsam vorzubereiten und durchzuführen – bezeichnenderweise auf Treu und Glauben und ohne schriftliche Vereinbarung. Auch die jährlichen Lohnverhandlungen nach der Aufhebung des automatischen Teuerungsausgleichs im Dezember 1992 wurden – erstmals im Herbst 1993 – gemeinsam geführt. Es zeigte sich bald, dass die Auseinandersetzungen in der Vertragskommission und der Verhandlungsdelegation nicht immer entlang den Verbandsgrenzen verliefen.

Bedingte Öffnung der Dachverbände

Die Entwicklungen in den Branchen bringen neue Bewegung auch in die zersplitterten, starren Strukturen der Dachverbände. Andreas Rieger schreibt zur Situation vor den Zusammenschlüssen:

> «Aufgespaltet waren die Gewerkschaften in fünf Dachverbände mit unterschiedlicher weltanschaulicher Ausrichtung:
> – Das grösste Dach bildete der aus der sozialistischen Familie stammende Schweizerische Gewerkschaftsbund (SGB).
> – Ein zweites Dach, unter welchem sich fast spiegelbildlich ähnliche Branchenverbände befanden, war der Christlich Nationale Gewerkschaftsbund (CNG).
> – Ein drittes Dach, die Vereinigung schweizerischer Angestelltenverbände (VSA), vereinte die Angestelltenorganisationen der Privatwirtschaft.
> – Schliesslich gab es noch den freisinnigen Landesverband freier Arbeitnehmer (LFSA) und den Schweizerischen Verband evangelischer Arbeitnehmer (SVEA).
>
> Diese Verbände lebten gut in der Hochkonjunktur der Sechzigerjahre, als fast alle Branchen in der Schweiz in die Breite wuchsen, die Gewerkschaften mit den Arbeitgebern auch immer wieder Fortschritte für die Mitglieder aushandeln konnten und der Sozialstaat ausgebaut wurde. – Bereits mit der Krise Mitte der Siebzigerjahre kündigte sich das Ende dieses ‹goldenen Zeitalters› an».[3]

In der Folge steigt der Druck zu einer Veränderung der gewerkschaftlichen Strukturen. Aber die Diskussionen darüber versanden regelmässig. Die nächste Krise, jene der Neunzigerjahre, beschert dann praktisch allen Dachverbänden empfindliche Mitgliederrückgänge, happige finanzielle Engpässe und schüttelt sie überhaupt durch.

Beim SGB spiegelt sich die Situation in den Kongressen. 1990 wird über die «Begrünung der gewerkschaftlichen Wüsten» im Dienstleistungssektor diskutiert, 1994 über die Suche nach neuen Formen der Zusammenarbeit – und der SGB-Kongress von 1998, bei dem Paul Rechsteiner zum neuen Präsidenten gewählt wird, führt zu einer offensiven Öffnungspolitik: Statutarische Änderungen, die einen Beobachter- oder Assoziierungsstatus ermöglichen, schaffen die nötige Brücke für die Angliederung von ungebundenen Berufsorganisationen und Angestelltenverbänden. Man muss dazu wissen, dass es «in den alten Statuten bis 1998 ein Vetorecht gegen neue Eintritte gab, mit dem die Mitgliederverbände jede Konkurrenz verhindern konnten»[4].

«Diese Öffnungspolitik» – so schreibt Daniel Oesch – «war von entscheidender Bedeutung für die gewerkschaftliche Stellung und den politischen Einfluss des SGB».[5] Das Gewicht des Dachverbands im System nimmt zu. Erwähnenswert ist dabei die Tatsache, dass weder Öffnungspolitik noch Assoziierung von «gemässigten» Berufsverbänden und Angestelltenorganisationen jemals verhindert haben, dass der SGB die Neuausrichtung seiner Politik im fortschrittlichen und kämpferischen Sinn weiterverfolgte. Die ganze Ära des Präsidiums Rechsteiner (1998–2018) zeugt davon.[6] Der Konzentrationsprozess durch Fusionen reduziert einerseits die Anzahl der Mitgliederverbände des SGB von 16 auf 9 zwischen 1990 und 2005. Andererseits stossen dank der Öffnungspolitik zwischen 1998 und 2005 sieben neue Verbände zum Gewerkschaftsbund: «Darunter befanden sich mit dem Bankenpersonalverband sowie dem Personalverband des Bundes (je 12 000 Mitglieder) zwei klassische Angestelltenverbände.» Ohne die Öffnungspolitik hätte der SGB im Jahr 2006, wie Oesch feststellt, statt 380 000 nur noch 345 000 Mitglieder gezählt.[7]

Auch das zweite Gewerkschaftsdach CNG reformiert sich in dieser Zeit und nimmt 2003 weitere Angestelltenverbände auf, nachdem der VSA sich aufgelöst und der LFSA in der neuen Gewerkschaft

Ende der Blockade?

Syna seine Rettung gefunden hat. Der Konzentrationsprozess und die Versuche, die historische Trennung zwischen «roten» und «christlichen» Gewerkschaften zu überwinden, werden im folgenden Abschnitt beleuchtet. An dieser Stelle nur noch zwei weitere Schlussfolgerungen aus der bereits zitierten Analyse von Daniel Oesch:

- «Die Rationalisierung der Verbandsstrukturen konnte die historische Trennlinie zwischen sozialdemokratischem und christlichem Gewerkschaftsdach nicht überwinden. Übernahmen und Fusionen fanden ausschliesslich innerhalb der jeweiligen Dächer statt, mit der Folge, dass sich weiterhin in vielen Branchen und Staatsbetrieben zwei oder mehrere Verbände konkurrenzieren.»
- «Die Initiative beider Dächer gehorchen derselben Logik: Sie sind Versuche, die historische Trennlinie zwischen Arbeitergewerkschaften und Angestelltenverbänden zu überwinden. Angesichts der Verschiebungen auf dem Arbeitsmarkt befinden sich insbesondere die Gewerkschaften in Zugzwang, neue Berufsgruppen in ihren Organisationen zu integrieren».[8]

CNG und SGB: Die verpasste Chance 1985

Auf der Ebene der Dachorganisationen hat es vor und hinter den Kulissen schon seit den Achtzigerjahren immer wieder Anläufe gegeben, die historische Spaltung der Gewerkschaftsbewegung in «rote» und «christliche» Gewerkschaften zu überbrücken: Als erster ergreift Guido Casetti, der Präsident des Christlich Nationalen Gewerkschaftsbundes der Schweiz (CNG), die Initiative. Mit einem Schreiben vom 10. Oktober 1985 schlägt er dem SGB und der VSA vor, «auf nationaler Ebene ein permanentes Koordinationsgremium aller Arbeitnehmerorganisationen unseres Landes ins Leben zu rufen». Dem brieflichen Vorstoss folgt die Verabschiedung einer Resolution «Zur Zukunft der Gewerkschaften» am CNG-Kongress vom 4. und 5. Oktober 1985 in Sion. Der CNG sorgt sich um die Zukunft der menschlichen Arbeit und damit der Gewerkschaften angesichts von Rationalisierungs- und Automatisierungsprozessen, einer spürbaren Verhärtung in der Sozialpolitik, im Arbeitgeberlager sowie in der Politik. Bei einem informellen Gespräch mit dem SGB-Sekretariat im Sommer 1985 führen die CNG-Vertreter aus – so berichtet das Sekretariat später an die Gremien –, «dass ihnen die schrumpfende Rekrutierungsbasis und das Nichteindringenkönnen in den Dienstleistungsbereich Sorge bereite. (...) Ein vermehrtes Zusammengehen könnte eine Stärkung beider Organisationen auch in diesem Bereich bringen. Der CNG wolle aber seinen gesellschaftlichen Beziehungsrahmen, der auf der christlichen Sozialethik gründe, nicht aufgeben. Das Ziel könne also nicht eine ‹Eintopf-Gewerkschaft› sein, die Minderheit müsse sich bei der Zusammenarbeit klar artikulieren können.» Offensichtlich soll der sogenannte «Gewerkschaftspluralismus» beibehalten werden.

Das Terrain für diesen CNG-Vorstoss haben unter anderem positive Erfahrungen in der Zusammenarbeit für die SGB-Mitbestimmungsinitiative Mitte der Siebzigerjahre und die CNG-Kündigungsinitiative in den Achtzigerjahren vorbereitet. Doch der SGB weist die Annäherungsbemühungen des CNG zurück. Die meisten SGB-Einzelgewerkschaften haben ihr Veto dagegen eingelegt. Grund für ihren Widerstand sind Frustrationen aus der jahrzehntelangen Konkurrenz bei der Mitgliederwerbung, aber auch das Gefühl, alleine stark genug zu sein, und die Einschätzung, dass die vorgeschlagene Art der Zusammenarbeit in einem gemeinsamen Kontrollgremium die Gewerkschaftsspaltung sogar noch zementieren würde. Im Rückblick erscheint das als äusserst kurzsichtige Haltung. Nach einer ganztägigen Vorstandssitzung antwortete der SGB dem CNG am 28. Februar 1986, es bestehe «für die bundespolitische Ebene keine Notwendigkeit für eine institutionalisierte Regelung» und der CNG-Vorschlag bringe auch «keine Verbesserung für das Verhältnis zwischen den Verbänden unserer Organisationen» und keine Fortschritte «auf der Ebene der Basis unserer Mitgliedschaften».

Als Alternative plädiert der Gewerkschaftsbund ziemlich wolkig «für ein längerfristiges Zusammengehen», bei dem «die Vereinheitlichung auf Dach- und Verbandsebene mit Freiräumen für die historisch-weltanschaulichen Ausgangspunkte» verbunden werden könnten.

SGB und CNG: Die verpasste Chance 2002

Anfang der Neunzigerjahre gibt es zwischen den Spitzen von GBH/GBI und CHB informelle Gedankenspiele über ein mögliches gemeinsames Branchendach. Sie bleiben ergebnislos, dennoch sind es Zeichen von Aufbruchsstimmung in einer Zeit, in der die Berliner Mauer fällt und das europäische Integrationsprojekt neue Dynamik erhält.[9]

Bei den Dachverbänden stellt sich die Frage einer verstärkten Zusammenarbeit erneut unter dem SGB-Co-Präsidium von Christiane Brunner und Vasco Pedrina in den Jahren 1995 bis 1998. Diesmal werden informelle Angebote der SGB-Spitze von der CNG-Spitze abgelehnt. Als dann der Schweizerische Kaufmännische Verband im Jahr 1999 den VSA verlässt – er vertritt dort die Hälfte der Mitglieder – kommt neue Bewegung in die Sache. Es gibt Gespräche zwischen CNG und VSA über einen Zusammenschluss, und in dieser Situation geht der SGB mit dem Vorschlag in die Offensive, die Bildung eines gemeinsamen Daches zu prüfen. Zunächst führte die SGB-Führung informelle Gespräche mit dem Präsidenten der Hotel- & Gastrounion (der früheren Union Helvetia), die Mitglied der halbierten VSA war. Auf diesem Weg kam es zu einem Treffen von VertreterInnen aus wichtigen SGB- und CNG/VSA-Verbänden Anfang des Jahres 2002. Die Spitze des CNG um Hugo Fasel sorgt dann allerdings dafür, dass die Gespräche ohne Resultat zu Ende gehen, und am 14. Dezember 2002 wird von CNG und VSA der neue Dachverband Travail.Suisse gegründet, dem sich später noch weitere Verbände wie der Personalverband Fedpol anschliessen.

Für Travail.Suisse standen als Hauptziele im Vordergrund, «den politischen Einfluss zu verstärken», «den Gewerkschaftspluralismus glaubhaft umzusetzen» und «die Vertretung der Angestellten auszubauen». In einer Kongressresolution zur Kooperation zwischen CNG und VSA war schon am 9. November 2001 zu lesen: «Denn gemeinsam können CNG und VSA ihre Position als attraktive Alternative zum SGB weiter verstärken und ausbauen».

Seitens des SGB wurde befürchtet, dass die Konkurrenz zwischen den Dachverbänden jetzt wieder zunehmen würde – eine Rückkehr zu den düstern Zeiten der grössten Spaltung zwischen «Roten» und «Gelben». In einem Einschätzungspapier für den Präsidialausschuss vom 15. Januar 2002 schrieb das SGB-Sekretariat: «Mit dieser Spaltung könnte die Zusammenarbeit für Jahre (wenn nicht noch länger) erschwert werden. Die Polarisierung auf Dachverbandsebene kann auch Konflikte in einzelnen Branchen verstärken.»

Pragmatische Zusammenarbeit

Zum Glück haben sich die damaligen Befürchtungen aber nicht bewahrheitet. Einerseits trat «Angestellte Schweiz» mit circa 20 000 Mitgliedern zehn Jahre nach der Gründung aus Travail.Suisse aus, was zumindest das Ziel «Ausbau der Vertretung der Angestellten» für diese Organisation weitegehend zunichtemachte. Andererseits funktionierte bei den tiefgreifenden gesellschaftlichen Herausforderungen der folgenden Jahre die Zusammenarbeit zwischen Unia und Syna sowie zwischen ihren Dachverbänden immer besser. Das hing, wie von Andreas Rieger 2001 dargestellt, auch damit zusammen, dass sich die ideologischen Differenzen beider Bewegungen mit der Auflösung der sozialen Milieus – hier des sozialdemokratischen, dort des katholischen – und der Statusdifferenzen – hier Arbeiter, dort Angestellte – am Ende des Jahrhunderts verflüchtigt hatten, während sich die gewerkschaftlichen Linien, wie Rieger schreibt, «kaum mehr grundlegend» voneinander unterschieden.[10]

Folgende Faktoren förderten nun eine verstärkte Zusammenarbeit:
- Die Verhärtung der sozialen Beziehungen durch neoliberale Chefetagen und der langsame Abschied von der bisherigen klassischen Sozialpartnerschaft «am grünen Tisch» liess schon in den Neunzigerjahren immer weniger Spielraum für Differenzen, ausser man akzeptierte einfach eine kampflose Kapitulation.
- Die Bedürfnisse nach sozialem Schutz der Arbeitnehmenden in Zeiten der Krise und des gesellschaftlichen Umbruchs rückten bei beiden Bewegungen immer mehr im Vordergrund und die nötigen Antworten glichen sich.
- Auch die europäische und internationale Dimension spielte eine Rolle. In manchen Ländern, etwa in Skandinavien, Deutschland und Österreich hatte sich schon früher das Prinzip der «Einheitsgewerkschaft» durchgesetzt, es stand im Gegensatz zum schweizerischen «Gewerkschaftspluralismus». Eine erfolgreiche «Einheitsgewerkschaft» lebt von der internen Vielfalt, vom gegenseitigen Respekt vor den verschiedenen Meinungen und politischen Sensibilitäten, von interner Demokratie. Der «Gewerkschaftspluralismus» hingegen verursacht unter dem Vorwand der demokratischen Konkurrenz zwischen den Verbänden de facto eine Zersplitterung und Schwächung der Arbeitnehmervertretung. Tatsächlich ist der gewerkschaftliche Organisierungsgrad oft deutlich grösser in jenen Ländern, in denen das Prinzip «Einheitsgewerkschaft in der Vielfalt» gelebt wird. In Ländern wie der Schweiz, die eine zersplitterte gewerkschaftliche Landschaft kennen, ist auch der Organisierungsgrad meistens tiefer. Unter anderem deswegen kam es zu Annäherungsprozessen zwischen christlich und sozialdemokratisch orientierten Gewerkschaften in mehreren Ländern. Bei den meisten internationalen Branchen- und Dachverbänden fanden spätestens in den Jahren nach 2000 sogar Fusionen statt, auf europäischer Ebene waren die Gewerkschaftskräfte schon früher unter demselben

Dach vereint – durch die Gründung des Europäischen Gewerkschaftsbundes und der europäischen Branchenverbände in den Siebzigerjahren.

Die Tatsache, dass ab Mitte der Zehnerjahre wieder informelle Gespräche auf Spitzenebene über ein mögliches Zusammengehen von Dachverbänden stattfanden, deutet darauf hin, dass das Bedürfnis nach Überwindung der aktuellen Zersplitterung stieg. Irgendwann – und hoffentlich nicht erst, wenn die Not uns zu diesem Schritt zwingt – werden die Hürden und historischen Bürden doch noch übersprungen. Nachdem der Versuch des SGB gescheitert war, CNG und VSA für ein gemeinsames Dach zu gewinnen, bemühte sich der Gewerkschaftsbund weiter, einerseits eine Polarisierung mit dem neu entstandenen Travail.Suisse zu vermeiden und andererseits eine neue Dynamik der Kooperation zwischen allen Verbänden zu schaffen. Dies geschah im Rahmen der 1995 entstandenen «Ebenrainkonferenz – Allianz der Arbeitnehmenden», die zwölf Dachverbände und ungebundene Verbände zusammenführte. In den entscheidenden Fragen der Gewerkschaftspolitik – wie Löhne, Renten und Arbeitnehmerrechte – kann man seither meistens einheitlich auftreten.

So bleibt die Hoffnung, dass die Probleme, die das Verhältnis zwischen «Roten» und «Gelben», auch zwischen «Blue Collars» und «White Collars» belasten, schliesslich doch noch überwunden werden, und dass so viele Verbände wie möglich die Arbeitnehmerinteressen gemeinsam vorantreiben können. Irgendwann auch unter einem gemeinsamen Dach.

Anmerkungen

1 Für das ganze Kapitel vgl. Daniel Oesch: «Gewerkschaften in Umbruch: Die Gewerkschaften in der Schweiz von 1990 bis 2006»; in Unia: Gewerkschaften im Umbruch ...», a. a. O., S. 31/32.

2 Der Angriff gegen den Ems-Patron war sachlich absolut begründet. Leider hatten wir als Gewerkschaften die Wirkung des Repressionsklimas im Betrieb unter- und die Bereitschaft der Belegschaft, sich für ihre Rechte zu wehren, überschätzt.

3 Andreas Rieger in «Gewerkschaft in Bewegung – 10 Jahre Unia», Rotpunkt Verlag, Zürich, 2014, S. 12.

4 Andreas Rieger, in «Feierabendgespräche mit Paul Rechteiner», SGB, 2019, S. 11.

5 Daniel Oesch: «Gewerkschaften im Umbruch ...», a. a. O., S. 40.

6 Stefan Keller/Andreas Rieger (Hrsg.), «Feierabendgespräche mit Paul Rechsteiner», SGB, 2019.

7 Daniel Oesch: «Gewerkschaften im Umbruch ...», a. a. O., S. 37 und S. 40.

8 Daniel Oesch, «Gewerkschaften im Umbruch ...», a. a. O., S. 40/41.

9 Bezeichnenderweise fanden solche informellen Gespräche am Rande von Sitzungen des Vorstands des Europäischen Bau & Holzarbeiterverbands in Luxemburg statt. GBH und CHB waren schon damals beide Mitglied des EFBH.

10 Offener Brief von Andreas Rieger an KollegInnen der Gewerkschaft Syna vom 20.12.2001: «Wie die Gewerkschaftsbewegung stärken? Wie die Kräfte bündeln?», Beilage 3 zum Präsidialausschuss SGB vom 15.1.2002.

Gewerkschaftsbiografie

Lehrling, RML, SMUV und eine Entlassung
Bruno Bollinger

Bruno Bollinger (Jahrgang 1953) wird von der Achtundsechziger-Bewegung als Lehrling politisiert. Sein berufliches Leben lang ist er gewerkschaftlich engagiert, zuerst ehrenamtlich im SMUV, dann beruflich in der GTCP, in der GBI und schliesslich in der Unia.

1968 kam ich in die Landis & Gyr in Zug. Während der Lehre als Elektro-Eicher lernte ich einige «Hippies» kennen, darunter auch politisch aktive Studenten. Im Rahmen der Kampagne für das «Lausanner Modell» – eine Initiative zur Finanzierung von Auszubildenden – gründeten sie in Zug eine «Überorganisation», die einige Arbeitsgruppen koordinierte, darunter auch eine Lehrlingsgruppe. Ich kam so in die «Basisgruppe Lehrlinge Zug», später «Maiblitz». Als wir im Herbst 1972 bei der Landis & Gyr (L&G) eine Kampagne gegen den Leistungslohn für Lehrlinge führten, kamen wir in Kontakt mit dem «Maulwurf» und der Revolutionären Marxistischen Liga Zürich (RML). Einige Monate später, im Mai 1973, gründeten wir die RML-Sektion Zug.

Aufgrund von Diskussionen mit der RML entschied ich mich, dem SMUV beizutreten. Wir wollten ja dort sein, wo die Arbeitenden organisiert waren. Am 7. März 1973 nahm ich an meiner ersten Gewerkschaftssitzung teil, jener der L&G-Betriebsgruppe, und einige Tage später an der ersten Generalversammlung der SMUV-Sektion Zug. Als ich die 40-Stunden-Woche erwähnte, wurde ich gleich von meinem Tischnachbarn abgeklemmt. Ich war mittlerweile schon fünf Jahre im Betrieb und es überraschte mich nicht, in der Gewerkschaft fast nur angepasste, gemässigte Kollegen anzutreffen.

In meinem «internationalen Jahr» 1974 erlebte ich unter anderem den italienischen Generalstreik in Neapel mit. Die internationalen Erlebnisse, sowie die RML-Schulungen öffneten meinen Blick über die Grenzen der Schweiz hinaus zu den Ländern, wo Arbeiterkämpfe stattfanden. Dies und die Wertschätzung, die mir in der RML als Arbeiter entgegengebracht wurde, erleichterten es mir, die Passivität der Schweizer Arbeiterschaft zu ertragen.

1975 wurde ich als Kandidat für den Nationalrat gegen den bisherigen FDP-Nationalrat aufgestellt, der gleichzeitig Konzernchef der Landis & Gyr war. Ich wurde zwar nicht gewählt, erreichte aber für die RML damals sensationelle 1,84 Prozent der Stimmen, und der FDP-Sitz ging an die SP. Ein halbes Jahr später wurde ich entlassen.

Eigentlich hätte ich damit rechnen müssen, es war dennoch eine Ernüchterung. Dabei konnte ich einige Erfahrungen mit den Gewerkschaften machen: Im Betrieb geholfen hat mir der BK-Präsident des Christlichen Metallarbeiter Verbands (CMV). Der SMUV-Sekretär stellte sich auf den Standpunkt, dass arbeitsrechtlich nichts dagegen auszurichten sei. Die nationale SMUV-Leitung verhinderte, dass eine vom Zuger SP-Präsidenten angeregte Protestversammlung mit SPS-Präsident Helmut Hubacher und SGB-Präsident Ezio Canonica zustande kam. Canonica sagte ab, er wolle sich nicht in die Angelegenheiten eines anderen Verbandes einmischen!

Bei den ArbeitskollegInnen spürte ich Betroffenheit, aber auch Resignation. 1974 erlebten wir das Ende der Hochkonjunktur. In der Landis & Gyr wurde zum ersten Mal der Teuerungsausgleich verweigert, damals für viele ein Schock. An der Sitzung der L&G-Betriebsgruppe beantragte ich, eine Betriebsversammlung zu organisieren, an der über einen einstündigen Warnstreik beraten werden sollte. Der Antrag wurde mit 9 gegen 6 Stimmen abgelehnt, die übrigen fünfzig anwesenden Kollegen enthielten sich der Stimme. Da erlebte ich, was vierzig Jahre Arbeitsfrieden bedeuteten. Die Kollegen wussten, dass sie sich zur Wehr setzen mussten, hatten aber nicht den Mut hinzustehen. Schliesslich hatte man ihnen ja eingehämmert, dass streiken nicht mehr nötig sei.

Bereits 1973 wurde ich an die Sitzungen der nationalen Gewerkschafts- und Immigrationskommission der RML eingeladen, wo ich Vasco Pedrina kennenlernte. Einige Jahre später beauftragte man mich mit der Koordination der Metall- und Uhrenkommission (MUK).

1986 war ich als Korrespondent der RML-Zeitung «Bresche» an meinem ersten SGB-Kongress in Luzern, wo die Gewerkschaftslinke koordiniert auftrat. 1987 kam ich zusammen mit Andi Rieger in die Redaktion der «Diskussion», dem Magazin des linken Gewerkschaftsflügels.

In Zug wurde ich Aktuar der SMUV-Italienergruppe, 1988 war ich im SMUV-Sektionsvorstand und 1990 wählte man mich zum Präsidenten der SMUV-Sektion Zug. 1989 wurde ich in den Vorstand des Zuger Gewerkschaftsbunds (GBZ) und 1992 zum GBZ-Präsidenten gewählt.

1991 stellte mich die GTCP als Organisationssekretär ein. In dieser Funktion gehörte ich zur Verhandlungsdelegation bei der Fusion mit der GBH zur GBI. Nach der Fusion war ich zuerst Präsidialsekretär, dann Bildungsverantwortlicher. Diese Tätigkeit führte ich auch in der Unia bis zur Pensionierung 2015 aus.

Kapitel 5

Themen der Neuausrichtung
Wirtschaft, Migration, Löhne, Gleichstellung

Die Neuausrichtung der Gewerkschaften in den Neunzigerjahren verlangte das Infragestellen von vorherrschenden Prinzipien: Staatliche Konjunkturprogramme waren damals aus der Mode geraten, die Kontingentierung der ImmigrantInnen erschien fast gottgegeben. Ausserhalb jedes Vorstellungsvermögens lag es, in der Lohnfrage und anderen klassischen GAV-Bereichen auf politischem Weg zum Durchbruch zu gelangen. Wer die Situation verändern wollte, brauchte überzeugende Alternativkonzepte, Mobilisierungsfähigkeit, geschickte politische Lobbyarbeit und Durchhaltevermögen.

In den Kernbereichen ihrer Politik – Beschäftigung, Arbeitszeit, ArbeitnehmerInnenrechte und Renten – mussten sich die Gewerkschaften der Neunzigerjahre zunächst darauf konzentrieren, Verschlechterungen abzuwehren. Dies gelang oft einigermassen. Massenentlassungen konnten in der Krise zwar nicht verhindert werden, dafür erstritt man in vielen Fällen anständige bis gute Sozialpläne. Eine weitgehende Lockerung der Abend-, Nacht- und Sonntagsarbeit wurde blockiert, auch die mit Vehemenz geforderte generelle Erhöhung des Rentenalters. Empfindliche Rückschläge erlitten die

Gewerkschaften mit offensiven Projekten, für die die Zeit noch nicht reif war. Das «Bouquet» von fünf «Initiativen für eine soziale Schweiz» beispielsweise führte 1998/99 in eine Reihe von Abstimmungsniederlagen, weil es weder den Bedürfnissen der Basis noch den gesellschaftlichen Kräfteverhältnissen genügend Rechnung trug.

Mit der Annahme der 10. AHV-Revision im Jahr 1995 musste der SGB zwar die Erhöhung des Rentenalters der Frauen von 62 auf 64 Jahre in Kauf nehmen, bei der Gleichstellung von Mann und Frau bedeutete diese Reform – unter anderem wegen dem «Einkommenssplitting» bei den Renten – jedoch trotzdem einen Schritt nach vorn.

Was den Zeitpunkt der Pensionierung betraf, so war der einzige, aber markante Fortschritt dieser Epoche die Einführung des Rentenalters 60 auf dem Bau im Jahr 2003 – eine Senkung um nicht weniger als fünf Jahre! Sie gelang dank einer beispielhaften Mobilisierung und einem branchenweiten Streik. Der Durchbruch der Bauarbeiter öffnete auch den Weg zu Frühpensionierungsmodellen in anderen Branchen des Gewerbes und der Industrie.

Die explosive Zunahme der Arbeitslosigkeit in der ersten Hälfte der Neunzigerjahre führte zu wiederholten Versuchen von bürgerlicher Seite, die Versicherungsleistungen für Arbeitslose zu senken, was grösstenteils verhindert werden konnte. Gleichzeitig war die Krise auch Auslöser einer tiefgreifenden Reform der Arbeitslosenversicherung von 1995 (vgl. Kapitel 6.2.).

In dieser von Abwehrkämpfen geprägten Zeit gelang es aber auch, an einigen zentralen Orten eigene sozialpolitische Pflöcke einzuschlagen, die aus heutiger Sicht zeigen, wie das Streben nach einer gewerkschaftlichen Neuausrichtung für die Arbeitswelt erste Früchte trug. Auf sie wird hier eingegangen.

Wirtschaftspolitik: Beschäftigungsprogramme, Geldpolitik

Nach einer langen siebenjährigen Phase des wirtschaftlichen Aufschwungs markierte das vierte Quartal 1990 den Eintritt der Schweizer Wirtschaft in eine Rezession. Eine noch nie dagewesene Immobilienkrise, die einigen Jahren der Exzesse folgte[1], zog zuerst die Bauwirtschaft und später weitere Branchen in Mitleidenschaft. Als die GBH im Sommer 1991 den ersten Anlauf unternahm, den SGB-Präsidialausschuss für ein staatliches Konjunkturprogramm zu gewinnen, scheiterte sie noch am Widerstand des SGB-Chef-Ökonomen Beat Kappeler. Seiner Einschätzung nach konnte die Rezession nicht lange dauern und ein solches Programm würde sowieso zu spät wirken. Mit dem in der herrschenden Wirtschaftslehre dominierenden Argument des prozyklischen Charakters von Konjunkturprogrammen erneuerte der SGB-Ökonom seinen Widerstand, als die GBH, unterstützt von der GTCP, Anfang 1992 ein zweites Mal in die Offensive ging, diesmal mit einem ganz konkreten Vorschlag für ein Sofortprogramm, das unter Leitung von Oliver Peters und in Absprache mit linken SP-ParlamentarierInnen erarbeitet worden war.[2]

Die Vorschläge sahen kurzfristige und mittelfristige Massnahmen vor. Zu den dringendsten gehörten:
– Dosierte Lockerung der Geldpolitik,
– Keine blinde Sanierung der Budgetdefizite,
– antizyklische Politik der öffentlichen Hand im Baubereich, mit:
  – Beschleunigter Förderung des Baus günstiger Wohnungen
  – Förderung des Unterhalts und der Erneuerung öffentlicher Bausubstanz in den Gemeinden,
– Förderung des öffentlichen Verkehrs,
– Verbesserungen im Bereich der Arbeitslosenversicherung (soziale Absicherung, Präventivmassnahmen).

In der langen Ära Kappeler (von 1978 bis 1992) war der wirtschaftspolitische Kurs des SGB so weit nach rechts gedriftet, dass ihm sogar eine keynesianische Politik als zu links galt. Bekanntlich ging die Krise der Neunzigerjahre dann aber nicht so schnell vorbei: Sie war die längste «Schwächephase» der Schweizer Wirtschaft seit den Dreissigerjahren und dauerte eine halbe Ewigkeit: mit gravierenden

Folgen für die Beschäftigung. «Erst 1997 – drei Jahre nach dem Aufschwung in der EU – kam in der Schweiz die Wende», schreibt Daniel Lampart, der heutige Chefökonom des SGB: «Dass die Schweizer Wirtschaft im Gegensatz zur derjenigen der EU zwischen 1993 und 1996 kaum wuchs, ist zu einem beträchtlichen Teil einer prozyklischen wirkenden Finanz- und Geldpolitik im Inland zuzuschreiben.»[3] Von Bedeutung ist hier auch Lamparts Erkenntnis, «dass sich bei der langen Stagnation der Neunzigerjahre um eine (...) konjunkturelle Schwäche und nicht um ein strukturell bedingtes Wachstumsproblem gehandelt hat».[4] Die Mär vom strukturellen Problem hatten bürgerliche Kreise immer wieder vorgebracht, um einem radikalen Deregulierungs- und Privatisierungsprogramm zum Durchbruch zu verhelfen, etwa mit den «Weissbüchern» des Wirtschaftsestablishments von 1992 und 1995.

Beim zweiten Anlauf der GBH von 1992 revidierte der SMUV seine Haltung und schwenkte um – unter dem Druck der Krise, die zunehmend nicht nur seine gewerbliche Basis, sondern auch die Exportindustrie betraf. Walter Renschler, SGB-Präsident und VPOD-Generalsekretär, wechselte ebenfalls ins GBH-Lager. Der SGB befürwortete nun eine offensive Antikrisenpolitik und Beat Kappeler erlitt damit eine empfindliche Niederlage. Es half ihm wenig, dass er in dieser Frage die Unterstützung des Finanzministers, SP-Bundesrat Otto Stich, sowie von dessen SP-Spitzenbeamten Ulrich Gygi und Peter Siegenthaler hatte.[5] Sein Weggang aus dem SGB einige Monate später öffnete den Weg für einen nachhaltigen Kurswechsel, der zuerst mit Serge Gaillard und später mit Daniel Lampart starke Unterstützung in den eigenen Reihen erhielt und sich auf die schweizerische Wirtschaftspolitik positiv ausgewirkt hat.

Sogar Markus Lusser, als Präsident der Schweizerischen Nationalbank der Hauptverantwortliche für die äusserst restriktive Geldpolitik, hatte Bundesbern gegen Ende 1992 ermuntert, ein Konjunkturprogramm in die Wege zu leiten. Im Laufe des Winters 1992/1993 – bis Frühjahr 1993 zählte man 160 000 Erwerbslose[6] – konnte die

Mauer der Verweigerung endlich durchbrochen werden: Protestaktionen und Mobilisierungen, die in zwei nationalen Demonstrationen im Februar und März kulminierten, sorgten für öffentlichen Druck von unten. «Nach langen internen Auseinandersetzungen» – schreibt Hans Baumann – «hat der SGB Ende März 1993 ein Programm zur Bekämpfung der Arbeitslosigkeit vorgelegt, gerade noch rechtzeitig vor der SGB-Kundgebung gegen die Arbeitslosigkeit auf dem Bundesplatz in Bern, an der rund 25 000 GewerkschafterInnen unter dem Motto ‹Gegensteuer› für Arbeitszeitverkürzung, staatliche Investitionsprogramme und gegen die Kürzung der Arbeitslosengelder demonstrierten.»[7]

Mit abgestimmten Lobbyaktionen, die vor allem auf gewerbliche Kreise zielten, gelang es, die nötigen Mehrheiten im Parlament zu gewinnen. Nachdem der Bund im Sommer 1992 die Wohnbauförderung massiv ausgeweitet hatte, verabschiedete das Parlament im März 1993 im Eilverfahren das Investitionsprogramm I, mit einem Investitionsbonus im öffentlichen Bau, das seine Wirkung in den Jahren 1993/96 entfalten konnte. Dieses Programm löste ein Auftragsvolumen von 1435 Mio. Franken mit einem Arbeitsmarkteffekt von 12 500 Arbeitsplätzen aus.[8] Neben dem unmittelbaren konjunkturellen Effekt war für die Zukunft auch der ideologische Bruch mit dem bisher herrschenden wirtschaftspolitischen Kurs von grosser Bedeutung.

Im Vorfeld hatte das Investitionsprogramm I auch innerhalb der Linken eine Kontroverse ausgelöst, die zunächst ärgerlich erschien, weil das Risiko des Scheiterns schon gross genug war.[9] FeministInnen in gewerkschaftlichen Reihen kritisierten scharf die «Männerlastigkeit» des Programms, denn in den Baubranchen seien ja vor allem Männer tätig. Dies stimmte allerdings nur bedingt, der Multiplikator-Effekt von Bauinvestitionen führte dazu, dass auch Branchen mit einem höheren Anteil an Frauen davon profitierten. Die UmweltschützerInnen andererseits fanden den Ansatz inakzeptabel, weil zu wenig ökologisch. Wichtiger für die GBI war zu jener Zeit tatsächlich, ein mehrheitsfähiges Krisenprogramm mit rascher Beschäftigungswirkung durchzusetzen.

Mit dem Investitionsprogramm II, basierend vor allem auf einen Erneuerungsbonus, wurde der Kritik aber zwei Jahre später Rechnung getragen. Diesmal ging es um das Vorziehen und die rasche Ausführung jener Projekte, die ohnehin realisiert würden, ökologisch sinnvoll waren und sozialen Bedürfnissen entsprachen. Schon im Mai 1995, jetzt mit der Unterstützung der drei grössten Umweltorganisationen WWF, VCS und SES, präsentierte die GBI aufgrund einer Metron-Studie einen Vorschlag für ein neues ökologisches Beschäftigungsprogramm mit einem geschätzten Beschäftigungseffekt von fast 50 000 Arbeitsplätzen.

Wie beim ersten Anlauf waren die Widerstände im bürgerlichen Lager gross. Immer noch herrschte die Hoffnung, dass die Stagnation von sich aus rasch zu Ende gehen würde. Um trotzdem zum Ziel zu kommen, schlug die GBI den Arbeitgebern des Gewerbes im Frühjahr 1996 «eine gemeinsame Initiative der Vertragspartner zur Sicherung der Arbeitsplätze im Baugewerbe» vor. Denn inzwischen hatte die Situation im Baugewerbe eine dramatische Wende genommen – wie der GBI-Präsident Vasco Pedrina, Mitautor dieses Textes, vor versammelten Behörde- und ArbeitgebervertreterInnen einige Monate später ausführte:

> «Von den 350 000 Arbeitsplätzen sind seit 1992 mehr als 60 000 verschwunden. Am Ende der Hochkonjunktur, 1990, zählte das Bauhauptgewerbe 167 000 Arbeitnehmende. Im Juni 1996 waren es noch 114 000. Dieses Jahr werden in der gesamten Baubranche weitere zehn- bis zwanzigtausend Arbeitsplätze verschwinden. Und wenn nichts unternommen wird, ist im nächsten Jahr mit einem ähnlichen Rückgang zu rechnen.»[10]

In Anbetracht der Lage und nach den positiven Erfahrungen mit der Lobbyarbeit für das Investitionsprogramm I stieg der Schweizeri-

sche Baumeisterverband auf das Angebot ein. Man einigte sich relativ rasch. Unter dem Titel «Gemeinsame Antwort der Sozialpartner auf den starken Wandel im Bauhauptgewerbe» wurde der Öffentlichkeit ein gemeinsames Konzept präsentiert. Zwei Massnahmen standen dabei im Vordergrund:
- Die rasche Realisierung der grossen Infrastrukturprojekte wie NEAT, Bahn 2000 und von Projekten im Bereich der Telekomunikation;
- die Einführung eines Anreizsystems zur Förderung der Erneuerung der bestehenden Bausubstanz: Bonussystem für private ökologische Erneuerungsprojekte, Bonus für die Erneuerung von kommunalen und kantonalen Bauten.

Im Winter 1996 verabschiedete das Parlament das Investitionsprogramm II mit dem Erneuerungsbonus. Es bewirkte ein Auftragsvolumen von 2170 Millionen Franken und 19 500 Arbeitsplätze, kumuliert über die Jahre 1997/99.[11] Dazu kam noch der Multiplikatoreneffekt für andere Branchen. «Ausser seinem Beitrag zur Überwindung der Krise» – bilanziert Hans Baumann – «hatte das Investitionsprogramm auch den Effekt, dass nötige Sanierungen an öffentlichen Gebäuden und ökologisch sinnvolle Investitionen getätigt wurden.»[12]

Ein Teilerfolg: Die zwei Investitionsprogramme waren vom Volumen her zu klein, um die stark prozyklische Fiskal- und Geldpolitik zu kompensieren. Aber die Evaluationen, die vom Bund im Auftrag gegeben wurden, bewiesen deutliche positive Wirkungen der Massnahmen, die dem herrschenden bürgerlichen Diskurs widersprachen. Als treibende Kraft hinter den beiden Investitionsprogrammen knüpfte die GBI – zusammen mit dem SGB – an eine gute Tradition der Vorgängerorganisation GBH an. Schon 1983 hatte diese ein «Grünes Beschäftigungsprogramm» vorgeschlagen.[13] Das spätere Programm «Bauen und Bauarbeit 2000» der GBH von 1991 und die erwähnte von der GBI in Auftrag gegebene Metron-Studie «Ein ökologisch sinnvolles Beschäftigungsprogramm für die Schweiz» von

1995 schufen eine Kontinuität, die später verlorenging. Im Jahrzehnt nach 2000 wurde diese Art von Politik leider Opfer der zunehmenden Polarisierung zwischen den Vertragspartnern, vor allem in der Baubranche, und auch des gewerkschaftlichen Unvermögens, auf beiden Klaviaturen gleichzeitig zu spielen: jener des Klassenkampfes und jener des sozialen Dialogs.

GBI, SMUV und SGB bemühten sich in der Wirtschaftskrise – mit Vorstössen, Protestaktionen und Lobbyarbeit – immer wieder, die schädliche, äusserst restriktive Geldpolitik der Schweizerischen Nationalbank (SNB) zu denunzieren und auf einen Kurswechsel hinzuwirken. Mit mässigem Resultat, nicht zuletzt mangels Unterstützung aus dem Lager der Unternehmer. Heute ist nachgewiesen, dass die Schweizer Wirtschaft deshalb ein paar Jahre länger an der Rezession litt als diejenige der EU; die Nachfolgegeneration im Direktorium der SNB musste die negativen Folgen der restriktiven Geldpolitik schliesslich einsehen. Mit einer expansiven Geldpolitik korrigierte sie den Kurs schon in der Stagnationsphase von 2002/2003 und noch mehr in der weltweiten Finanzkrise von 2007/08 (Stützung des Frankenkurses, UBS-Rettung).

Migrations- und Europapolitik: Sozial flankierte Freizügigkeit

In den Fünfziger- und Sechzigerjahren des Zwanzigsten Jahrhunderts hatten die Gewerkschaften zu den ersten gehört, die vom Bundesrat einen klaren Einwanderungsstopp und sogar den Abbau der AusländerInnnenzahlen verlangten. Sie taten das wiederholt und unterstützten die offizielle Kontingentierungspolitik; die damit verbundenen diskriminierenden Aufenthaltsstatute für AusländerInnen nahmen sie lange Zeit in Kauf.

In den harten Auseinandersetzungen um die «Überfremdungs»- oder Schwarzenbach-Initiative von 1970 und die Zerreissprobe, die diese in den Gewerkschaftsreihen auslöste, wurde zwar deutlich, dass eine nationalistische Haltung und eine Abwehrpolitik gegenüber ausländischen ArbeitskollegInnen die Bewegung letztlich in eine Sackgasse führte.[14] Bis zum Umdenken dauerte es aber lange. Erst in den Achtzigerjahren setzte ein Kurswechsel in der gewerkschaftlichen Migrationspolitik ein: von der Abwehr zur Integration. Mehr als zehn Jahre später wurde daraus offizielle Schweizer Politik – zumindest im Verhältnis zur EU.[15]

In der GBH konkretisierte sich das Umdenken 1988 mit der Wiederaufnahme des Kampfes für die Abschaffung des unmenschlichen Saisonnierstatuts, nachdem dieses Dossier seit der gescheiterten «Mitenand-Initiative» von 1981 schubladisiert gewesen war. Die Erkenntnis, dass diskriminierende Aufenthaltsstatute und ein Kontingentierungssystem wie siamesische Zwillinge miteinander verbunden sind, führte Ende der Achtzigerjahre zur grundsätzlichen Infragestellung der Kontingentierungspolitik. Aus Sicht vieler konservativer Gewerkschafter ein Tabubruch!

Die wuchtige Ablehnung der «Mitenand-Initiative» von 1981 – sie forderte eine offenere AusländerInnenpolitik – hatte gezeigt, dass der Aufruf zur Einhaltung von Menschenrechten und zum Recht auf Familienleben allein nicht reichte, um in der Migrationsfrage eine Volksmehrheit zu gewinnen. Nötig war auch eine überzeugende ökonomische Begründung.

Mit den Jahren wurde allerdings immer offensichtlicher, dass das Saisonnierstatut, das die Wirtschaft nach einem ausgeklügelten Rotationssystem systematisch mit unqualifiziertem Personal versorgte, auf lange Sicht eine hinderliche Strukturerhaltungspolitik bedeutete. Begünstigt wurden Branchen mit tiefen Löhnen und schwacher Produktivität zulasten von aufstrebenden Branchen der Industrie und des Dienstleistungssektors, die auf hohe Wertschöpfung setzten und zunehmend auf qualifiziertes Personal angewiesen waren.

Natürlich half bei der «kopernikanischen Wende» in der Saisonnierspolitik auch ein konstanter gewerkschaftlicher Druck, der seinen Höhepunkt mit der grossen nationalen GBH-Demonstration von September 1990 in Bern erreichte, sowie die gewerkschaftliche Lobbyarbeit, die sich neu auf die sozialdemokratischen Regierungen der Ursprungsländer der Saisonniers und anderer MigrantInnen ausdehnte.

Am wichtigsten für den definitiven Abschied vom Saisonnierstatut war aber eine aussenwirtschaftspolitische Entwicklung. Wenn das Volk im Dezember 1992 Ja zum Beitritt der Schweiz zum Europäischen Wirtschaftsraum (EWR) gesagt hätte, wäre das Ende des Saisonnierstatuts schon damals besiegelt gewesen. Der EWR hatte die Einführung des Freien Personenverkehrs zwischen der Schweiz und der EU vorgesehen – auf der Basis des Nichtdiskriminierungsprinzips. Die Abschaffung des Saisonnierstatuts und anderer Diskriminierungen wäre der Preis gewesen, für den sich die Schweizer Wirtschaft den freien Zugang zu den EU-Märkte hätte verschaffen können. 1999, sieben Jahre später, stimmte das Volk dann mit den Bilateralen Verträgen einem weniger ambitionierten Projekt zu. Das Abkommen zum Freien Personenverkehr trat Mitte 2002 in Kraft. Es legte das Prinzip der gleichen Rechte von Arbeitnehmern verschiedener Nationalitäten fest, womit es das Saisonnierstatut, dessen Bedeutung inzwischen für die Wirtschaft ohnehin gesunken war, definitiv beerdigte.

Mit dem Freien Personenverkehr eng verbunden war die Einführung von «Flankierenden Massnahmen» (FlaM) zum Schutz der Löhne und der Arbeitsbedingungen im Jahr 2004. Ohne sie wären die Schweizer Löhne unter einen unhaltbaren Druck geraten angesichts des Lohngefälles zwischen der Schweiz und manchen EU-Ländern. Ohne sie hätte das Volk den Bilateralen Verträgen wohl auch gar nicht zugestimmt. Im Laufe der Zeit wurden die FlaM schrittweise ausgebaut und gelten heute als eines der besten Schutzdispositive in Europa.[16] Sie haben eine starke regulierende Wirkung auf den Arbeitsmarkt entfaltet, mehr als man sich ursprünglich erhoffte. Und sie haben den Einflussbereich der GAV markant erweitert. Noch nie wurden so viele Betriebe und Arbeitsverhältnisse Jahr für Jahr kontrolliert. Auch die institutionellen Einflussmöglichkeiten der Gewerkschaften sind zugunsten des sozialen Ausgleichs gestärkt worden.

Der Ausbau der Flankierenden Massnahmen hat sich als wirksames Gegenprogramm zu den Bestrebungen der Rechten erwiesen, den Arbeitsmarkt völlig zu deregulieren und das GAV-System zu schwächen. Angesichts der Krise, der neoliberalen Offensive und des Aufstiegs der rechtsnationalen Kräfte war dieser soziale Schritt nach vorne beachtlich. Einer der Schlüssel des Erfolgs lag in der Neuausrichtung des europäischen Engagements von GBH und GBI und in einem deutlich verstärkten Einsatz seit Beginn der Achtzigerjahre, sei es bei den bilateralen Beziehungen zu Gewerkschaften in den Herkunftsländern der bei uns organisierten MigrantInnen, sei es im Rahmen der transnationalen Gremien, allen voran des Europäischen Bau- und Holzarbeiterverbandes und später des Europäischen Gewerkschaftsbundes. Das Engagement entsprach der Solidarität in Zeiten der Globalisierung, aber auch dem wohlverstandenen Eigeninteresse. Anfang der Neunzigerjahre gab es noch keine FlaM, sie mussten erst von uns konzipiert werden. Im Laufe der Jahre inspirierten uns dabei auch die Vorreiterländer solcher Bestrebungen wie etwa Luxemburg. Dramatische Erfahrungen mit verbreitetem Lohndumping in Ländern, wie in Deutschland nach dem Fall der Mauer, trugen massgeblich zur Schaffung einer neuen EU-Richtlinie über die Entsendung von Arbeitnehmenden bei.

Lohnpolitik: Politisierung mit Mindestlohnkampagnen

«Nach einer Phase der Vollbeschäftigung gerieten in den Neunzigerjahren die Löhne und Arbeitsbedingungen wegen der siebenjährigen Wirtschaftskrise und der auch in der Schweiz einsetzenden neoliberalen Arbeitsmarktpolitik unter grossen Druck. Neue Formen der Armut wie jene von Alleinerziehenden oder ‹Working poor› waren eine Folge davon. Die Gewerkschaften wurden sich bewusst, dass die traditionelle Form, die Löhne allein mittels GAV zu verbessern, in diesen Tieflohnbereichen mit geringem gewerkschaftlichem Organisierungsgrad nicht greift», halten Andreas Rieger und Beat Ringger in einer Bilanz dieser Zeit fest.[17]

Jahrzehntelang galt in der Gewerkschaftsbewegung tatsächlich das Prinzip, dass die Lohnpolitik ausschliesslich zur Vertragspolitik der einzelnen Branchen gehörte. Wie sich das änderte, beschreibt Andreas Rieger, der Erfinder und eine treibende Kraft der gewerkschaftlichen Mindestlohnkampagnen, in einem Rückblick von 2019, den wir ausführlich zitieren möchten:

«Bis anfangs der Neunzigerjahre fand Lohnpolitik in der Schweiz fast ausschliesslich in den Branchen und Betrieben statt. Der SGB analysierte von Zeit zu Zeit Rahmenbedingungen und Resultate der Lohnverhandlungen auf volkswirtschaftlicher Ebene. Im Übrigen mischte er sich nicht in die Lohnpolitik der Verbände ein. Die Öffentlichkeit und die Politik waren in diese Lohnpolitik nicht einbezogen. Sie wurden bestenfalls über sehr gute Lohnabschlüsse informiert. Staatliche Lohnpolitik bestand im Nachvollzug der Lohnentwicklung von gutgestellten Branchen. – Ab 1992 steckten die Gewerkschaften mit ihrer traditionellen Lohnpolitik jedoch fest. Die Arbeitgeber verweigerten mehrere Jahre schlicht Verhandlungen. Der Teuerungsausgleich wurde abgeschafft. Gleichzeitig kam die Theorie auf, die Arbeitslosigkeit in der Schweiz könne nur noch abgebaut werden, wenn ein Tieflohnsektor geschaffen werde. Edwin Somm von der MEM-Industrie verlangte um 30 % tiefere Löhne, auch die NZZ rief nach Lohnsenkungen. Diese Theorie fand bis in progressive Kreise hinein Anhänger (...) – In dieser Zeit ‹entdeckten› wir in der ‹kleinen unia› den bereits bestehenden Tieflohnsektor, mit Löhnen weit unter Fr. 3000.– im Detailhandel (auch bei Coop!) und im Gastgewerbe. Darauf begannen wir 1997 mit der Kampagne gegen die ‹Hungerlöhne›. Wir wollten in der Öffentlichkeit Druck schaffen, da wir in den Betrieben/Branchen kein Kräfteverhältnis schaffen konnten. Für den SGB-Kongress von 1998 schrieben wir den Antrag ‹Für

eine Politisierung der Löhne›. Die Verhinderung eines grossen Tieflohnsektors solle eine Aufgabe von Gesellschaft und Staat werden. 1999 operationalisierten wir mit dem SGB den Kampf gegen Tieflöhne mit dem Slogan ‹Keine Löhne unter 3000 Franken›. Mit einer modernen ‹Naming and shaming›-Kampagne zeigten wir ganz konkret auf, wer skandalöse Löhne bezahlte: Das Berner Hotel Bellevue (im Bundesbesitz!), die Migros, Luxusgüterproduzenten etc. Wir zeigten, dass faktisch die Gemeinden über die Fürsorge solche Betriebe subventionierten. Wir verlangten vom Staat, dass er bei sich selbst alle Lohnkategorien unter 3000.– aufhob und von subventionierten und konzessionierten Betrieben das Gleiche verlangte. In der Folge konnten wir in diversen GAV die Löhne auf mehr als 3000.– anheben (Migros, Coop, Gastgewerbe, Reinigung). Langsam erhöhten wir das Minimum: Wir verlangten 13mal Fr. 3000.–; später Fr. 3500.–. – Neu trat auch der SGB als Subjekt von Lohnpolitik auf: Mit Expertenberichten zum Mindestlohn, mit Pressekonferenzen und mit einer internen Koordinationsgruppe der Verbände. – Erfolgreich waren wir in den GAV-Branchen und in einigen weiteren öffentlich exponierten Betrieben. Dabei profitierten meist nicht nur die untersten Lohngruppen, sondern auch die darüber liegenden. In einem grossen Teil des Arbeitsmarktes blieb der Erfolg der Kampagne jedoch mässig. 2005/06 erschöpften sich Kampagne und Fortschritte. Auf diesem Hintergrund nahmen wir die Forderung nach einer Generalisierung mittels eines gesetzlichen Mindestlohns auf. Der SGB-Kongress von 2008 beschloss die Prüfung einer Volksinitiative, 2011 wurde sie lanciert. Sie verlangte einen Stundenlohn von Fr. 22.–. Die Kampagne führten wir aber mit dem Slogan ‹Keine Löhne unter 4000.– Franken›. Im Vorfeld der Abstimmung konnte mit einem erneuten ‹Naming and shaming› ein starker öffentlicher Druck erzeugt werden und erneut Erfolge erzielt werden:
- Einführung von Mindestlöhnen im GAV MEM; höhere Löhne im Gartenbau, Sicherheit, Reinigung, Berner Bergbahnen, Bäckereien u. a.

- Auch einige bekannte Firmen zogen nach und machten mit Löhnen über 4000.– Werbung (Aldi und Lidl, H&M u. a. m.)
- Viele öffentliche Arbeitgeber eliminierten tiefste Lohngruppen

Das Abstimmungsresultat im Mai 2014 war schlecht, die Initiative fand nur 24 Prozent Zustimmung. Die Bürgerlichen und die Arbeitgeber hatten die Argumentation gegen uns gekehrt: Löhne würden in der Schweiz in Betrieben und Branchen ausgehandelt – die grossen Erhöhungen in vielen Betrieben zeigten, dass dies funktioniere. Eine generelle Erhöhung würde Tausende Arbeitsplätze kosten. Verloren haben wir schliesslich nicht wegen der 4000-Franken-Schwelle, sondern wegen der Forderung nach einem national geltenden Gesetz. In der Folge verlagerten wir die Bemühungen um einen verbindlichen, gesetzlichen Mindestlohn in einige Kantone (Neuchâtel, Jura, Tessin, Genf). Und gleichzeitig verhandelten wir in den Branchen für Mindestlöhne über 4000.–, dies allerdings mit nachlassender Energie.»[18] In den von Rieger erwähnten vier erwähnten Kantonen sind mittlerweile Mindestlohninitiativen angenommen worden. Noch pendent sind eingereichte Mindestlohninitiativen in Basel-Stadt und in den Städten Zürich, Winterthur und Kloten.

Gleichstellung: Der Druck der Frauen schafft Bewegung

Der beeindruckende erste nationale Frauenstreik vom 14. Juni 1991, angestossen von den SMUV-Frauen, setzte eine neue gesellschaftliche Dynamik in Gang, vor allem bei den Frauen selber; sie kämpften von nun an stärker und hartnäckiger für ihre Anliegen. Eine junge Generation von Frauen brachte auch Schwung in die Gewerkschaften. Man kann wohl sagen: Der Frauenstreik von 1991 setzte die GBH und wenig später die GBI gehörig unter Druck. Es ging dabei nicht primär um eine inhaltliche Kursänderung, sondern eher um eine Ausweitung des Forderungskataloges für Frauen, und das führte auch zu Spannungen. Den Gewerkschaftsaktivistinnen war früh klar, dass eine deutliche Gewichtsverschiebung der Prioritäten zugunsten der Frauenanliegen nur mit einer Stärkung der Stellung der Frauen in den Gewerkschaften selbst zu erreichen war. Sie war umso nötiger angesichts der arbeitsmarktlichen Entwicklungen, denn einerseits wurden immer mehr Frauen berufstätig. 1998 zählte die Schweiz rund 100 000 weibliche Arbeitskräfte mehr als zu Beginn des Jahrzehnts[19]. Andererseits drängten die Frauen schon ab den Achtzigerjahren zunehmend in Berufe, die bis dahin ausschliesslich von Männern ausgeübt worden waren.

Der Kampf der GBH/GBI-Frauen, der im Kapitel 8 kurz geschildert wird, war besonders aufreibend. Hauptgrund: Die GBH war sehr männerlastig, sowohl in Bezug auf die Zusammensetzung ihrer Mitgliedschaft wie auch jene ihrer Gremien und des gewerkschaftspolitischen Teils ihres Apparats. Mit der Gründung der GBI wurden die Verhältnisse zwar etwas besser, aber nach wie vor waren überall die Frauen untervertreten. Schwierig, dies zu verändern! Auseinandersetzungen, Rückschläge und Krisen, aber auch immer wieder Teilerfolge und positive Weichenstellungen veränderten dann allmählich die Realität und das öffentliche Bild der GBI, später der Unia, und damit auch den Stellenwert der Gleichstellungspolitik in dieser Gewerkschaft.

Ein erstes – vom Frauenstreik 1991 mit Nachdruck gefordertes – Anliegen war die Umsetzung des Verfassungsauftrages von 1981 in Form eines «unverwässerten Gleichstellungsgesetzes», wie es im Titel einer Resolution der GBI-Landeskonferenz der Frauen vom Januar 1994 zuhanden der parlamentarischen Beratungen heisst:

> «Zur Verwirklichung der Gleichstellung vor allem im Erwerbsleben und zur Durchsetzung des Rechts auf gleichen Lohn braucht es endlich ein griffiges gesetzliches Instrumentarium. Dazu gehören insbesondere
> – eine Umkehr der Beweislast, wenn eine Diskriminierung glaubhaft gemacht wird,

- das Klage- und Beschwerderecht für ArbeitnehmerInnen- und Gleichstellungsorganisationen ohne Einschränkungen,
- ein verstärkter Schutz vor Rachekündigungen, zusätzlich aber auch eine Arbeitsplatzgarantie».

Im Juli 1996 trat das Gleichstellungsgesetz endlich in Kraft. Einiges wurde erreicht, unter anderem konnten nun Rachekündigungen für nichtig erklärt werden – aus Arbeitgebersicht ein Tabubruch! Das Gleichstellungsgesetz lieferte den Hebel, um Frauenanliegen im Rahmen der GAV-Politik voranzutreiben. Dabei ging es um eine Ausweitung des Geltungsbereichs von bestehenden GAV auf ArbeitnehmerInnengruppen, in denen die Frauen überdurchschnittlich vertreten waren, wie die Teilzeitarbeitenden oder die Aushilfen, aber auch um neue GAV, wie in der Reinigungsbranche der Deutschschweiz oder in der Temporärarbeit. Ausserdem brauchte es vertraglich vereinbarte Fördermassnahmen und Schutzbestimmungen in «typischen Frauenberufen». Bei den wiederkehrenden GAV- Erneuerungsrunden, dann wenn es in der Schlussrunde zwischen Vertragspartnern jeweils hart auf hart ging, wurden nicht selten Frauenanliegen zuerst geopfert. Es brauchte harte Arbeit von unerschrockenen Frauen, damit diese Priorisierung sich änderte.

Mit dem Gleichstellungsgesetz verbunden war die Einrichtung und Stärkung von staatlichen Gleichstellungsbüros. Fokus ihrer Arbeit wurde die Durchsetzung des Prinzips «Gleicher Lohn für gleiche Arbeit» und eine bessere Integration der Frauen in den Arbeitsmarkt. Für die Gewerkschaft ergab sich immer wieder eine hilfreiche Zusammenarbeit.

Ein zweites Ziel, das die frauenpolitischen Aktivitäten in den GBI-Zeiten stark geprägt hat, war die Einführung eines bezahlten Mutterschaftsurlaubs von 16 Wochen, nicht nur über den Gesamtarbeitsvertrag, sondern endlich auch auf gesetzlichem Weg. Die erste gesetzliche Vorlage wurde – nach einem Referendum des Gewerbeverbandes – vom Volk 1999 abgelehnt. Eine schwere Enttäuschung. Erst in einem zweiten Anlauf, Abstimmung am 26. September 2004, konnte eine bescheidenere Version der Mutterschaftsversicherung (14 Wochen, 80 Prozent des Lohns) mit einer Änderung der Erwerbsersatzordnung gesetzlich verankert werden. Sie trat am 1. Juli 2005 in Kraft, genau sechzig Jahre, nachdem die Verfassungsgrundlage geschaffen worden war! Trotzdem: ein wichtiger Meilenstein für die Frauen- und Gewerkschaftsbewegung.

Auch die Auseinandersetzungen zur Altersvorsorge der Neunzigerjahre hatten eine starke frauenpolitische Komponente. Eine Resolution der GBI-Landesfrauenkonferenz von Januar 1994 stellte fest: «Unentgeltlich für die Gesellschaft geleistete Arbeit in Erziehung und Betreuung darf nicht länger zu Lücken in der Altersvorsorge führen.» Mit der 10. AHV-Revision, der damit verbundenen Einführung von Betreuungs- und Erziehungsgutschriften sowie dem «Einkommenssplitting» bei den Renten wurde diese zentrale Forderung zumindest in der AHV erfüllt. Der teure Preis für den Gleichstellungsfortschritt war die Erhöhung des Rentenalters der Frauen von 62 auf 64 Jahre. Nachdem das Volk der 10. AHV-Revision zugestimmt hatte, scheiterte im Jahr 1998 der Versuch der Gewerkschaften, mit einer Volksinitiative das Rentenalter wieder zu senken. Hingegen gelang es mit einer guten Mobilisierung auf der Strasse, die 11. AHV-Revision zu bodigen, die eine weitere Erhöhung für die Frauen auf 65 vorsah.

Zum Schlüsselerlebnis für die interne gewerkschaftliche Dynamik in Fragen der Gleichstellung von Frauen wurde auch die erfolgreiche Bekämpfung der Arbeitsgesetzrevision von Dezember 1996. Eine weitgehende Lockerung der Abend-, Nacht- und Sonntagsarbeit hätte besonders die Arbeitnehmerinnen stark getroffen. Ein wichtiger Grund für die Lancierung der SGB-Volksinitiative «für eine kürzere Arbeitszeit» war die Forderung nach einer gleichberechtigten Aufgabenteilung der bezahlten und unbezahlten Arbeit zwischen Frauen und Männern. Sie wurde aber am 3. März 2002 mit 74,7 Prozent Nein sehr deutlich abgelehnt. Im Juni desselben Jahres nahmen die StimmbürgerInnen, auch dank GBI-Unterstützung, die Fristenregelung für den Schwangerschaftsabbruch nach einem Referendum von christlichen und neokonservativen Kreisen an. Der Einsatz in all diesen frauenpolitischen Anliegen war immer wieder von Demonstrationen begleitet (wie gegen den AHV-Abbau im September 2003) oder von symbolischen Protestaktionen (wie vor der Sondersession des Parlaments in Lugano von 2001).

Beachtliche Erfolge hatten auch Bemühungen, die Weiterbildung und Umschulung von Frauen zu fördern. Wie im Tätigkeitsbericht der GBI 1996/1999 zu lesen ist: «Mit frauenspezifischen Projekten wie ‹Frau am Bau›, ‹Frauen betreuen Frauen› und ‹Berufliche Weiterbildung ist eine Gleichstellungsfrage› wurde der Versuch unternommen, nicht nur die Position der Frauen am Arbeitsplatz und innerhalb der Gewerkschaft zu verbessern, sondern auch das Bewusstsein der Kollegen für die Gleichstellungsproblematik zu schärfen. (...) In der Bauplanungsbranche wird das Label ‹Frau am Bau› mit Stolz geführt. Diejenigen Planungsbüros, die sich am Projekt beteiligen, verpflichten sich zu konkreten Gleichstellungsmassnahmen und werden von aufgeschlossenen Bauträgerschaften bei der Vergabe von Aufträgen berücksichtigt. Diejenigen GBI-Angestellten, die sich am Pilotkurs ‹Frauen betreuen Frauen› beteiligen, haben mehr Selbstvertrauen gewonnen und reden heute selbstbewusst mit.»[20]

Anmerkungen

1 Die GBH organisierte im Jahr 1989 eine Medienkonferenz gegen die Überhitzung der Konjunktur und forderte die Behörde auf antizyklisch zu wirken. Seit dem Konjunkturabsturz ein Jahr danach – und das gilt bis heute – war eine Gewerkschaft nie mehr in der Lage, dass sie protestieren konnte, weil die Geschäfte zu gut liefen!

2 Der Vorschlag für ein Konjunkturprogramm wurde von der GBH auf der Basis entsprechender Erfahrungen in der Krise der Jahre 1974 bis 1977 erarbeitet und im Rahmen des «Berner Kreises» (siehe Kapitel 7) ausdiskutiert.

3 Daniel Lampart, «Handlungsspielräume und -restriktionen der Schweizer Konjunkturpolitik in der langen Stagnation der 1990er Jahre», Zürich, 2006, S. 7.

4 Daniel Lampart, «Handlungsspielräume ...», a. a. O., S. 361/362.

5 Siegenthaler wehrte sich mit Händen und Füssen gegen ein Anti-Krisenprogramm insbesondere anlässlich der Sitzungen der Beratenden Kommission des Bundesrates für Baufragen, an denen auch die Spitzenvertreter der massgebenden Gewerkschaften teilnahmen.
6 Vgl. Hans Baumann, «Gegensteuer – Gewerkschaften machen mobil – Die Bausteine des SGB-Programms zur Bekämpfung der Arbeitslosigkeit», in Widerspruch Nr. 25, 1993.
7 Hans Baumann, «Gegensteuer …», a. a. O. Siehe auch SGB, «Arbeit, Bildung, Sicherheit – für alle. SGB-Programm zur Bekämpfung der Arbeitslosigkeit», Dokumentation Nr. 12, 1993.
8 Daniel Lampart, «Welche Konjunkturprogramme wirken? – Ein Kriterienraster und eine Evaluation der Investitionsprogramme von 1993 und 1997», SGB-Dossier Nr. 62, 2008, S. 9.
9 Vgl. Oliver Peters, «Trauerspiel um die gewerkschaftliche Konjunkturpolitik», in Diskussion Nr. 20, Mai 1993.
10 Rede von Vasco Pedrina, «Die Liberalisierung der Märkte erfordert einen sozialen Schutz und die Erhaltung der Qualifikationen», Bauforum '96, Martigny, 5.–6.11.1996.
11 Daniel Lampart, «Welche Konjunkturprogramme …», a. a. O., S. 9.
12 Hans Baumann, «Streit um das Investitionsprogramm 1997 – Keynesianismus vs. Neoliberalismus», Wochenzeitung WOZ, 21.2.2002.
13 Hans Baumann, «Green New Deal – Wie es vor 35 Jahren begann – Zur Ökologiediskussion in den Gewerkschaften», Denknetz-Diskussion, 18.3.2019.
14 Vasco Pedrina, «50 Jahre Schwarzenbach-Initiative: Nie wieder!», SGB-Pressedienst, 7.6.2020.
15 Eine ausführliche Geschichte der Neuausrichtung der gewerkschaftlichen Migrationspolitik ist in der Publikationsreihe der Unia erschienen: Vasco Pedrina, «Von der Kontingentierungspolitik zur Personenfreizügigkeit», Bern, 2018.
16 Ein Überblick über die bestehenden FlaM findet sich in der Unia-Publikation «Von der Kontingentierung zur Personenfreizügigkeit», a. a. O., S. 69.
17 Beat Baumann und Andreas Rieger, «Gesetzliche Mindestlöhne in der Schweiz – eine junge Idee braucht Zeit», Denknetzjahrbuch 2014, S. 217.
18 Andreas Rieger, «Kampagnenmodul ‹Tieflöhne/Mindestlöhne› – eine Skizze», 14.12.2019.
19 Der Frauenanteil in der Arbeitswelt stieg damit auf 44 Prozent. BFS/OFS, «Année politique suisse», Jahresbericht 2000.
20 Zum Projekt «Frauen betreuen Frauen» siehe die GBI-Broschüre von März 1999 mit demselben Titel. Dieses Projekt war ein erster Versuch, das Frauenpotenzial in der GBI zu stärken: Weibliche administrative Angestellte sollen neu als gewerkschaftliche Sekretärinnen weibliche Mitglieder betreuen.

Kapitel 6

Instrumente der Neuausrichtung
Mobilisierung, Streik, Referenden und Internationalismus

Ohne ihren Einfluss und die Gestaltungskraft zu erhöhen, konnte eine Neuausrichtung der Gewerkschaften und ihrer Politik nicht gelingen. In der «Zeit der Wenden» und des Umbaus wurden vier wichtige Instrumente oder Hebel dazu entwickelt.

Ein erstes Ziel der gewerkschaftlichen Neuausrichtung war, die Mobilisierungs- und Streikfähigkeit in den Branchen wieder aufbauen – und damit auch die Fähigkeit, bedrohte GAV und weitere soziale Errungenschaften zu verteidigen, sowie neue kollektive Vereinbarungen aushandeln und durchsetzen zu können. Die lange Hochkonjunkturphase der Nachkriegszeit, die damit verbundene sozialpartnerschaftliche Arbeitsfriedenspolitik, aber auch die Nebenwirkungen des Kalten Krieges hatten im Lauf der Jahrzehnte zu einer drastischen Demobilisierung geführt. Das ging so weit, dass der Streik in der breiten Öffentlichkeit als Tabu und sogar als verboten galt.

Ein zweites Ziel war, wieder eine «Referendumsfähigkeit» zu erlangen. Also die Fähigkeit, Referenden und Volksinitiativen nicht nur zustande zu bringen, sondern auch zu gewinnen. Im schweizerischen politischen System bestimmt diese Fähigkeit letztlich das Mass an Veto- und Gestaltungsmacht jeder gesellschaftlichen und politischen Kraft. Die fortgeschrittene Demobilisierung ihrer aktiven Basis hatte zur Folge, dass die Gewerkschaften nicht nur keine Abstimmungen mehr gewinnen konnten, sondern seit den Siebzigerjahren auch kaum mehr die nötigen Unterschriften für ein Referendum oder eine Volksinitiative zusammenbrachten. Beispiele dafür sind die an der Unterschriftenzahl (1977) oder in der Abstimmung (1988) gescheiterten SGB-Initiativen zur 40-Stunden-Woche.

Als drittes Ziel sollten die neue Mobilisierungsfähigkeit der Branchen und die neue politische Referendumsfähigkeit – in der Kombination – das institutionelle Gewicht der Gewerkschaften generell erhöhen. Das vierte Ziel schliesslich war eine konsequente Europäisierung und Internationalisierung der Gewerkschaftspolitik; sie sollte der Erweiterung des europäischen Integrationsprozesses und der zunehmenden Globalisierung der Wirtschaft entsprechen.

Die historischen Schritte und Wege zu dieser neuen Dynamik werden im Folgenden beschrieben. In den Kapiteln 8 und 9 wird dann der Blick auf noch grundlegendere Faktoren von gewerkschaftlicher Stärke geworfen.

Mobilisierungs- und Streikfähigkeit

Dass sich die GBI bis zur Fusion zur Unia im Jahr 2004 zur Gewerkschaft mit der grössten Mobilisierungskraft in der Schweiz entwickelte, lag daran, dass sie «seit ihrer Gründung unablässig jede Gelegenheit ergriffen» hatte, «um ihre Kampfbereitschaft zu stärken» und dabei «systematisch aus den jeweils gemachten Erfahrungen» lernte[1]. Wichtige Vorarbeit hatte bereits die GBH geleistet, etwa mit der nationalen Demonstration für die Abschaffung des Saisonnierstatuts und für ein soziales Europa von September 1990. Diese Kundgebung markierte – mit 15 000 Teilnehmenden und einer starken Wirkung nach innen und aussen – den Anfang der neuen Dynamik.

Ihr Erfolg übertraf die Erwartungen und gab der Organisation einen grossen Schub an Selbstvertrauen. Es folgte eine weitere nationale Demonstration 1992 zur Verteidigung der MigrantInnen-Interessen im Pensionskassensystem. Die Wirtschaftskrise ab 1991 erforderte die Organisation mehrerer Aktionstage und Demonstrationen, oft zusammen mit dem SGB, für eine aktive Beschäftigungspolitik und gegen den sozialen Abbau, insbesondere bei der Arbeitslosenversicherung.

Die GBI bemühte sich ausserdem, bei jeder Verhandlung in den wichtigen Branchen auch die Mobilisierung zu fördern. Am besten gelang dies in der Baubranche, zuerst anlässlich der Lohn- und Vertragsverhandlungen von 1995, 1996, 1997 und dann mit der Streikbewegung bei der Erneuerung des Landesmantelvertrags (LMV) 2001/2002. Diese Bewegung war ein erster Höhepunkt, die GBI konnte hier all ihre gesammelten Erfahrungen der bisherigen Mobilisierungen einfliessen lassen: Die erste nationale Streikbewegung seit 1949 diente der Durchsetzung von Rentenalter 60 auf dem Bau und wurde zum Meilenstein in der Gewerkschaftspolitik, vergleichbar mit der Einführung der ersten Ferienwoche der Bauarbeiter im Jahr 1944, der 5-Tage-Woche in den Sechzigerjahren, des 13. Monatslohns Mitte der Siebzigerjahre.[2]

Die von der GBI nun im Lauf der Zeit organisierten Streiks und sonstigen Protestaktionen – nach dem einwöchigen Streik in der Marmor- und Granitbranche der Deutschschweiz gegen Abbauforderungen im GAV und der aufsehenerregenden Aktion gegen Lohn- und Arbeitszeitdumping bei der Ems-Chemie im Jahr 1992 – waren allerdings nicht alle erfolgreich. Von den mehr als vierzig Arbeitskonflikten, die zwischen 1992 und 2004 stattfanden, seien einige erwähnt: Jene bei der Porzellanfabrik Langenthal gegen die Abschaffung des GAV und bei der Goldverarbeitungsfabrik Valcambi in Mendrisio für bessere Löhne (1993), jene in der Spinnerei Bühler in Kollbrunn (1994) und bei der Bekleidungsfabrik Calida in La Chaux-de-Fonds gegen ihre Schliessung (1995), in der Skifabrik

Authier in der Waadt anlässlich der GAV-Erneuerung (1994), und bei der Chemiefabrik Givaudan in Genf gegen Personalabbau (1996), bei der Zentralwäscherei in Basel und bei der Wäscherei Aare in Rheinfelden gegen Privatisierung und Tieflohnpolitik (2000). Die Niederlagen bei der Ems-Chemie von Christoph Blocher 1992 und bei der Spinnerei Bühler von Adrian Gasser 1994 waren dabei besonders schmerzhaft. Aber sogar diese Niederlagen trugen dazu bei, eine neue Generation von kämpferischen GewerkschafterInnen zu formen, die sich als sehr wertvoll für die Weiterentwicklung des GBI- und Unia-Projektes erwiesen.[3]

Auf dem Weg zur Wiedererlangung der Mobilisationsfähigkeit mussten der Streik in der Arbeitnehmerschaft und in der Gesellschaft «enttabuisiert», seine Legitimität als letztes Instrument der Verteidigung von Arbeitnehmerinteressen wieder bewusst gemacht werden. Das brauchte Zeit, aber es gelang schliesslich recht gut. Die erlebte Solidarität und das wachsende gesellschaftliche Verständnis bei den meisten Streiks förderten die Veränderung. Und so konnten die GBI ab Mitte der Neunzigerjahre ein neues wichtiges Ziel anpeilen: die explizite Verankerung des Streikrechts in der zur Diskussion stehenden neuen Bundesverfassung.

Besonders hilfreich auf diesem Weg waren zwei gerichtliche Auseinandersetzungen: Ein Prozess um den erwähnten Streik in der Bekleidungsfabrik Calida in La Chaux-de-Fonds (1995) konnte im Vorfeld der parlamentarischen Beratungen und der Volksabstimmung zur neuen Bundesverfassung maximal politisiert werden. Das örtliche Bezirksgericht anerkannte das Recht der Gewerkschaft, zu diesem Streik aufzurufen, nachdem die Calida ihren MitarbeiterInnen missbräuchlich gekündigt und alle Verhandlungen verweigert hatte. Das Gericht bestätigte, dass nicht nur der Streik selbst, sondern auch die gewaltlosen Begleitmassnahmen wie Streikposten, symbolische Besetzung und so weiter legal waren.

Noch wichtiger war ein überraschendes Urteil des Zürcher Obergerichts im Februar 1998 zum Streik und zur Aussperrung in der

Spinnerei Bühler in Kollbrunn 1994. Das Gericht verneinte zwar, dass ein gesetzliches Streikrecht bereits bestehe, seiner Meinung nach war die Einführung dieses Rechtes ein politischer Entscheid, der vom Gesetzgeber und nicht vom Gericht getroffen werden musste. Anderseits legte das Obergericht aber fest, dass der Streik in der Sache absolut gerechtfertigt und legitim gewesen sei. Das Urteil musste als indirekte Aufforderung verstanden werden, die Gesetzgebung zugunsten eines Streikrechts zu ändern.

Mithilfe von linken Parlamentariern wie Paul Rechsteiner wurde dieses Urteil von 1998 und vor allem dessen Begründung eine sehr gute Waffe für die politische Lobbyarbeit der GBI und des SGB bei dem für die neue Verfassung zuständigen Bundesrat Arnold Koller und seinem Amtsdirektor Heinrich Koller. Man konnte den beiden klar machen, dass die Gewerkschaften das Volk zur Ablehnung der neuen Verfassung aufrufen würden, wenn diese nicht schwarz auf weiss ein Streikrecht vorsah. Der Durchbruch gelang, und im April 1999 stimmte das Volk Ja zur neuen Bundesverfassung und damit auch zum verfassungsmässigen Streikrecht. Weil die Abstimmung knapp ausging, war die Haltung der Gewerkschaften vermutlich entscheidend. Die neue Verankerung des Streikrechtes hatte nicht nur symbolische, sondern auch praktisch-politische Bedeutung. Sie trug dazu bei, dass der Streik an Akzeptanz gewann und immer weniger als «unschweizerisch» betrachtet wurde. Die Schweiz hatte sich anderen europäischen Ländern angenähert.

Die meisten Streiks in den Jahren der GBI hatten defensiven Charakter, es ging primär um die Verteidigung von sozialen Errungenschaften. Wie beim Branchenstreik für Rentenalter 60 auf den Bau im Jahr 2002 vermehrten sich aber auch die Streiks mit offensivem Charakter während dieser Zeit.[4] Und zunehmend waren die Kämpfe erfolgreich, nicht nur weil sich die ökonomische Lage wieder verbessert hatte, sondern auch dank der inzwischen erprobten gewerkschaftlichen «Streikequipen». Ausserdem wuchs die Bedeutung von mehrtägigen Streiks. Selbst im Dienstleistungssektor war «eine zunehmende Bereitschaft von Arbeitnehmenden» feststellbar, «sich gegen Zumutungen zur Wehr zu setzen».[5]

Referendum und Volksinitiative

Die GBI hatte das formulierte Ziel, zusammen mit dem SGB ein deutlich grösseres soziales Gewicht im gesellschaftlichen und politischen Gefüge zu erlangen. Krisenbedingt lag der Fokus lange auf betrieblichem Terrain – in Abwehrkämpfen zur Sicherung der GAV und gegen Restrukturierungen auf Kosten der Arbeitnehmenden.

Auf der politischen Ebene war das Engagement für Anti-Krisen-Programme wichtig, für die Verteidigung und den Ausbau der Arbeitslosenversicherung sowie gegen Deregulierungsvorhaben im Arbeitsrecht und Privatisierungsvorhaben im Öffentlichen Dienst. Die GBI wurde, wie im letzten Kapitel beschrieben, Initiantin des Investitionsprogrammes des Bundes von 1993/94, auf das im Jahr 1996/97 ein zweites folgte.

Beim Bundesbeschluss über Massnahmen in der Arbeitslosenversicherung – eine Abbau-Vorlage von 1993 – bestand die gewerkschaftliche Referendumsfähigkeit aber noch nicht, auch nicht bei der Abstimmung zur Krankenkasse-Initiative im Jahr danach. Beide Male standen die Gewerkschaften mit den linken Parteien auf der Verliererseite. Die ersehnte Wende gelang erst im Dezember 1996, als das Volk aufgrund eines SGB-Referendums eine Arbeitsgesetzrevision ablehnte, die eine Lockerung des Sonntags- und Nachtarbeitsverbots vorsah.

Inzwischen hatten die Gewerkschaften ihre politische Kampagnenfähigkeit professionalisiert und stark verbessert. Das machte es möglich, mitten in der Krise eine grundlegende Reform der Arbeitslosenversicherung zuerst zwischen den Sozialpartnern und dann in der Politik auszuhandeln. Grundlage war das Prinzip einer «gegenseitigen Verpflichtung», was bedeutete, dass den Arbeitslosen einerseits Hilfe in Form von Umschulungen, Weiterbildung und Arbeitssuche zugestanden wurde, sie andererseits diese Hilfe aber auch beanspruchen mussten, um an Taggelder der Arbeitslosenversicherung zu gelangen.[6]

Immer wieder konnten die Gewerkschaften nun ihre Vetomacht bei sozialen Vorlagen unter Beweis stellen und auch ausbauen. In der GBI-Zeit fällt die politische Bilanz trotzdem zwiespältig aus: Auf der positiven Seite steht 1997 die Ablehnung eines erneuten Abbaus in der Arbeitslosenversicherung. Die GBI hatte – mit einem gespaltenen SGB – aufgrund anderer Prioritäten darauf verzichtet, bei der Unterschriftensammlung mitzumachen, was ein Fehler war. Das Referendum trugen vor allem die Arbeitslosenkomitees und Gewerkschaftssektionen aus der Westschweiz. Erst als die Unterschriften zusammengekommen waren, engagierte sich die GBI voll in der entscheidenden SGB-Kampagne.

Die zwei erfolgreichen Referenden – Arbeitsgesetz 1996 und Arbeitslosenversicherung 1997 – halfen bestimmt auch mit, das Parlament in den Jahren 1998/99 für die ersten Flankierenden Massnahmen (FlaM) gegen Lohndumping zu gewinnen. Diese Massnahmen waren bekanntlich eine Voraussetzung für den positiven Ausgang der Volksabstimmung zu den Bilateralen Verträgen mit der EU und damit auch für das Abkommen zur Personenfreizügigkeit.

Das Referendum gegen das Elektrizitätsmarktgesetz, lanciert unter der Führung der Gewerkschaften SMUV und VPOD, wurde zu einem politischen Meilenstein mit Langzeitwirkung. Die Ablehnung dieses Gesetzes durch das Stimmvolk im September 2002 leitete eine nachhaltige Wende in der Privatisierungsdiskussion ein und ersparte der Schweizer Gesellschaft einige der negativen Entwicklungen, die manche europäische Länder im Rahmen der EU-Politik erlitten: Es war ein Rückschlag für die Neoliberalen, aber auch für die sogenannten «Modernisten» innerhalb der SPS. Mitte der Neunzigerjahre, als die Politik die Spaltung von Post und Telekommunikation sowie die Teilprivatisierung der letzteren betrieb, hatten die zuständigen Gewerkschaften noch verhindert, dass der SGB bei einem Referendum mitmachte. Auch die GBI war damals untätig geblieben, was sich bald als Fehler erwies. Mit dem Energiegesetz-Referendum fand die Bewegung zu einer klaren Abwehrhaltung gegenüber den Privatisierungsbestrebungen der Bürgerlichen zurück.

Auf der Ebene der kantonalen Gewerkschaftsbünde konnten in dieser Zeit mehrere Erfolge gegen die Liberalisierung der Ladenöffnungszeiten verbucht werden.

Die Fähigkeit, genügend Unterschriften für Volksinitiativen zu sammeln, wurde in den Neunzigerjahren also deutlich erhöht. An der Fähigkeit, Volksabstimmungen zu gewinnen, mangelte es noch, auch wenn sich einige der damals ergriffenen Initiativen positiv auf die Gesetzgebung auswirkten – so etwa die eidgenössische Volksinitiative «Postdienste für alle», initiiert von der Gewerkschaft Kommunikation, heute Syndicom, die am 29. September 2004 – mit einem Ja-Anteil von 49,77 Prozent – nur knapp durchfiel.

In anderen Bereichen lagen Ambitionen und Realität oft noch viel weiter auseinander. Aber das Bedürfnis von SGB-Gewerkschaften und politischen Linken, nach vielen Jahren der Abwehrkämpfe endlich in die Offensive zu gehen, war sehr gross. Es ist vermutlich die grösste Fehlleistung des SGB-Co-Präsidiums von Christiane Brunner und Vasco Pedrina gewesen, nach den zwei erfolgreichen Referenden von 1996 und 1997 den gewerkschaftlichen Übermut nicht besser gesteuert zu haben. Das gut gemeinte Paket von fünf «Volksinitiativen für eine soziale Schweiz – Das Bouquet», das der SGB, vor allem unter Druck von GBI und SMUV, 1998 lancierte, zeugt davon. Es handelte sich um eine Art alternatives Sozialprogramm mit neuen Lösungen bei der Arbeitszeit (36 Stunden pro Woche), der Krankenversicherung (soziale Finanzierung der Krankenversicherung, Krankentaggeld), der Steuergerechtigkeit (Kapitalgewinnsteuer) und der Berufsbildung (Lehrstellen-Initiative). Zwei dieser Initiativen, nämlich die für eine soziale Finanzierung der Krankenversicherung und die zur Kapitalgewinnsteuer wurden von der SPS ins Spiel gebracht. Von den fünf ursprünglich lancierten Initiativen konnten vier im November 1999 eingereicht werden, allerdings nach einer harzigen Unterschriftensammlung. Mangels Unterschriften fallen gelassen werden musste die Initiative zur Einführung einer gesetzlichen Krankentaggeldversicherung, ein wichtiges und bis heute unerfülltes Anliegen. Der GBI-Tätigkeitsbericht 2000/2004 stellt zum Abenteurer «Bouquet» rückblickend fest: «Damit lösten wir intensive Debatten über die gesellschaftspolitischen Fragen der Arbeitszeitverkürzung, beziehungsweise der gesellschaftlichen Umverteilung der Arbeit, der Kapitalbesteuerung und der Berufsbildung aus. Die Vorlagen wurden an der Urne jedoch allesamt abgelehnt, was uns zu einer selbstkritischen Bilanz bewogen hat.»

Der Schaden für die Weiterentwicklung einer neuen Gewerkschaftspolitik hielt sich zum Glück in Grenzen. Klar war inzwischen geworden: Die Vetomacht in Bezug auf Sozialabbau-Vorlagen gab es wieder, es gibt sie bis heute. Zur Gestaltungsmacht mit dem Instrument der Volksinitiativen wurden die Gewerkschaften aber nur sehr bedingt. Auch wenn selbst gescheiterte Volksinitiativen oft soziale Fortschritte in den GAV und manchmal auf der gesetzlichen Ebene gefördert haben.

Institutionelles Gewicht

Die Einflussnahme der Gewerkschaften auf der Branchenebene und im politischen System läuft über verschiedene Kanäle: Lange Tradition haben Organe, in denen Staat, Gewerkschaften und Arbeitgeberverbände zusammenwirken, etwa in Arbeitsmarkt- und Sozialversicherungsfragen. Besonders wichtig ist dieser Einbezug der Sozialpartner bei Institutionen wie der Unfallversicherung Suva, der AHV, der beruflichen Vorsorge oder der Arbeitslosenversicherung.

Parallel zu dieser Einbindung sind paritätische Kommissionen zu sehen, die auf Gesamtarbeitsverträgen beruhen. Ihre Bedeutung wuchs seit Anfang der Siebzigerjahre mit der Einführung von Paritätischen Fonds (Parifonds) in mehreren Branchen, zuerst des Gewerbes, später der Industrie und schliesslich in Teilen des Dienstleistungssektors; das waren Verträge unter den Sozialpartnern und ohne staatliche Einmischung. Die Paritätischen Fonds sorgten für einigermassen geordnete Verhältnisse in den Branchen und entwickelten einen immer grösseren Einfluss auf die Steuerung des Arbeitsmarktes.

In einer Branche mit GAV und entsprechendem Parifonds bezahlen heute alle unterstellten Arbeitnehmenden und Arbeitgeber einen Berufsbeitrag (meistens zwischen 0,5 und 1 Prozent des Lohnes). Weil die Gewerkschaftsmitglieder schon ihre Gewerkschaftsbeiträge entrichten, wird ihnen der Berufsbeitrag zurückerstattet. Zur Kasse gebeten werden de facto die nichtorganisierten «TrittbrettfahrerInnen», die vom Einsatz der Vertragspartner für GAV und eine soziale Gesetzgebung profitieren, ohne sich freiwillig daran zu beteiligen. Das Geld in den Fonds dient der Erfüllung von gemeinsamen Aufgaben wie der Durchsetzung der GAV in den Betrieben, der Berufs- und Weiterbildung oder der Sicherheit und dem Gesundheitsschutz am Arbeitsplatz.

Auch wenn die Parifonds direkt keinen substanziellen Teil der Einnahmen der involvierten Sozialpartner liefern, stärken sie doch ihre Rolle in den Branchen und darüber hinaus im politischen System. Ein GAV mit einem Durchsetzungs- beziehungsweise Kontrollsystem sorgt für gleich lange Spiesse in der Branche. Nicht von ungefähr ist der Organisierungsgrad auf Arbeitnehmer- wie Arbeitgeberseite deutlich höher in den Branchen mit paritätischen Fonds als in den andern. Parifonds leisten auch einen wesentlichen Beitrag zur Produktivität und zur Qualität einer Branche, dies vor allem dank dem mitfinanzierten Berufs- und Weiterbildungssystem sowie der mitfinanzierten Unfallprävention.

Im Zusammenhang mit dem EU-Marktzugang sind paritätische Kontrollen, die zum Teil von Parifonds finanziert sind, seit 2004 ausserdem ein wesentliches Instrumentarium der Flankierenden

Massnahmen zum Schutz der Löhne. Dank ihnen profitiert die Wirtschaft von den ökonomischen Vorteilen des Freien Personenverkehrs und alle Arbeitnehmenden von der Durchsetzung der zwei wichtigen Prinzipien: «Gleiche Rechte von Einheimischen und MigrantInnen» sowie «Gleicher Lohn für gleiche Arbeit am gleichen Ort».

Die Einführung der paritätischen Einrichtungen hat in den Siebziger- und Achtzigerjahren die Vertragspartnerschaft gestärkt und mit dem damaligen Berufsbeitrags-Rückerstattungssystem zu einer Erhöhung der Mitgliederzahlen beigetragen. Die Einführung der Flankierenden Massnahmen (FlaM) zum Lohnschutz 2004 und ihre Weiterentwicklungen in den fünfzehn Jahren danach haben ihrerseits die GAV-Abdeckung deutlich ausgeweitet. Die Anzahl der Arbeitnehmenden, die einem GAV unterstellt sind, stieg zwischen 2003 und 2018 von 1,4 Mio auf 2,12 Millionen, und zwar vor allem dank des in den FlaM gestärkten Instruments der Allgemeinverbindlicherklärung von GAV.

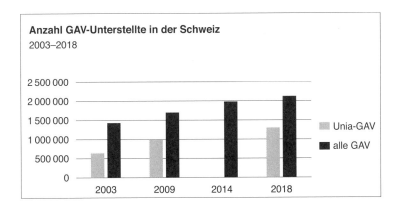

Lohnschutzmassnahmen und GAV reduzieren auch den Prekarisierungsdruck in manchen Arbeitsverhältnissen, der die Position von Arbeitnehmenden und Gewerkschaften auf dem Arbeitsmarkt sonst schwächt.

Diese Entwicklung war der Hintergrund für die Klagen des neoliberalen Thinktanks «Avenir Suisse», deren Direktor 2017 von der «Vergewerkschaftung der Schweiz» und der «zunehmenden Einschränkung des liberalen Arbeitsmarktes, trotz sinkender Zahl der Gewerkschaftsmitglieder» sprach.[7] Sie führte zu den frontalen Attacken der SVP – immer wieder von der «Weltwoche» sekundiert – gegen die FlaM, die Personenfreizügigkeit und die Gewerkschaften. Eine SVP-Medienkonferenz vom 30. Januar 2018 lief unter dem Titel: «Die Gewerkschaften sind die wahren Gewinner der Personenfreizügigkeit! Mit der Begrenzungsinitiative setzt sich die SVP für einen liberalen Arbeitsmarkt ein!» Anders gesagt: Die SVP forderte die Abschaffung der FlaM und die Schwächung der Gewerkschaften.

Wenn der rechtsnationalistische Feind so aggressiv auftritt, ist das ein gutes Zeichen für die Wirksamkeit der gewerkschaftlichen Arbeit in dieser Zeit.

Europäisierung, Internationalisierung

Der Stellenwert der internationalen gewerkschaftlichen Solidarität war ideell und in der täglichen Arbeit während Hochkonjunktur und Kaltem Krieg deutlich zurückgegangen. Die Abwehrhaltung gegenüber der Zuwanderung nach dem Zweiten Weltkrieg verstärkte diesen Trend. Eine lange Tradition des aktiven Engagements von gewerkschaftlichen Führungskräften in der internationalen Gewerkschaftsbewegung blieb zwar erhalten, aber praktisch ohne Einbezug der aktiven Basis.

Ende der Achtziger- und Anfang der Neunzigerjahre galt es, dies zu verändern, an die internationalistische Tradition der Gewerkschaftsbewegung wieder anzuknüpfen und dabei vom Geist der Achtundsechziger sowie der inzwischen organisierten Immigration zu profitieren. Die GBI hat seit ihrer Entstehung 1993 hohe Ansprüche an die internationale Zusammenarbeit gestellt. Das «Selbstverständnis der GBI» zeugt davon (siehe Kasten). Das vom GBI-Kongress 2000 verabschiedete «Positionspapier Internationalisierung» bekräftigte mit einer fundierten Analyse den Willen nach «einer Erneuerung des gewerkschaftlichen Internationalismus» und entwickelte ihn weiter.

«Internationale Solidarität vertiefen»

«Wir unterstützen die Gewerkschaften und demokratischen Bewegungen, insbesondere in Osteuropa und in der Dritten Welt, in ihrem Kampf gegen wirtschaftliche Ausbeutung und bei der Durchsetzung gewerkschaftlicher und demokratischer Rechte.»

«Wir beteiligen uns aktiv an den Bestrebungen der europäischen Gewerkschaftsverbände, als Gegengewicht zur Machtpolitik der multinationalen Konzerne europaweite soziale und umweltgerechte Gesetze und Gesamtarbeitsverträge durchzusetzen.»

«Wir unterstützen alle Bestrebungen für eine offene und solidarische Schweiz, die in der Entwicklungspolitik und im Kampf für Frieden und Abrüstung eine dynamische Rolle wahrnimmt.»

«Wir werden ein soziales, demokratisches und weltoffenes Europa aktiv mitgestalten. Dieses Europa muss eine gerechte Weltwirtschaftsordnung anstreben, in welcher alle Länder eigenständige wirtschaftliche Strukturen aufbauen können und in welcher die Würde und die Grundrechte der Menschen sowie der Schutz der natürlichen Ressourcen gewährleistet ist.»

Auszug aus «Unser Selbstverständnis – Solidarität neu entwickeln», GBI 1992

Entscheidend dabei war die Frage, wie Sinn und Zweck der internationalen Solidarität für die hiesigen Arbeitnehmenden und insbesondere für die aktive Gewerkschaftsbasis einsichtig gemacht werden konnten. Wie war es möglich, den Geist der Solidarität mit der Realität des täglichen Arbeitslebens zu verknüpfen? Der Fall der Berliner Mauer 1989 kam zu Hilfe. Er bewirkte eine Beschleunigung des europäischen Integrationsprozesses und löste einen neuen Schub an kapitalistischer Globalisierung aus: nicht ohne Folgen für die Schweiz. Die Notwendigkeit einer verstärkten europäischen und internationalen Vernetzung der Gewerkschaften lag nun auf der Hand.

Das Angebot der Europäischen Union vom Januar 1989 an die EFTA-Länder – und damit an die Schweiz –, Teil eines europäischen Wirtschaftsraums (EWR) zu werden und vom EU-Binnenmarkt zu profitieren, setzte die Gewerkschaften unter Druck, aus dem «Reduit national» auszubrechen. Der SGB war zwar Mitglied des Europäischen Gewerkschaftsbundes (EGB) seit dessen Gründung 1974. Manche Branchenverbände hatten aber viele Jahre abgewartet, bevor sie sich europäisch vernetzten. Die GBH wurde erst im Jahr 1990 Mitglied der Europäischen Föderation der Bau- und Holzarbeiter.[8] Mit der GBI-Gründung verstärkte sich dann das europäische Engagement – im Hinblick auf die bereits absehbaren weiteren Integrationsschritte der Schweiz im Verhältnis zur EU. Solidarität war jetzt nicht mehr eine internationalistische Einbahnstrasse vom Norden nach Süden, sie brachte unmittelbar Vorteile und erwies sich deshalb für hiesige Arbeitnehmende als zunehmend attraktiv.

Besonders prägend in der ersten Hälfte der Neunzigerjahre war die Debatte über eine neue EU-Richtlinie zur Entsendung von Arbeitnehmenden. Es galt, dem Prinzip «Gleicher Lohn für gleiche Arbeit am gleichen Ort» zum Durchbruch zu verhelfen und ein Lohndumping im Rahmen der Personenfreizügigkeit zu verhindern.[9] Die Arbeiten rund um diese Richtlinie, die 1996 verabschiedet wurde, sowie die «best practices» in einzelnen EU-Ländern inspirierten die Entstehung und Gestaltung der Schweizer «Flankierenden Massnahmen zum Schutz der Löhne» entscheidend. Für breite Schichten wurde der Sinn von gewerkschaftlicher Zusammenarbeit auf europäischer Ebene dabei fassbar wie noch nie. Die GBI beteiligte sich jetzt an praktisch allen europäischen Mobilisierungen zur Beschäftigungs- und Lohnpolitik. Ein erster Höhepunkt war eine grosse Demonstration in Brüssel im Jahr 2005 gegen die sogenannte Bolkestein-Dienstleistungsrichtlinie, die – mit der Verankerung des sogenannten «Herkunftsprinzips» bei den Löhnen – Tür und Tor für Lohndumping geöffnet hätte. Der Widerstand war erfolgreich.

Positive Erfahrungen der Zusammenarbeit ergaben sich auch bei der Alpentransversale NEAT in der zweiten Hälfte der Neunzigerjahre. Die NEAT war «nicht nur die grösste, sondern auch die internationalste Baustelle Europas», «Baukonzerne aus neun Ländern» tummelten sich hier. Aus zwei von der GBI initiierten europäischen Seminaren «resultierten internationale Baustellenräte auf den verschiedenen NEAT-Baulosen».[10]

Die Inkraftsetzung einer europäischen Betriebsratsrichtlinie 1994 führte dazu, dass auch einige hundert Personalkommissionsmitglieder aus der Schweiz, manche davon gewerkschaftliche Vertrauensleute, in ihrer täglichen Arbeit im Betrieb mit ganz konkreten europäischen Belangen konfrontiert wurden. Rund die Hälfte aller infrage kommenden Schweizer Konzerne verfügten schon seit dem ersten Jahrzehnt des 21. Jahrhunderts über einen europäischen Betriebsrat.[11] Heinz Gabathuler, Experte für diese Arbeitnehmervertretung, hebt hervor, dass «dank der EBR-Richtlinie auch die Schweizer ArbeitnehmerInnen und ihre VertreterInnen ‹Anschluss› an gewisse soziale Errungenschaften der EU-Integration gefunden haben, inklusive der (u. a. bei der GBI angesiedelten) Koordination gewisser EBR (von Forbo, Holcim, Lonza) aus der Schweiz heraus».[12] Innerhalb eines europäischen «Multiprojekts» beteiligte sich die GBI aktiv am Ausbau und an der Stärkung der Arbeitnehmervertretungen in multinationalen Unternehmen, was eine bessere europäische und globale Vernetzung der Gewerkschaften in einzelnen Schweizer Grossunternehmen ermöglichte. Innerhalb dieses «Multiprojekts» kam es auch zu einer weiteren Zusammenarbeit mit europäischen Schwestergewerkschaften auf den NEAT-Baustellen. Die gewerkschaftlichen Vertretungen der ausländischen Tunnelbaufirmen trugen dazu bei, die Lohn- und Arbeitsbedingungen zu verbessern und den schweizerischen Landesmantelvertrag durchzusetzen.[13]

Die Bemühungen um eine bessere Koordination der GAV-Politik auf europäische Ebene waren an sich zwar eher enttäuschend, doch sie öffneten den Weg für spätere europäische Lohnkampagnen und eine aktive Mindestlohnpolitik. Die positive Erfahrung der ersten schweizerischen Mindestlohnkampagne «Keine Löhne unter 3000» wurde 2005 zum Hauptthema einer europäischen Tagung in Zürich; diese war auch eine wichtige Inspiration für die Gewerkschaft Ver.di und den Deutschen Gewerkschaftsbund DGB, deren eigene Kampagne zehn Jahre später zur Verankerung eines gesetzlichen Mindestlohnes in Deutschland führte. Ein gemeinsamer Antrag SGB/DGB am EGB-Kongress 2006 in Sevilla bildete den Auftakt zu langwierigen Diskussionen über eine europäische Mindestlohnpolitik, die erst vierzehn Jahre später in einen Vorschlag der EU-Kommission für eine neue EU-Richtlinie mündete.

Schon in GBH-Zeiten hatten junge AktivistInnen aus entsprechenden Bewegungen einen verstärkten gewerkschaftlichen Druck zugunsten der internationalen Solidarität mit der Dritten Welt gefordert. Sie setzten beispielsweise durch, dass sich GBH und GBI für den Aufbau von zwei Volkshäusern in Nicaragua (Matagalpa, 1989/1990) und in Guatemala (1993/1995) engagierten. Junge Schweizer «Brigadisten» praktizierten dabei konkrete internationale Solidarität, sie berichteten und sammelten Geld an etlichen Versammlungen. Am GBH-Kongress von Herbst 1991 erzwangen sie eine von der Gewerkschaftsleitung nicht vorgesehene hitzige Diskussion und eine Unterstützung des Referendums gegen den Schweizer Beitritt zum Internationalen Währungsfonds.

Dies war der Auftakt eines grösseren Kampagneneinsatzes für internationale Menschenrechte und Gewerkschaftsrechte, oft in Kooperation mit dem Solifonds oder dem SAH (heute Solidar Suisse), wobei auch versucht wurde, einen Einfluss auf internationale Organisationen, wie die IAO/ILO und die Weltbank auszuüben. Besonders erwähnenswert ist der mehr als zehnjährige Kampf dafür, dass die Weltbank infrastrukturelle Bauten wie Strassen, Tunnel, Schulen in den Entwicklungsländern mitfinanzierte und die Forderung, dass bei der Vergabe solcher Projekte die minimalen sozialen Standards gemäss den IAO-Normen eingehalten wurden: gegen Mitte des Jahrzehnts nach 2000 war es endlich soweit. Ein weiteres Beispiel ist die Beteiligung der GBI an vorderster Front bei der Kampagne der Bau- und Holzarbeiter-Internationalen (BHI) für ein Asbestverbot in den Neunzigerjahren. Erfahrungen der entsprechenden Schweizer Kämpfe in den Achtzigerjahren flossen dabei ein.

Ein weiteres Tätigkeitsfeld betraf die internationalen Rahmenabkommen mit einzelnen Multinationalen, zum Beispiel zwischen der BHI und der Möbelfirma IKEA. Das Hauptziel solcher Vereinbarungen ist bis heute die Einhaltung der IAO-Grundnormen geblieben, und bei Kampagnen für menschenwürdige Arbeitsbedingungen und für gewerkschaftliche Organisierung vor Ort haben die Rahmenabkommen ihre Nützlichkeit immer wieder bewiesen. Die erfolgreichsten Beispiele solcher Kampagnen sind jene zur Fussball-WM 2010 in Südafrika[14] und zu späteren globalen Sportanlässen.

Innerhalb des Chemiemultis Novartis konnte die GBI mit Unterstützung der Internationalen Gewerkschaftsföderation der Chemiearbeiter ICEF ein weltweites gewerkschaftliches Kontaktnetz aufbauen, wie im GBI-Tätigkeitsbericht 2000/2004 zu lesen ist. Für den Holcim-Konzern wurde über die Bau- und Holzarbeiter-Internationale die Konstruktion eines ähnlichen Netzes in Angriff genommen.

Solche Beispiele zeigten sicher in die richtige Richtung, aber sie sind auch heute noch weit davon entfernt, die Kraft zu entfalten, die nötig wäre, um einer wirksamen Alternative zur kapitalistischen Globalisierung zum Durchbruch zu verhelfen. Trotzdem: «Die Entwicklung der globalen Kräfteverhältnisse mit dem Vormarsch der aufstrebenden BRICS-Länder» – Brasilien, Russland, Indien, China, Südafrika – «muss ausgenutzt werden, um den gewerkschaftlichen Organisierungsgrad, der heute weltweit bei 7 % liegt, zu erhöhen. Das wird umso wichtiger sein, als in Europa, wo sich traditionsgemäss die grossen Bastionen der organisierten Arbeiterklasse befinden, die Gewerkschaften an Fahrt verlieren.»[15]

Die Verbindung der Gewerkschaft mit anderen zivilgesellschaftlichen Kräften hat sich im Lauf der Jahre als immer wichtiger erwiesen. Als wichtigste Plattform für die Koordination der internationalen Solidarität entstand nach 1999 das Weltsozialforum. Ohne diese Plattform wäre beispielsweise keine Kampagne für die Arbeitsbedingungen vor der WM 2010 zustande gekommen. Am jährlichen Weltsozialforum leistete ab 2001 jedes Jahr eine Schweizer Gewerkschaftsdelegation wirksame Vernetzungsarbeit und konnte dabei auch ihre Erfahrungen in der Schweiz gut nützen. Breite Kampagnen gegen die kapitalistische Globalisierungs- und Liberalisierungspolitik wurden hierzulande besonders aktuell, wenn die Schweiz wieder einmal als Bühne für grosse Anlässe diente, wie das WEF in Davos und die GATS/WTO-Treffen in Genf. Sie führten vor allem zu Beginn des Jahrhunderts zu grossen Protesten und Kundgebungen.

Anmerkungen

Vasco Pedrina, «Nur wer kämpft, kann gewinnen!», in GBI(Hrsg.), «GBI – Gewerkschaftsleben», Zürich, 2004, S. 14.

2 Unia, «Rentenalter 60 auf dem Bau: Wie es dazu kam», Publikationsreihe Unia – Materialien zu unserer Geschichte, Bern, 2015.

3 Vasco Pedrina, «Mobilisation syndicale: bilan et perspectives», Journée de lancement de la «Maison syndicale FTMH-SIB», Berne, 27.2.1998.

4 Vania Alleva/Andreas Rieger (Hrsg.), «Streik im 21. Jahrhundert», Rotpunktverlag, Zürich, 2017.

5 Ralph Hug «Die Schweiz streikt», in SGB (Hrsg.) «Streiken wirkt – Arbeitskämpfe in der Schweiz», Bern, 2008; und Unia, «Arbeitskämpfe und Vertragspartnerschaft», 14. Oltner-Tagung vom 3.3.2007.

6 SGB, «Tätigkeitsbericht 1994–97», S. 43.

7 Peter Grünenfelder, Avenir Suisse: «Absage an die Selbstgefälligkeit», NZZ vom 21.8.2017.

8 Der erste Brief der GBH an die EFBH zur Beitrittsfrage datiert vom 21.10.1988. Der formelle Antrag wurde am 7.5.1990 gestellt. Der Vorstand EFBH gab grünes Licht an seiner Sitzung vom 17.10.1990. Seit dem 1.1.1991 sind sowohl die GBH wie der CHB (Christlicher Holz- und Bauarbeiter Verband) Mitglied der EFBH.

9 Die Entsenderichtlinie war schon Bestandteil der sozialen Dimension des Binnenmarktprogramms von Jacques Delors von 1989. Der EU-Kommissionspräsident wollte damit der durch den Binnenmarkt zunehmenden Lohnkonkurrenz zwischen den Mitgliedstaaten etwas entgegensetzen. Der nötige politische Druck für seine Verabschiedung im Jahr 1996 kam aber von den katastrophalen Zuständen auf den Baustellen in Berlin und anderswo, nach dem Fall der Berliner Mauer, der deutschen Wiedervereinigung und der sich abzeichnenden EU-Osterweiterung.

10 GBI-Tätigkeitsbericht 2000/2004, S. 42.

11 Heinz Gabathuler, Patrik Ziltener, «Die Bedeutung europäischer Betriebsräte für die Schweiz wurde bisher unterschätzt», Die Volkswirtschaft, Nr. 7–8, 2013. Siehe auch GBI-Tätigkeitsbericht 2000/2004.

12 Heinz Gabathuler, «Europäische Betriebsräte, Arbeitnehmer und Gewerkschaften in der Schweiz», Denknetz-Jahresbuch, 6/2015. Auf S. 189 ist ausserdem zu lesen: «Wir schätzen, dass heute in gut 150 EBR-Gremien Schweizer ArbeitnehmerInnen Einsitz nehmen – und somit teilhaben an einem ‹sozialen Dialog› auf transnationaler Ebene. (...) Insgesamt haben 48 Konzerne mit Hauptsitz in der Schweiz einen EBR eingerichtet – von geschätzten 111, die einen haben müssen.»

13 Hans Baumann, «20 Jahre Kampf gegen den Fels – aber auch für Arbeitsrechte und Gesundheitsschutz», in CLR-News, Nr. 1/2016.

14 Joachim Merz/Vasco Pedrina, «Kampagne ‹Fair games – Fair Play› WM 2010 in Südafrika – eine Bilanz», in «South Africa's World Cup – A legacy for Whom?», edited by Eddie Cottle, University of KwaZulu – Natal Press, 2011, S. 117–132.

15 Renzo Ambrosetti/Vasco Pedrina, «Supranationale Netze stärken», in Unia (Hrsg.) «Gewerkschaft in Bewegung – 10 Jahre Unia». BRICS-Staaten: Brasilien, Russland, Indien, China, Südafrika.

Kapitel 7

Neue Verhältnisse, neue Bündnisse
Sozialpartnerschaft, Politik, soziale Bewegungen

Die Regelung der sozialen Beziehungen beruht in der Schweiz im Wesentlichen auf zwei Pfeilern: den Gesamtarbeitsverträgen und den Sozialversicherungen. Nach einer langen Zeit der unbestrittenen Sozialpartnerschaft wurden diese Pfeiler in den Neunzigerjahren plötzlich von Unternehmerseite her attackiert. Wie haben sich die Gewerkschaften dazu verhalten, welche Strategien fanden sie?

Das Schweizer Modell der «industriellen Beziehungen» ist in der ersten Hälfte des Zwanzigsten Jahrhunderts entstanden – als Antwort auf wirtschaftliche Krisen, auf massive gesellschaftliche Instabilitäten und auf zwei Weltkriege. Durch den Einbezug der Sozialdemokratie in den Bundesrat ab 1943 und vor allem durch die Anwendung der «Zauberformel» für die Zusammensetzung der Regierung ab 1959 erhielt das System einen zusätzlichen politischen Überbau, die sogenannte Konkordanz. Pfeiler des Modells waren die Gesamtverträge und die Sozialversicherungen; in den «glorreichen Jahren» der Hochkonjunktur nach dem Zweiten Weltkrieg wurden sie weiterentwickelt. Und in fast allen Gesamtarbeitsverträgen (GAV) hat sich in dieser Zeit die Arbeitsfriedenspolitik durchgesetzt.

Ab den Neunzigerjahren stellte der Neoliberalismus in Schweizer Unternehmen wie in der Politik diese Idee der Sozialpartnerschaft jedoch grundsätzlich infrage. Radikale Gegnerinnen der Sozialpartnerschaft erklärten, die Regulierung von Löhnen und Arbeitsverhältnissen sei ordnungspolitisch falsch. Auch Sozialversicherungen führten – so wurde behauptet – die Menschen in Unmündigkeit und Abhängigkeit vom Staat, statt dass sie die private Selbstvorsorge förderten.[1] Die Angriffe auf das Sozialversicherungssystem, die darauf folgten, werden anderswo thematisiert (siehe Kapitel 5 und 6). An dieser Stelle interessieren zunächst die Entwicklungen im GAV-System.

Von der Sozialpartnerschaft zur Vertragspartnerschaft

Nach einer starken Welle von Vertragsabschlüssen zwischen 1944 und 1948 erreichte die Prozentzahl der einem GAV unterstellten Beschäftigten in der Schweiz etwa fünfzig Prozent. «Um diesen Wert herum verharrte der GAV-Abdeckungsgrad bis Anfang der 1990er Jahre», schreibt Andreas Rieger.[2] Im Zuge der Wirtschaftskrise der Neunzigerjahre, der Internationalisierung, dem damit verbundenen Strukturwandel sowie des Vormarsches der neoliberalen Ideologie geriet das GAV-System unter starken Druck. «Der GAV-Abdeckungsgrad sank von 49 % im Jahr 1992 auf 45 %», so Daniel Oesch; 1998 erreichte er den Tiefpunkt.[3] Diese Erosion war die Folge «von Austritten von Unternehmen aus den Arbeitgeberverbänden vor allem in der grafischen und in der Maschinen-Industrie, von der Kündigung und Auflösung ganzer GAV wie in der keramischen Industrie oder auch in den Zeitungsredaktionen der Deutschschweiz und des Tessins, einer Verlagerung der GAV-Verhandlungen auf die betriebliche Ebene in der Basler Chemie, den Banken und in der Graphischen Industrie, einer vermehrten individuellen Festsetzung von Lohnerhöhungen, einer Flexibilisierung von Arbeitszeitbestimmungen sowie der Elimination der Teuerungsausgleiche».[4]

Die Gewerkschaften standen in dieser Zeit regelrecht mit dem Rücken zur Wand. Oft war auch der Generationenwechsel in den Unternehmensleitungen daran schuld: Nach Jahrzehnten der stabilen Vertragsbeziehungen und der Arbeitsfriedenspolitik löste eine neue Generation von UnternehmerInnen, geprägt von angelsächsischen Managementlehren, die Nachkriegsgeneration ab. Letztere hatte noch mitgeholfen, das sozialpartnerschaftliche Modell aufzubauen, wenn sie dabei auch oft von einem paternalistischen Gedankengut geleitet wurde. Die neue Generation, geblendet von einer trendigen «Shareholder-Value»-Ideologie, setzte auf Ausgrenzung beziehungsweise Ausschaltung der Gewerkschaften, um Deregulierungswünsche leichter durchsetzen zu können. Die Gewerkschaften waren für sie nur unnötiger Ballast, der die rasche Anpassung der Unternehmen an die Veränderungen des Marktes behinderte. Die Tatsache, dass der gewerkschaftliche Organisierungsgrad von knapp 25 Prozent im Jahr 1985 auf unter 20 Prozent am Ende der Neunzigerjahre schwand, dass die Mobilisierungs- und Referendumsfähigkeit der Gewerkschaften auf einen Tiefpunkt absank, ermunterte diese neuen Unternehmensführer erst recht zu einem rücksichtslosen Kurs.

In der ersten Hälfte der Neunzigerjahre dozierte Peter Buomberger, Chef-Ökonom der UBS und wichtige Stimme der Wirtschaft, über den GAV als «Relikt aus der Vergangenheit». Guido Richterich, Präsident des Schweizerischen Arbeitgeberverbandes von 1990 bis 1997 und Manager beim Pharmariesen Roche, bezeichnete den GAV schon 1992 als «Auslaufmodell». Er doppelte in einem Interview für die «Basler Zeitung» vom 22. Februar 1996 nach. Auf die Frage: «Was sagen Sie zur These, dass der Arbeitnehmer einen Anwalt braucht in der Gesellschaft?», antwortet er: «Es besteht kaum eine besondere Rechtfertigung für einen gewerkschaftlichen Anwalt. (...) Auf politischer Ebene vertritt schon die Sozialdemokratie die gewerkschaftlichen Anliegen.» Und: «Ich glaube auch nicht, dass ein Angestellter oder Arbeiter in einem Betrieb einen aussenstehenden Anwalt braucht.» Er sagte ferner: «Der GAV hat sich ein Stück selbst erledigt.» Oder: «Die Absage» – an Gewerkschaften und GAV – «erfolgt bloss, wenn man ideologisch eine andere Richtung fahren will, als es die Unternehmenspolitik vorsieht.»

Mit dem letzten Satz – der die Anerkennung von Gewerkschaften an ihr Wohlverhalten koppelte – nahm Richterich die Spitze der GBI ins Visier, die nicht bereit war, ideologische Diktate der Neoliberalen zu akzeptieren. Nichts verdeutlicht besser den Bruch mit der Kompromisspolitik als solche Aussagen. Die neue Arroganz war Folge einerseits des neoliberalen Aufstiegs, andererseits eines nationalistischen Neokonservatismus, dessen Vertreter ebenso konsequent eine radikale soziale Deregulierung und Privatisierungen anstrebten. Während den sieben Krisenjahren wurde die Tendenz besonders spürbar, sowohl bei GAV-Verhandlungen als auch auf der politischen Ebene. Dabei wirkte das Verhalten der Unternehmer als Weckruf an die Gewerkschaften, insbesondere bei der GBI und ihrer Basis, die nun dringend eine neue Mobilisierungs- und Referendumsfähigkeit erreichen mussten. Die Politik der neuen Unternehmergarde führte eine Zeitlang zu einer euphorischen Stimmung auf der rechtsbürgerlichen Seite. Zum Glück konnte sich diese aber nicht lange halten. Eine erste Quittung kam auf der politischen Ebene noch schneller als erwartet.

Aber zuerst eine Zwischenbemerkung: Um sich selber auf die neue Situation einzustellen, verwendete die GBI in dieser Zeit nicht mehr das Wort «Sozialpartnerschaft» zur Beschreibung der Beziehungen zwischen Arbeitgeberverbänden und Gewerkschaften. Ersetzt wurde es durch «Vertragspartnerschaft». Und die langjährige Praxis, mit den ArbeitgebervertreterInnen per «Du» zu verkehren, wurde zwar nicht verboten, aber radikal reduziert. Diese doppelte Distanzierung erfolgte auch, um die Glaubwürdigkeit der Gewerkschaftsführung bei den eigenen aktiven Vertrauensleuten zu stärken.

Diese hatten den eingeschliffenen Umgang der «alten Garde» mit den UnternehmenvertreterInnen im «frères et cochons»-Stil mit steigendem Unmut registriert.

Eine erste und kalte politische Dusche bekamen Richterich & Co im Dezember 1996 bei der Abstimmung zur Arbeitsgesetzrevision. Nachdem die Arbeitgeberverbände und ihre bürgerliche Vertretung im Parlament massive Verschlechterungen des bundesrätlichen Vorschlages durchgeboxt hatten und die Vorlage unter anderem eine radikale Deregulierung des Nacht- und Sonntagsarbeitsverbotes enthielt, war sogar der zuständige freisinnige Bundesrat Jean-Pascal Delamuraz nicht mehr bereit, sie mit Überzeugung vor dem Volk zu vertreten. Das Nein zum revidierten Arbeitsgesetz wurde zum ersten grossen Sieg der Gewerkschaften in einem Referendumskampf seit Jahrzehnten. Weitere Abstimmungssiege folgten, mit denen die Gewerkschaften ihre sozialpolitische Vetomacht bekräftigten. Parallel zum Wiederaufbau der Mobilisierungs- und Referendumsfähigkeit bemühten sie sich, Koalitionen mit VertreterInnen aus den gut organisierten gewerblichen Branchen zu schmieden – und auch mit Wirtschaftskapitänen aus anderen Branchen, die sich zumindest darüber im Klaren waren, dass eine Gesellschaft, die den sozialen Ausgleich total missachtet, auch keine berauschende Zukunft für die Kapitalinteressen vor sich hat.

Mit den VertreterInnen der gewerblichen Branchen konnte sich die GBI – trotz wiederkehrenden Konfrontationen in den GAV-Verhandlungen – auf ein konzertiertes wirksames Lobbying zugunsten von Investitionsprogrammen und 1996 sogar auf eine gemeinsame Plattform, eine Art «Bündnis für Arbeit» einigen.

Mit einer Gruppe von Wirtschaftskapitänen um Alex Krauer, CEO Ciba-Geigy, und dem Verleger Michael Ringier gelang es, informelle Gespräche über eine mögliche Erneuerung der Sozialpartnerschaft unter den neuen gesellschaftlichen Bedingungen zu initiieren.[5] Das einzige, aber nicht unbedeutende konkrete Resultat dieser Gespräche war die Festlegung von gemeinsamen Eckwerten für eine grundlegende Reform der Arbeitslosenversicherung. Die Revision, die 1995 daraus folgte, sah die Einführung einer Aktivierungspolitik vor und legte grosses Gewicht auf die Wiedereingliederung der Arbeitslosen. Die Regionalen Arbeitsvermittlungszentren (RAV) übernahmen die bisherigen Funktionen der Arbeitsämter und wurden neu für die Stellenvermittlung sowie die Kontrollen der Arbeitslosen zuständig. Der Deal war, vereinfacht gesagt, folgender: Die Arbeitgeber verzichteten auf einen Abbau der ALV-Leistungen, im Gegenzug boten die Gewerkschaften Hand für eine aktive Wiedereingliederungspolitik der Arbeitslosen. Diese Reform, die – mit einigen Verschlechterungen – durch das Parlament gebracht wurde, hat bis heute Bestand.

Für eine positive Wende im GAV-System brauchte es einige Jahre mehr. Der Rechtsrutsch der Arbeitgeberverbände und insbesondere die teilweise «SVP-isierung» der gewerblichen Branchenverbände erschwerten auch hier die Arbeit. Die nun wieder zunehmende Mobilisierungskraft der GBI und die gemeinsamen Interessen von Arbeitgebern und Arbeitnehmenden in Krisenzeiten wirkten hingegen als Ausgleich. Nicht ohne Folgen: «Ende der 1990er Jahre kehrte sich die Tendenz um, und seit 1999 gewannen die GAV ständig an Terrain. So übersteigt die Zahl der GAV-Unterstellten 2005 jene von 1991 um 10 %», schrieb SGB-Sekretär Daniel Oesch in einem SGB-Newsletter 2008.

«Drei Gründe» – so Daniel Oesch weiter – «erklären dieses erstaunliche Comeback der GAV. Der erste Grund liegt in der Abschaffung des Beamtenstatus beim Bund und den meisten Kantonen. Seither werden GAV nunmehr auch im öffentlichen Sektor ausgehandelt. (...) Der zweite Grund liegt darin, dass die Gewerkschaften Mitte der 1990er Jahre damit begonnen haben, deutlich mehr Mittel in die kollektive Organisation der privaten Dienstleistungen zu investieren. So hat das gewerkschaftliche Start-up unia» – gemeint ist die kleine Dienstleistungsgewerkschaft unia – «1996 durch GBI und SMUV gegründet, die Unterzeichnung von neuen GAV im Tertiärsektor erreicht. Beispiele solcher GAV finden sich im Verkauf auf kantonaler und kommunaler Ebene, bei den Tankstellenshops, Wäschereien oder Pharma-Assistentinnen.»

Der dritte – und wichtigste – Grund hing mit der Einführung des Freien Personenverkehrs zwischen der EU und der Schweiz zusammen – und mit den damit verbundenen Flankierenden Massnahmen zum Schutz der Löhne: «Mit den FlaM wurde das Prinzip verankert, dass in der Schweiz Schweizer Löhne bezahlt werden müssen. Damit war die Erkenntnis verbunden, dass es im neuen geöffneten europäischen Arbeitsmarkt neue Regulierungen zum Schutz der Löhne braucht. Dazu gehört eine Stärkung der GAV samt Allgemeinverbindlichkeit.»[6] Die Personenfreizügigkeit und die FlaM haben auf jeden Fall, wie Oesch schreibt, «bei den Arbeitgeberverbänden der Binnenwirtschaft und den Gewerkschaften das gemeinsame Interesse gestärkt, die Arbeitsverhältnisse ihrer Branchen in allgemeinverbindlichen GAV zu regeln. (...) Die erstmalige Unterzeichnung von überregionalen Branchen-GAV in der privaten Sicherheit und Reinigung der Deutschschweiz» – später auch in der Temporärbranche – «stehen beispielhaft für die Zunahme der allgemein verbindlich erklärten Gesamtarbeitsverträge (AVE GAV) in der Schweiz. Ihre Zahl stieg von 14 im Jahr 1995 auf 64 im Jahr 2006.»

Wenn man damals auch zu Recht von einem «zweiten Frühling» der Gesamtarbeitsverträge sprechen konnte, bedeutete das aber nicht, dass die die Entwicklung der GAV-Inhalte stets in die erwünschte Richtung ging. Nochmals Daniel Oesch: «Während den 1990er Jahren gelang den Arbeitgebern in den Branchen Banken, Basler Chemie und dem Druck, die Lohnverhandlungen von der Branchen- auf die Unternehmensebene zu verlagern. Parallel dazu wurde der automatische Teuerungsausgleich aus den meisten GAV gestrichen. Diese Veränderungen vergrösserten den Spielraum der Betriebe in der Lohnfestsetzung. Die Dezentralisierung der Lohnverhandlungen ging folglich auch mit einer Individualisierung der Lohnpolitik einher. – Während jedoch die Bedeutung der kollektiven

Lohnverhandlungen in verschiedenen Branchen geschmälert wurde, haben die vertraglichen Mindestlöhne in den letzten 10 Jahren klar an Relevanz gewonnen. Einerseits wurden in der Folge der gewerkschaftlichen Kampagne gegen Tieflöhne die Minimallöhne zwischen 1998 und 2004 um mehr als 35 % angehoben in grossen GAV wie jenem des Gastgewerbes, bei Migros oder Coop. Anderseits konnten ab 2004, vor dem Hintergrund der Personenfreizügigkeit, erstmals Mindestlöhne im GAV der Uhrendindustrie und – indirekt – in jenem der Basler Chemie durchgesetzt werden», später auch im wichtigen GAV der MEM-Industrie. «Gesamtarbeitsverträge stellen folglich weiterhin ein zentrales Instrument der Bestimmung der in der Schweiz geltenden Arbeitsbedingungen dar.»[7] Das war sicher nicht das, was Arbeitgeberpräsident Richterich und seine Kumpane fünfzehn Jahre zuvor angestrebt hatten.

Ein neues Verhältnis zur Politik

In ihrem Leitbild und ihrem Grundsatzprogramm hatte die GBI 1993 den Anspruch erhoben, aktiv ins politische Geschehen der Schweiz einzugreifen und so zu einem «Katalysator» innerhalb der fortschrittlichen Bewegungen zu werden. Doch wie verhielt es sich damals, in den Neunzigerjahren, mit den SGB-Gewerkschaften und der Politik, welche Geschichte hatte dieses Verhältnis?

«Die Verbände der Schweizerischen Gewerkschaftsbewegung haben» – so schreibt Andreas Rieger – «in den ersten Jahrzehnten des 20. Jahrhunderts unterschiedliche Auffassungen in Bezug auf ihre politische Rolle gehabt und praktiziert: Während die einen sich auf eine betrieblich-branchenmässige Ebene konzentrierten und andere die Politik eher an eine der Linksparteien oder den Gewerkschaftsbund delegierten, vertraten Dritte eine ‹syndikalistische› Position und intervenierten bei Bedarf sehr eigenständig in die Politik. Erst in der Nachkriegszeit verallgemeinerte sich das Muster der sogenannt ‹klassischen› Arbeitsteilung zwischen den ‹apolitischen› Verbänden, dem in sozial- und wirtschaftspolitischen sowie arbeitsrechtlichen Fragen intervenierenden Gewerkschaftsbund und der ‹allgemeinpolitisch› tätigen Sozialdemokratie.»[8]

Am konsequentesten vertrat diese Haltung der SMUV, bis Ende der Achtzigerjahre die grösste Schweizer Gewerkschaft, und sie wurde noch verstärkt durch die jahrzehntelange Tradition der absoluten Priorisierung des vertraglichen Weges. Das Hauptargument dafür war, wie es in einer SMUV-Geschichte von 2004 heisst, dass «Gesetze (im Sozialbereich) die Existenzberechtigung der Gewerkschaften» bedrohten. «So bekämpfte die Gewerkschaft SMUV beispielsweise 1958 die Volksinitiative des Landesrings der Unabhängigen für eine Reduktion der Arbeitszeit (...) und sie empfahl auch mehrere kantonale Initiativen der Sozialdemokratischen Partei betreffend Ferien zur Ablehnung. Dieselbe Haltung findet sich bei den leitenden Personen der Gewerkschaft SMUV auch zur ‹Verstaatlichung› der Sozialversicherungen beispielsweise bei Konrad Ilg, der sich 1948 sehr kritisch zur Gründung der AHV äusserte.»[9]

Die geschilderte Arbeitsteilung zwischen Vertrag und Politik wurde in den Siebziger- und Achtzigerjahren allmählich infrage gestellt. Das lag wesentlich an der massiven Veränderung der sozialen Verankerung der Sozialdemokratischen Partei, deren politische Folgen offensichtlich wurden: Wie eine Studie des Forschungsinstitut GFS Mitte der Neunzigerjahre aufzeigt, hatte die SPS bei der Wählerschaft in den unteren sozialen Schichten bis und mit FacharbeiterInnen stark an Terrain verloren – und zwar vor allem zugunsten der SVP –, während sie in den «neuen Mittelschichten» stark zulegte. Das blieb nicht ohne Folgen für ihre programmatische Ausrichtung, die Zusammensetzung ihrer aktiven Basis und ihrer parlamentarischen Vertretung. Die Gewerkschaften andererseits hatten im Unterschied zur SPS ihre traditionelle Verankerung bei den ArbeiterInnen behalten, aber auch ihre Leitungen waren stets in Gefahr, die politische Hegemonie bei ihrer Basis zu verlieren, wie die Abstimmung zur «Schwarzenbach-Initiative» schon 1970 offenlegte.[10]

Die Spannungen, die solche Veränderungen auslösten, nahmen in der zweiten Hälfte der Achtzigerjahre stark zu, auch innerhalb der Gewerkschaften und zwischen einzelnen Verbänden. Der konservative Flügel beharrte lange auf den alten Mustern, sowohl was das Verhältnis zur politischen Linken als auch was die Rolle von GewerkschaftsvertreterInnen in politischen Ämtern betraf. Grosses Unbehagen bei aktiven kritischen KollegInnen erregte in der GBH die Tatsache, dass die meisten Gewerkschaftsvertreter in den Parlamenten zum rechten Flügel der Sozialdemokratie gehörten und wenig Rücksicht auf die politische Haltung ihres Verbandes nahmen. SP-Nationalrat Herbert Zehnder, Sekretär der GBH-Sektion Aargau (1975–1987), beispielsweise erlaubte sich im Parlament gegen die Abschaffung des Saisonnierstatuts zu stimmen, obschon die GBH die Gegenposition vertrat. Zehnder war auch das Musterbeispiel eines Parlamentariers, der den gewerkschaftlichen Apparat in seinen persönlichen Dienst und in den Dienst der Partei stellte.

Zur konservativen «Stahlhelmfraktion» der Sozialdemokratie gehörten manche Gewerkschaftssekretäre in Kantonen und Gemeinden. In St. Gallen zum Beispiel brauchte es lange – bis zum Präsidiumswechsel 1994 – und harte Kraftproben, um im kantonalen Gewerkschaftssekretariat eine personelle und politische Änderung zu bewirken. Für Unmut sorgte auch immer wieder die Einflussnahme von konservativen Sozialdemokraten – insbesondere aus den politischen Exekutiven – auf den SGB und seine Gewerkschaften. Der Ruf nach Distanzierung von der SP und nach politischer Neupositionierung wurde umso grösser, je mehr die Partei sich an ihren «neuen Mittelschichten» orientierte und je weniger sie – in wichtigen Kantonen wie Zürich – Rücksicht auf die «soziale Frage» und auf die Gewerkschaftspositionen nahm. Der konservative Umgang des SMUV mit der Politik verstärkte den Veränderungsdrang in linken Gewerkschaften wie GBH und GTCP noch mehr.

Die Art wie auf diese Zustände reagiert wurde, mag manchmal als übertrieben wirken. Sie war aber wohl nötig, um eine politische

Emanzipation der Gewerkschaften von der SPS in Gang zu bringen und ein neues Verhältnis zur Politik – im Sinn des oben erwähnten GBI-Leitbilds – durchzusetzen:

- Erstens wurde das Primat der Gewerkschaftsarbeit für das Gewerkschaftskader gegenüber dem Einsatz in politischen Ämtern postuliert und für einige Jahre auch konsequent praktiziert. Eine Folge war, dass die bisher unantastbaren politischen Amtsträger in gewerkschaftlichen Reihen plötzlich den Sinn und Zweck ihrer politischen Arbeit erklären mussten. Sowohl über ihr Engagement für die Gewerkschaft in der Politik als auch über die administrative Unterstützung der Gewerkschaft, die sie dafür beanspruchten, mussten sie Rechenschaft ablegen. Noch wichtiger war aber der Verzicht auf eine politische Karriere, der von neuen Führungskräften gefordert wurde, um den gewerkschaftlichen Aufbau voranzutreiben.
- Zweitens bedeutete das Primat der Gewerkschaftsarbeit nicht den Rückzug aus der Politik, sondern die Suche nach neuen, wirksameren Ansätzen, um die sozialen Fragen auf die politische Traktandenliste zu bringen. Bei Themen, die zum Kerngeschäft der Gewerkschaften gehörten – wie Beschäftigung, Lohn, Renten und Arbeitnehmerrechte – war es sogar Ziel der kritischen GewerkschafterInnen, möglichst bald politisch tonangebend zu sein. Es ging darum, zuerst die SPS, dann auch die Grünen dafür zu gewinnen, dass sie der sozialen Frage wieder den nötigen Stellenwert gaben in Zeiten, in denen der Neoliberalismus auch bei ihrer Wählerschaft, den «neuen Mittelschichten», vormarschierte.[11] Nicht nur bei den Inhalten, sondern auch bei den Mitteln – Kampagnen, Referenden, Volksinitiativen – sollten die Gewerkschaften selbständig beziehungsweise federführend und offensiv ins politische Geschehen eingreifen.

Die Tatsache, dass die neue Führung der GBI parteipolitisch ungebunden, aber natürlich nicht unpolitisch war, erleichterte die Umsetzung dieses Ansatzes. In der den Gewerkschaften traditionell am nächsten stehenden SPS erfolgte mit der Wahl von Peter Bodenmann als Präsident 1990 ebenfalls ein Generationenwechsel an der Spitze mit dem Anspruch, die Partei linker zu positionieren. In den Nationalratswahlen ein Jahr später wurden traditionelle GewerkschaftsvertreterInnen zugunsten von ökologisch orientierten PolitikerInnen abgewählt. Beides eröffnete Möglichkeiten für einen neuen Start.

Schon gegen Ende der Achtzigerjahre entstand in diesem Kontext eine relativ kleine informelle Gruppe, genannt «Berner Kreis», die sich am Rande der Session des Parlaments drei bis vier Mal pro Jahr traf.[12] Ihre ursprüngliche Funktion war die Verständigung in politischen Orientierungsfragen – wie etwa dem Verhältnis der Schweiz zur Europäischen Union – oder in der Industriepolitik zwischen Exponenten des «Erneuerungsflügels» der Gewerkschaften und des «sozialen Flügels» der SPS. Der gemeinsame Nenner bestand in der Absicht, den Stellenwert der sozialen Themen zu stärken und die politische Achse in beiden Organisationen in Richtung kämpferischere und linkere Politik zu verschieben. Aus diesen Diskussionen resultierte unter anderem die Plattform für ein «kritisches JA» zum EWR, die im Oktober 1992 veröffentlicht wurde. Sie enthielt zum ersten Mal den Begriff «Flankierende Massnahmen zum Lohnschutz» – mit einigen dazu gehörenden inhaltlichen Forderungen. Zehn Jahre später wurden die «Flankierenden Massnahmen» zu einem zentralen Bestandteil der schweizerischen Arbeitsmarktpolitik.

Mit der Wahl von Hans Schäppi, später von Peter Bodenmann und Vasco Pedrina in Spitzenpositionen, änderte sich die Funktion des «Berner Kreises», dem diese drei angehörten. Austausch und Absprache in Bezug auf konkrete politische Vorstösse rückten in den Vordergrund. Anfang 1992 formulierte der «Berner Kreis» die ersten Eckwerte für das Investitionsprogramm I des Bundes von 1993. Auch die politische Lobbyarbeit wurde an diesem Ort in die Wege geleitet, um eine parlamentarische Mehrheit für das Programm zu gewinnen.

Mit der Wahl von Vasco Pedrina ins Co-Präsidium des SGB 1994 reduzierte sich der Bedarf nach einem informellen Kanal zwischen Partei und Gewerkschaften aber auch. Es schienen jetzt Spitzengespräche und regelmässige Kontakte zwischen den Dossier-Verantwortlichen auf beiden Seiten zu genügen. Der Versuch, den gemeinsamen Fokus wieder auf zentrale Orientierungsfragen – Schweiz und EU – oder auf die Industriepolitik zu legen, gelang im Zusammenhang des «Berner Kreises» nicht mehr richtig. Dabei hätten die Verhältnisse dies nahegelegt. Etwa der Konflikt um die 10. AHV-Revision im Jahr 1995, als der SGB wegen der Erhöhung des Rentenalters für Frauen auf 64 Jahre die Nein-Parole beschloss und die SPS wegen Fortschritten in der Gleichstellung die Ja-Parole, rückte die Diskussion über das Verhältnis von Gewerkschaften und SPS plötzlich wieder in den Vordergrund. Die schon erwähnte Studie des Forschungsinstituts GfS zeigte gerade in dieser Zeit, dass sich zwischen beiden Bewegungen eine Diskrepanz auftat, weil vor allem die SP-Anhängerschaft sich geändert hatte: «Im Unterschied zu der SP haben die Gewerkschaften ihre traditionelle Verankerung bei den ArbeiterInnen behalten», fasst ein gewerkschaftliches Diskussionspapier vom 3. April 1995 die wichtigste Erkenntnis zusammen.

Nach diesem Papier vom Frühjahr 1995 gab es in der Tat genügend Anlass, um grundsätzliche Fragen zwischen Partei und Gewerkschaft gemeinsam zu besprechen. In einer Rede an einem SPS-Parteitag wenig später plädierte SGB-Co-Präsident Vasco Pedrina – Mitautor dieses Buches – für eine Erneuerung der Bündnispolitik, um die politische und soziale Dynamik nicht weiter auseinanderdriften zu lassen. «Vielmehr müssen wir sie zusammenführen mit dem Ziel, für die Gewerkschaften den Zugang zu den Angestelltenschichten zu öffnen und gleichzeitig die SP wieder in den Arbeiterkreisen zu verwurzeln. Voraussetzung dazu ist eine klare soziale Ausrichtung.»[13] Die Herausforderung, die Instrumente zu finden, mit dem man sich wieder verstärkt in den Unterschichten verankern konnte, stellte sich auch für andere Linksparteien.

In den wenigen Kantonen, in denen eine gezielte Kombination der Dynamiken von SP und Gewerkschaften ansatzweise versucht wurde, liessen sich positive Resultate sehen. Auf nationaler Ebene nahmen die Spannungen jedoch zu und die Zusammenarbeit gestaltete sich zunehmend schwieriger. Der informelle Austausch reduzierte sich, und wenn er stattfand, fokussierte er sich auf aktuelle Fragen. Unter der neuen Bezeichnung «Berner Treffen» sah man sich weiterhin bis Ende 1998 und nach einem Unterbruch erneut 2001 und 2002 – aber ohne grossen Elan. Die Abkühlung war sicher zum Teil eine Folge der beschriebenen strukturellen Veränderungen in der Parteibasis, sie zeigte sich in Differenzen zu inhaltlichen Fragen wie etwa dem SPS-Wirtschaftsprogramm (1992) oder in Schuldzuweisungen bei verlorenen Abstimmungen, zum Beispiel nach der misslungenen gemeinsamen Kampagne für die Krankenkassen-Initiative (1994).

Die SPS-Spitze hinterliess auch immer wieder den Eindruck, dass sie gerne eine Gewerkschaftsbewegung im Dienst der SPS hätte, die sie wie in alten Zeiten indirekt mitsteuern könnte. Für die Erneuerungskräfte in den Gewerkschaften kam diese Rolle nicht infrage. Eine Rückkehr in die Vergangenheit erschien umso weniger angebracht, als die gesellschaftlichen und politischen Entwicklungen nach breiten Koalitionen riefen. Die Grünen etwa nahmen zunehmend ihren Platz im progressiven politischen Spektrum ein und waren auch in den Gewerkschaften mit guten GewerkschaftssekretärInnen und Vertrauensleuten vertreten.

Die Träume einer stabilen Bündnispolitik mit der SPS mussten weitgehend begraben werden. Aber eine fruchtbare Zusammenarbeit mit Sozialdemokraten und Grünen sowie, vor allem in Westschweizer Kantonen, mit Kräften links von diesen beiden Parteien, blieb weiterhin ein Ziel. Dabei sollte seitens der Gewerkschaften auch mitgeholfen werden, den steigenden Einfluss des sozialliberalen Flügels à la Blair und Schröder in der Schweizer Linken in Schach zu halten und zurückzudrängen.[14] Während der zwei Jahrzehnte des

SGB-Präsidiums von Paul Rechsteiner (1998–2018) ist dies dann auch bestens gelungen, gerade wenn man die Schweizer Politik mit jener in anderen europäischen Ländern vergleicht. Die Doktrin des «Dritten Weges» des Briten Toni Blair und des Deutschen Gerhard Schröder, die Ende der Neunzigerjahre in Mode kam, setzte sich in der Schweizer Sozialdemokratie und bei den Schweizer Grünen nicht durch. So kam es auch nicht zu einer Explosion des Tieflohnbereiches ab 2000 wie mit der «Agenda 2010» der «rotgrünen» Koalition in Deutschland. Und ein Abkoppeln von Europa, ein «Swissexit» im Sinne des «Brexit», der auf die verantwortungslose Politik der Regierung Blair im Umgang mit der EU-Osterweiterung folgte, hatte in der Schweiz keine Chance. Grossbritannien zeigt eindrücklich, dass der Freie Personenverkehr ohne Übergangsphase und ohne Schutzmassnahmen gegen das Lohngefälle nur zu grossen sozialen Verwerfungen führen kann. Tatsächlich sind es im Wesentlichen zwei Gründe, wieso der Schweiz dieses Schlamassel erspart blieb: Einerseits die Wirkung unserer direktdemokratischen Ordnung, andererseits die Rolle der Gewerkschaften als gewachsener sozialer Gegenmacht und ihr Einfluss auf die linken Parteien.

Ab Ende der Neunzigerjahre gehörte der gewerkschaftliche Flügel in der parlamentarischen SP-Fraktion der Bundesversammlung nicht mehr zur Parteirechten, sondern zur Linken. Auch bei den Grünen gewann der linke gewerkschaftliche Flügel an Einfluss. Dies zu erreichen, war nicht ganz einfach. Bis heute gilt:
- die politische Unabhängigkeit des SGB ist konsequent zu verteidigen,
- die Vorherrschaft der Gewerkschaften im linken Spektrum ist zu sichern, wenn es um die Hauptanliegen der Werktätigen geht, und
- Der SGB hat sich in Sachen Parteipolitik zurückzuhalten.[15]

Zu vermeiden war auch, dass sich die Gewerkschaft als Ersatzpartei verstand, und man musste die Gefahr im Auge behalten, dass ParlamentarierInnen aus den eigenen Reihen von ihrem eigenen Ego und nicht von gewerkschaftlichen Interessen gesteuert werden konnten. Veränderungen in der politischen Landschaft und die zunehmende Bedeutung von neuen Kräften der Zivilgesellschaft ab den Neunzigerjahren sollten die Richtigkeit dieses Kurses von GBI und SGB bestätigen. Nun erleichterte er neue, breite und wirksame Allianzen.

Allianz mit den sozialen Bewegungen

Die Gewerkschaften waren in Bezug auf mögliche Allianzen mit zivilgesellschaftlichen Kräften lange Zeit sehr reserviert. Das hatte mit der Konzentration auf die Vertragspolitik zu tun, mit der Tradition der Arbeitsteilung zwischen SPS und Gewerkschaften sowie mit einem konservativen Misstrauen gegenüber Bewegungen und Organisationen ausserhalb der Gewerkschaftsbewegung. Erste Lockerungsübungen im Kontakt zu den neuen sozialen Bewegungen fanden in den Siebziger- und Achtzigerjahren statt. Als die Gewerkschaften begannen, die MigrantInnen zu organisieren, waren Kooperationen mit deren Vereinen unumgänglich. Aus der Einsicht, dass grössere Anstrengungen bei der Organisierung der Frauen notwendig waren, wuchs die Bereitschaft, mit den Frauenbewegungen zusammenzuarbeiten – insbesondere mit jenen, die aus der Achtundsechziger-Bewegung entstanden waren.

Was heute als selbstverständlich gilt, nämlich das Schmieden von Allianzen mit sozialen Bewegungen, um gewerkschaftspolitischen Zielen zum Durchbruch zu verhelfen, war es lange Zeit nicht. Die Ausweitung des thematischen Blickwinkels auf qualitative Forderungen – wie Gesundheitsschutz und Arbeitssicherheit, Gleichstellung, Umweltschutz, Internationalismus – und die zunehmende Bedeutung der sozialen Bewegungen ausserhalb der Gewerkschaften führten allmählich zu einer Haltungsänderung und einer Öffnung. Ein gutes Beispiel für die neue Akzentsetzung war die mehrjährige Kampagne von GBH und SGB für ein gesetzliches

Asbestverbot, die 1989 ihren Höhepunkt erreichte und erfolgreich war. Für die Asbestkampagne liessen sich die Gewerkschaften zum ersten Mal von den «Corporate Campaigns» der Umweltbewegung in den USA inspirieren. Der Ansatz bestand darin, konkrete Missstände öffentlich zu denunzieren, wenn möglich mit spektakulären Aktionen. Gewerkschaftliche Mittel hätten hier nicht genügt oder wären – wie Streiks – nicht möglich gewesen.[16] Die Allianz mit Ärztevereinen und Umweltorganisationen halfen aber sehr, ein Asbestverbot zu erreichen.

Seit den Neunzigerjahren wurde diese Art von Zusammenarbeit systematisiert. Sie entsprach ja auch dem formulierten Willen, «die Gewerkschaft als gesellschaftliche Bewegung und Gegenmacht» zu entwickeln, wie es im GBI-Selbstverständnis von 1993 hiess, oder anders gesagt, dem Anspruch, selber eine soziale Bewegung zu werden. Der erste nationale Frauenstreik vom Juni 1991 war bestimmt das eindrücklichste und sichtbarste Beispiel einer engen und fruchtbaren Zusammenarbeit weit über die Gewerkschaften hinaus. Gerade in der verfolgten Logik des steten Aufbaus der Mobilisierungs- und Streikfähigkeit wurde die Integration von zivilgesellschaftlichen Kräften immer bedeutsamer, auch im Kampf um die öffentliche Meinung. Sehr gut gelang dies mit dem Anliegen des Frühpensionierungsalters 60 für die Bauarbeiter 2001/2002. Das Verständnis für die Streikbewegung wäre in der Öffentlichkeit nie so gross gewesen ohne die wirksame Unterstützung einer breiten Schicht von Fachleuten, insbesondere aus dem Gesundheitswesen.[17] Die Allianz mit Arbeitslosenkomitees, Mieter- und Umweltverbänden und so weiter für Beschäftigungsprogramme, für den ökosozialen Umbau, gegen den Sozialabbau und für Arbeitnehmerrechte wurde zu einem wichtigen Hebel gewerkschaftspolitischer Strategie. Dasselbe gilt für die Solidarität nach innen und aussen in Asyl- und Migrationsfragen, für den gemeinsamen Kampf gegen die wiederkehrenden ausländerfeindlichen Volksinitiativen und Referenden oder für die Einhaltung von Menschen- und Arbeitsrechten in den Ländern des Südens.

Die Schaffung solcher Brücken zwischen Gewerkschaften und sozialen Bewegungen diente nicht nur dem politischen Erfolg, sondern erleichterte es den Gewerkschaften auch, neue gute Vertrauensleute und GewerkschaftsmitarbeiterInnen zu gewinnen und dabei den Geist für gesellschaftliche Fragen zu öffnen. Diese Art von Engagement gehörte von nun an zum unersetzlichen «feu sacré» eines engagierten Gewerkschaftslebens.

Anmerkungen

1 Vasco Pedrina, «Sozialpartnerschaft heute», Referat an der 48. Gewerblichen Winterkonferenz, Klosters, 1997.
2 Andreas Rieger, «Probleme und Perspektiven der GAV in der Schweiz», SGB-Papier, 2013, S. 7, und «Entwicklung und Bedeutung der GAV in der Schweiz», in: SGB (Hrsg.), «Handbuch zum kollektiven Arbeitsrecht», Basel, 2009, S. 100–103.
3 Daniel Oesch, «Weniger Koordination, weniger kollektive Arbeitsbeziehungen und Neokorporatismus in der Schweiz seit 1990», in Swiss Political Science Review, 13 (3), 2007; S, 337–368.
4 Rieger, 2009, a. a. O., S. 108/109; und Oesch, 2007, a. a. O., S. 340/341.
5 Mit dieser Gruppe sind wir Kontakt gekommen via jährliche «Rive-Reine-Konferenz», ein informelles und lange Zeit heimlich gehaltenes Treffen von Wirtschaftsführern der wichtigsten Unternehmen aus der Industrie und der (Finanz-)Dienstleistungen sowie SpitzenvertreterInnen der Politik und der Verwaltung. An diesen Treffen wurden auch – als einzige Linke – die Präsidenten des SGB und der SPS damals eingeladen. Zu den Rive-Reine-Konferenzen siehe das Buch von Viktor Parma «Machtgier – Wer die Schweiz wirklich regiert», Nagel & Kimche, 2007.
6 Paul Rechsteiner, «GAV: Für Schutz und Fortschritt», Referat an der Veranstaltung zu 100 Jahren GAV, 24.11.2011.
7 Daniel Oesch, «Die GAV in der Schweiz: Vom «Auslauf- zum Zukunftsmodell», in SGB-Newsletter 4.2008.
8 Thesenpapier «GBI und Politik» von Andreas Rieger, formuliert nach einem GBI-Kurs vom Februar 1993.
9 André Mach/Frédéric Widmer, «Vermehrt politisch aktiv und zu einem Machtfaktor werden – Die wechselhaften Beziehungen zwischen Gewerkschaften und Politik (1970–2004)», in SMUV (Hrsg.), «Keinen Schritt umsonst getan – Blicke auf die Gewerkschaft SMUV 1970–2000», Baden 2004, S. 119.
10 Andreas Rieger/Vasco Pedrina, «Zur Diskussion der Bündnispolitik SGB-SPS», 3.4.1995.
11 Die SP des Kantons Zürich war die Vorhut des neuen sozialliberalen Flügels à la Schröder/Blair in der SPS. Die SP Zürich weigerte sich beispielsweise, das Propaganda-Material für die Krankenkassen-Initiative von SPS und SGB zu verteilen – aus Gegnerschaft zur vorgesehenen Finanzierung über Lohnprozente und zu einem «Giesskannensystem» bei Sozialleistungen.

12 Zu ihnen gehörten in den Neunzigerjahren auf SPS-Seite: Peter Bodenmann, Werner Carobbio, Franco Cavalli, Nils de Dardel, Andrea Hämmerle, Barbara Häring Binder, Andreas Herczog, Paul Rechsteiner; und auf Gewerkschaftsseite: Hans Baumann, Franz Cahannes, Suzanne Leutenegger Oberholzer, Vasco Pedrina, Hans Schäppi. Als Wissenschafter dabei war am Anfang auch Jakob Tanner.
13 Rede von Vasco Pedrina, SGB-Co-Präsident, am Wahlparteitag der SPS, Aarau, 2.9.1995.
14 Von 1999 datiert das gemeinsame Papier Blair/Schröder für eine sozialliberale Umorientierung der europäischen Sozialdemokratie, das grossen Schaden für Linke und die Gewerkschaften im Jahrzehnt danach provoziert hat.
15 Vasco Pedrina, «1998–2018: Eine bewegte und bewegende, lehrreiche Zeit der Veränderung», Rede zum Abschied von Paul Rechsteiner als SGB-Präsident, SGB-Kongress vom 30.11./1.12.2018.
16 Christine Michel/Dario Mordasini/Vasco Pedrina, «Asbest: seit 30 Jahren verboten, nach wie vor aktuell – Rückblick und Ausblick aus gewerkschaftlicher Sicht», 27.2.2020, www.unia.ch/asbest.
17 Vasco Pedrina, «Warum die Streikbewegung 2002 erfolgreich war», in Unia (Hrsg.), «Rentenalter 60 auf dem Bau: Wie kam es dazu», Bern, 2015.

Kapitel 8

Umbau und Mitgliederzahlen
Erfolge und Misserfolge

Mitgliederzahl, Organisationsgrad, Stärke und Qualität der Vertrauensleute-Netze, Motivation, Identifikation, Fachkompetenz und Engagement der MitarbeiterInnen, insbesondere des Kaders, sind entscheidende Indikatoren für die Stärke und Ausstrahlung einer Gewerkschaft. Wie haben sich diese Indikatoren bei der gewerkschaftlichen Neuausrichtung verändert?

Eine Gewerkschaft kann mehrere Jahre lang vertragliche oder institutionelle Errungenschaften bewahren, die sie dank eines günstigen Kräfteverhältnisses gegenüber Arbeitgeberverbänden und Politik einmal erzielte. Manchmal ist es sogar möglich, solche Errungenschaften weiter auszubauen. Aber ewig funktioniert das nicht, wenn die entscheidenden Indikatoren – Mitgliederzahl, Organisationsgrad, Vertrauensleute-Netze, Motivation und Kompetenz der Mitarbeitenden – sich negativ entwickeln; jedenfalls nicht in Zeiten einer neoliberalen Politik. Denn für sozialen Fortschritt sind neben guten Argumenten vor allem die realen Kräfteverhältnisse zwischen Arbeit und Kapital entscheidend.

Mitgliederzahlen bei GTCP und GBH

Was die Mitgliederentwicklung und die Vertrauensleute-Netze anbelangt, so waren die meisten Gewerkschaften seit den Achtzigerjahren stark herausgefordert und hatten Mühe, mit der Situation umzugehen.

Die GTCP erlebte den letzten bedeutenden Zuwachs an Mitgliedern während der Krise 1974 bis 1976 – dank ihrer Arbeitslosenkasse. Danach erodierten die Zahlen kontinuierlich – abgesehen von den Jahren 1987 und 1988, als es nach Fehlern der christlichen Gewerkschft CMV gelang, einen grossen Teil der Belegschaft der Lonza zu organisieren. In den zehn Jahren vor der Fusion mit der GBH sanken die Mitgliederzahlen von 13 265 (1. Januar 1982) auf 11 174 (1. Januar 1992). Grosse Umstrukturierungen und Auslagerungen in der Textil- und Papierindustrie sowie die Verlagerung von den «blue collars» zu den «white collars» in der Chemischen und Pharma-Industrie waren die Hauptursachen dafür. Diese Entwicklung erklärt zu wichtigen Teilen die angestrebte Fusion mit der GBH.

In den GBH-Branchen blieb der Organisationsgrad von 1975 bis 1985 stabil und erhöhte sich in den Aufschwungsjahren von 1985 bis 1990. Mitte 1989 betrug der Anteil der Beschäftigten aus dem Bauhauptgewerbe, die in der GBH organisiert waren, 33 Prozent (52,7 Prozent in der Westschweiz gegenüber 20,5 Prozent in der Zentralschweiz und im Aargau), im Ausbaugewerbe waren es 26,4 Prozent, im Holzgewerbe 12,4 Prozent. Von 1987 bis 1990 erhöhte sich die Mitgliederzahl um 7,1 Prozent auf 124 501 Kolleginnen und Kollegen. Im gleichen Zeitraum ging der Bestand der Schweizer Gewerkschaftsmitglieder insgesamt um 7,5 Prozent zurück.[1] Die GBH wurde dadurch mitgliederstärkste Branchengewerkschaft der Schweiz: Die systematische Organisierung der MigrantInnen hatte sich ausbezahlt. Anfang 1990 stellten die MigrantInnen einen Anteil von 75 Prozent der Mitgliedschaft. Allein die Saisonniers umfassten zwei Drittel des GBH-Mitgliederbestandes! Ihre Organisierung erwies sich dabei als leicht im Vergleich zu den Anstrengungen, die nötig waren, um Einheimische zu rekrutieren. Das Bedürfnis nach Betreuung und Schutz war bei Saisonniers besonders gross. Und der Zugang zu ihnen war besonders einfach: Ihre Werbung fand nicht nur auf den Baustellen, sondern auch in den vollen Zügen statt, die sie jeden Frühling zum Beispiel von Zagreb nach Zürich brachten, beim stundenlangen Warten auf die «visita sanitaria», die sanitarische Grenzkontrolle, oder am Abend und Wochenende in ihren Baracken.

Der Anteil der Mitglieder mit Migrationshintergrund war seit den Siebzigerjahren kontinuierlich angestiegen; diese Tendenz zeigte sich später auch in der Unia, bei der heute jene Mitglieder, die zumindest bei ihrem Gewerkschaftseintritt einen ausländischen Pass besassen, mehr als fünfzig Prozent ausmachen (allfällige spätere Einbürgerungen werden nicht registriert). Nur zum Teil ergab sich diese Entwicklung einfach aus der zunehmenden Immigration. Der Erfolg bei den ausländischen KollegInnen entsprach nämlich auch den wachsenden Schwierigkeiten, einheimische KollegInnen zu gewinnen. Verschiedene Faktoren spielten dabei mit:

- Der Aufstieg einer grossen Zahl von Einheimischen in den betrieblichen Hierarchien als Folge der Unterschichtung durch Zugewanderte, die auf tieferen Stufen in den Arbeitsmarkt einsteigen mussten,
- die Aufwertung der Berufs- und Bildungsstruktur, von der die Einheimischen vor allem profitierten,
- die Tertiarisierung der Wirtschaft, das Wachstum des dritten ökonomischen Sektors mit seinen Dienstleistungsbranchen, die gleichzeitig eine Verschiebung von «blue collars» zu schlecht organisierbaren «white collars» auch innerhalb von Industrie und Gewerbe bedeutete,
- gesellschaftliche Individualisierungstendenzen in der Konsum- und Wohlstandsgesellschaft, dazu negative politische Entwicklungen und wachsender ideologischer Einfluss des neokonservativen Gedankengutes auch in Teilen der Arbeitnehmerschaft.

Diese Faktoren verschärften die Wirkung eines ohnehin schon dramatischen – konjunkturellen und strukturellen – Beschäftigungsabbaus in den GBH-Branchen mit gewerkschaftlicher Tradition. Schliesslich kam hinzu, dass auch die Zahl der Saisonniers sank und dass die Abschaffung des Saisonnierstatuts ohnehin bevorzustehen schien.[2]

Versuche, die Kurve umzukehren

Zwar konnte die GBI ihre angestrebte Neuausrichtung noch aus einer Position der Stärke angehen. Aber der Einfluss der erwähnten Faktoren auf die Mitgliederzahlen machte den Weg nicht bequemer. Die guten alten Zeiten der gewerkschaftlichen Mitgliederwerbung waren mit Wirtschaftskrise und Stagnation der Neunzigerjahre definitiv vorbei. Im Gründungsjahr 1993 hatte die GBI 124 820 Mitglieder. Ende 1999 hatte sich diese Zahl um fast 20 Prozent auf 100 250 reduziert (inklusive der Doppelmitglieder in der neuen «kleinen unia»). Im GBI-Tätigkeitsbericht der Jahre 1996–1999 ist zu lesen: «Ein ganz wesentlicher Aspekt zum Verständnis unserer Mitgliedersituation besteht in der Tatsache, dass 8000 bis 10 000 Saisonniers, die bis Anfang der 1990er Jahre jährlich neu aufgenommen werden konnten und mit ihrer Umwandlung zu Jahresaufenthaltern stabile GBI-Mitglieder wurden, mit der Krise ausblieben. In den letzten Jahren erreichte ihr Niveau noch 300 bis 500 Neumitglieder pro Jahr. (...) Unser Problem sind aber nicht die Aufnahmezahlen. Während all der krisengeschüttelten Neunzigerjahre konnten wir trotz allem jährlich zwischen 8000 und 9000 neue Mitglieder aufnehmen. Das Hauptproblem waren und sind die überdurchschnittlich hohen Austritte. Rund ein Drittel von ihnen entfallen auf eine Rückkehr ins Heimatland, während ein weiterer, kleinerer Teil wegen Aufgabe der Erwerbsfähigkeit erfolgt oder auf Todesfälle zurückzuführen ist. In all diesen Fällen sind wir ohne Einflussmöglichkeiten. Ein weiterer grosser Teil der Austritte entfällt auf einen Branchenwechsel. Hier könnte die anvisierte interprofessionelle Gewerkschaft tendenziell Abhilfe schaffen. Schliesslich bleibt rund ein Drittel von Austritten wegen Geltendmachung zu hoher Mitgliederbeiträge, Zahlungsunfähigkeit und Unzufriedenheit mit den Leistungen der GBI.»

Bei dem letzten erwähnten Drittel, den verhinderbaren Austritten, musste angesetzt werden, um den Aderlass zu stoppen. Es ist der GBI in der Tat gelungen, nach Erholung des Arbeitsmarktes Ende der Neunzigerjahre und bis zur Gründung der Unia 2004 den Mitgliederbestand allmählich zu stabilisieren und sogar leicht zu erhöhen. Aber noch im Jahr 2000 konnten die Netto-Rückgänge in den klassischen GBI-Bereichen nicht durch eine regelmässige Zunahme der Doppelmitglieder in den Dienstleistungsbranchen der «kleinen unia» (GBI-unia) kompensiert werden. Erst in Zeitraum von Januar 2001 bis April 2004 konnte gemäss GBI-Tätigkeitsbericht 2000–2004 ein positiver Saldo von mehr als 7200 Mitgliedern erzielt werden. «Ende 2003 zählten die GBI und GBI-unia zusammen (...) 101 440 eingeschriebene Mitglieder». Die Gründe für die langersehnte Stabilisierung des Mitgliederbestandes beziehungsweise für den leichten Mitgliederzuwachs hatten mit erfolgreichen Bestrebungen zu tun, neue Arbeitnehmerschichten zu organisieren, aber auch damit, dass die Mitgliederwerbung und die Pflege der Mitglieder generell priorisiert und intensiviert wurden – unter anderem mit verstärkter Präsenz am Arbeitsplatz und mit Werbewochen der Gesamtorganisation.

Die GBI war sich dabei bewusst, dass der Arbeitsmarkt – wie Daniel Oesch einmal schrieb – an den Gewerkschaften vorbei wuchs. Die Hartnäckigkeit, mit der sie das Ziel der Fusion zur heutigen Unia verfolgte, war eine Antwort darauf. Die Bestrebungen, in neuen Schichten und Bereichen Fuss zu fassen, eine andere.

Organisierung der Frauen

Die Organisierung der Frauen ist das erfolgreichste Beispiel für die Gewinnung neuer Mitgliederschichten bei der GBI. Auf Druck der bereits aktiven Gewerkschafterinnen, die sich selbst meist als Teil der Frauenbewegung verstanden, wurde diese Organisierung Schritt für Schritt zur prioritären Aufgabe im gewerkschaftlichen Aufbau. Die Ausgangslage dabei war bedenklich: In der Mitgliedschaft, in den Vertrauensleute-Netzen und im gewerkschaftspolitischen Personal des Profi-Apparates der GBI waren die Frauen – wie in vielen anderen Gewerkschaften – extrem untervertreten, auch in Bezug zum Frauenanteil in den entsprechenden Branchen.

Ende 1990 organisierte die GBH gerade mal 1461 Frauen, bescheidene 1,2 Prozent ihrer Mitglieder! Die Gewerkschaft verfügte zwar über eine nationale Frauenverantwortliche und eine Interessengruppe (IG) der Frauen, aber deren Einfluss war schwach; der Männerüberhang der gewerblichen Branchen wog schwer. Mit dem Schwung des erfolgreichen ersten nationalen Frauenstreiks vom 14. Juni 1991 gelang es einer Allianz von «Minderheiten» – der IG-Frauen und der MigrantInnen – im Oktober 1991 den GBH-Kongress von der Notwendigkeit einer Quotenregelung zu überzeugen.[3] Das war schon fast eine Revolution! Diese Weichenstellung, sie galt auch auf Geschäftsleitungsebene, leitete eine Dynamik ein, die 1993 durch die Fusion GBH-GTCP einen weiteren Anstoss bekam. Bei der GTCP war der Frauenanteil mit rund 20 Prozent traditionell erheblich höher, der Einfluss der Frauen in den Milizgremien und im Apparat wuchs, und die neue Gewerkschaft setzte sich von Anfang an das Ziel, den Rückstand bei der Organisierung der Frauen nachzuholen. Die Grundlage für diese strategische Ausrichtung lieferte eine externe Studie, welche die Situation der Frauen in den Wirtschaftszweigen und Organisationsstrukturen der GBI untersuchte.[4]

Der ausserordentliche GBI-Kongress zur Strukturreform von 1994 nahm einen Antrag aus der Basis zur Prüfung entgegen, der den Weg zur Schaffung der Dienstleistungsgewerkschaft unia im Jahr 1996 ebnete. Die Gründung der «kleinen unia», mit Frauen an der Spitze, wirkte symbolisch stark nach aussen wie nach innen. Für die Aktivistinnen war sie die erste echte Frauengewerkschaft. Ein Signal in ähnlicher Richtung hatte zwei Jahr früher die Wahl des SGB-Co-Präsidiums gegeben. Mit Christiane Brunner stand zum ersten Mal an der Spitze des grössten Dachverbandes (auch) eine Frau.

Die «kleine unia» legte ihren Fokus auf die Organisierung des Detailhandels und des Gastgewerbes. Beide Branchen wiesen einen starken Frauenanteil auf. Hier konnte die Werbung der Frauen an Fahrt gewinnen. Aber auch in den gewerblichen Branchen setzte man neue Akzente. Die Tatsache, dass sich zunehmend Frauen in typischen Männerberufen ausbilden liessen, spielte auch in der Baubranche eine Rolle. Frauenspezifische Projekte wie das Label «Frau am Bau» und «Berufliche Weiterbildung ist eine Gleichstellungsfrage» sollten die Organisierung unterstützen. Es war naheliegend, zunächst gewerbliche Branchen ins Visier zu nehmen, in denen der Frauenanteil schon relativ hoch oder stark am Zunehmen war. Das Malergewerbe erwies sich dafür als besonders geeignet.

Ähnlich wie bei der Organisierung der MigrantInnen zwanzig Jahre früher setzte sich rasch die Einsicht durch, dass Frauen am besten organisiert werden konnten, wenn in der Gewerkschaft auch Frauen dafür zuständig waren. Weil Aussendienstmitarbeiterinnen und politische Gewerkschaftssekretärinnen bis dahin zu den Ausnahmeerscheinungen gehörten, versuchte man zunächst administrative Mitarbeiterinnen der Sektionen für solche Funktionen zu gewinnen, und zwar unter dem Titel «Frauen betreuen Frauen»: Die Ergebnisse waren nicht gerade überwältigend; für eine markante Verschiebung der Frauenquote im gewerkschaftlichen Personal reichten sie jedenfalls nicht. Beschleunigt wurden jetzt auch Frauen von ausserhalb der Bewegung eingestellt. Die Feminisierung des Gewerkschaftsapparates und der Führungsgremien lief dabei nicht ohne Reibungsverluste, heftige Konflikte und auch Rückschläge ab, wie etwa den Weggang enttäuschter Kaderfrauen. Ende 1999 stellte man beispielweise fest, dass in den anhaltenden Spannungen zwischen der Geschäftsleitung und der IG Frauen sich ständig drei Ebenen vermischten: der Aufbau der GBI, die innerbetriebliche Gleichstellung im Gewerkschaftsapparat und die gewerkschaftliche Gleichstellungspolitik. Am GBI-Kongress 2000 setzten sich dann mehrere Anträge der IG Frauen – zum Teil gegen den Willen der Führungsorgane – bei den Delegierten durch. Neu mussten jetzt beispielsweise in allen Regionen Frauensekretärinnen angestellt werden und der Frauenanteil innerhalb des politischen Apparates der GBI musste systematisch erhöht werden. Auch die erfolgreiche Mobilisierung für die «Marche mondiale des femmes 2000» und die gegenseitige Unterstützung der Frauensekretärinnen aller SGB-Verbände trugen zu einem selbstbewussten Auftreten der Frauen innerhalb der GBI bei.

Vier Jahre später stellten Brigitte Aschwanden und Ursula Häberli, als zuständige Gewerkschaftssekretärinnen fest: «Unermüdlich haben sich Basis- und Profi-Frauen in der Nachkongresszeit dafür eingesetzt, dass die Kongressbeschlüsse umgesetzt werden. Hartnäckiges Ringen hat dazu geführt, dass es in fünf Regionen nun regionale Stützpunkte gibt. Mit einem 22 %-Frauenanteil bei den politischen Angestellten ist der zweite wichtige Kongressbeschluss zwar noch nicht erreicht, aber immerhin wurde die 20 %-Hürde genommen. Bei 30 % Frauenanteil werden Frauen ernster genommen, verlieren ihren Exotinnenstatus und fühlen sich an ihrem Arbeitsplatz wohler.»[5]

Im Jahr der Fusion 2004 hatte die GBI ihren Rückstand noch lange nicht wettgemacht, aber mit 12 Prozent Frauenanteil am gesamten Mitgliederbestand war sie doch einen grossen Schritt weiter als 1990 mit 1,2 Prozent! Dies spiegelte sich im gewerkschaftlichen Apparat. Im Vorfeld der Fusion taten sich die IG Frauen der GBI mit den Frauen der Gewerkschaft SMUV und des VHTL sowie mit den jeweiligen Interessengemeinschaften Jugend und MigrantInnen zusammen, um sicherzustellen, dass für diese Mitgliedergruppierungen in der neuen Unia starke Strukturen geschaffen wurden.

Die interprofessionelle Gewerkschaft Unia startete mit einem Frauenanteil von 18 Prozent bei 212 000 Mitgliedern. «Der Frauenanteil an den Beschäftigten in den von Unia betreuten Branchen lag dagegen bei gut 40 % und war damit doppelt so hoch».[6] Im Bereich der GBI blieb der Nachholbedarf weiterhin gross. Aber die Dynamik war ausgelöst, umso mehr, als bei den anderen Fusionspartnern ähnliche Prozesse abliefen. Ende Jahr 2019 wies die Unia einen Frauenanteil von 26 Prozent bei den Mitgliedern und 60 Prozent beim gewerkschaftspolitischen Personal auf. Auch im Kader hat sich die Lage sehr positiv entwickelt.

Organisierung der Angestellten

Schon mit der Strukturreform von 1972 setzte sich die GBH das Ziel, eine sogenannte «Industriegewerkschaft» zu werden und sich damit den Angestellten und Baukadern (Poliere, Bauführer, Bauplaner) zu öffnen. Dafür wurde eine Interessengruppe innerhalb des Verbandes gegründet, und in den Krisenjahren 1975 bis 1978 verzeichnete die GBH einen relativ starken Anstieg an Mitgliedern aus diesem Segment der Bauwirtschaft. Ein Grund dafür lag bestimmt beim damaligen Arbeitslosenversicherungssystem, das die Rekrutierung erleichterte. Auch die zunehmende Zahl von Achtundsechzigern, die als ZeichnerInnen und Architekten tätig und gewerkschaftlich aktiv wurden, trug dazu bei. Für grosse Aufmerksamkeit sorgte bei den technischen Angestellten beispielsweise ein Streik im Tessin 1975, der die Türe für den ersten GAV für ZeichnerInnen, Ingenieure und Architekten öffnete. 1981 wies die GBH in diesem Bereich fast 5000 Mitglieder aus.

Die positive Dynamik hielt hier aber nicht an. Ein Bericht zuhanden des Zentralvorstandes (ZV) vom 5. und 6. Juli 1991 stellte fest, dass «die Angestelltenarbeit sich seit einigen Jahren in einer Phase der Stagnation befindet: in Mitgliederzahlen organisieren wir seit 1988 ca. 1200 technische Angestellte und 2500 Kader». Und weiter: «Auf GBH-interner Ebene ist die Notwendigkeit der Angestelltenarbeit weitgehend unbestritten (geworden). Es wird anerkannt, dass sie wesentliche Beiträge zur Ausweitung der gewerkschaftlichen Intervention auf soziale Fragen geleistet hat (ausgedrückt an Beispielen wie AKW-Frage, Asbest-Kampagne, grünes Beschäftigungsprogramm, Bauen 2000, Wohnen), und das dazu notwendige Knowhow beigesteuert hat. Diese inhaltliche Beiträge, und die für einen ‹berufsgerechten Stil› notwendige Teilautonomie der Angestelltenarbeit machen aus ihr (trotz ihrer quantitativen Bedeutungslosigkeit) ein Symbol der Auseinandersetzung zwischen einer Gewerkschaftslinie, die traditionell vorwiegend auf Arbeitsplatz- und Lohnfragen ausgerichtet ist, und einer Linie, die Gewerkschaften und soziale Bewegungen näher zueinander rücken möchte.»[7]

Mit Blick auf die bevorstehende Fusion zur GBI, zu deren Zielen eine stärkere gewerkschaftliche Verankerung im Angestelltenbereich gehörte, nahm sich die GBH in der Periode 1992–1995 vor, «die kritische Mitgliedermasse zu erreichen, die notwendig ist, um anerkannte Vertreterin der technischen Angestellten bei Behörden, Arbeitgebern und Arbeitnehmer zu werden». Was das hiess, wurde in Klammern vermerkt: «Organisationsgrad verdoppeln». Bei den Baukadern ging es auch darum, «die Mitgliederverluste zu stoppen, die durch den beruflichen Aufstieg von Bauarbeitern entstehen und neue Mitglieder zu gewinnen, deren kritische Sensibilität vom SBKV» – dem Schweizerischen Baukaderverband – «nicht angesprochen wird».

Die GTCP stand ihrerseits schon lange unter Druck, weil – wie die Tabelle 8.1. für die Chemie der Region Basel zeigt – in der Branche die Zahl der Beschäftigten mit GAV (ArbeiterInnen) seit Kriegsende bis 1990 von 80 auf 30 Prozent zugunsten von Beschäftigten mit EAV (Einzelarbeitsvertrag), also Angestellten zusammengeschrumpft war.

GAV/EAV Beschäftigte in Chemie Basel

Jahr	GAV (in %)	EAV* (in %)
1945	80	20
1960	50	50
1990	30	70
2010	22	78

*EAV: Einzelarbeitsvertrag. Quelle: GBI/Unia

Diese Entwicklung hielt an, und in einem Bericht zur «Angestelltenfrage» von 1998 schreibt der Ressortleiter Industrie der GBI: «Das zahlenmässige Gewicht der Beschäftigten im GAV-Bereich, also im traditionellen Organisationsfeld der GBI, nimmt weiter ab zugunsten der Beschäftigten im EAV-Bereich, Hinzu kommen die seit dem Beginn der 90er Jahre massiven Mitgliederverluste im GAV-Bereich infolge des Stellenabbaus, aber auch weil die traditionell gewerkschaftlich gut organisierten Jahrgänge regulär oder vorzeitig in Pension gehen. Daher wird die Ausweitung der Organisationsbasis im EAV-Bereich zur Überlebensfrage der gewerkschaftlichen Arbeit in der Chemie.»[8] Aus zwei Gründen hoffte die GBI damals auf Fortschritte im Angestelltenbereich: Weil sich Anstellungs- und Arbeitsbedingungen unter EAV und GAV ohnehin anglichen und weil inzwischen Beschäftigte im EAV mindestens so stark vom Entlassungsrisiko betroffen waren wie die von Rationalisierungsmassnahmen gebeutelten ProduktionsarbeiterInnen.

Nicht zuletzt im Vorfeld des Zusammenschlusses von GBH und GTCP wurde diskutiert, wie die Organisierung der Angestellten und Kader besser und wirksamer anzupacken wäre. Die Erfahrungen hatten gezeigt, dass die materiellen und immateriellen Bedürfnisse dieser Schichten nur zum Teil deckungsgleich mit denen der traditionellen Gewerkschaftsbasis waren. Schwer wog nämlich der «ideologische Ballast», der während Jahrzehnten von Unternehmen und bürgerlicher Politik aufgebaut worden war, um «blue collars» und

«white collars» zu spalten. Eine in Auftrag gegebene «Imagestudie»[9], die mit einer repräsentativen Umfrage herausfinden sollte, wie Basler-Chemie-Angestellte mit EAV die Arbeitnehmerorganisationen beurteilten, zeigte jedoch ein differenzierteres Bild:
- Die GBI war den Chemieangestellten gut bekannt.
- Sie galt als fortschrittliche, demokratische und notwenige Interessenvertretung der weniger privilegierten Chemiebeschäftigten.
- Ein grosser Teil der Angestellten sah durchaus, dass auch das EAV-Personal von der Arbeit der Gewerkschaften profitierte.
- Die Bereitschaft zu einem Gewerkschaftsbeitritt war wegen der im Vergleich mit den Hausverbänden hohen Mitgliederbeiträge dennoch gering.

Tatsächlich wurden die Hausverbände der Angestellten von den Firmen klar gefördert und privilegiert.

Konzentration auf andere Bereiche

Erfahrungen im Umgang mit unterschiedlichen Kulturen je nach Branchen gab es in der GBI viele. Die Arbeiter der Exportindustrie ticken zum Beispiel anders als die der Binnenwirtschaft. Aber die Frage stellte sich nun, ob Organisationen mit einem Stempel als Arbeiterorganisationen genügend attraktiv für die Angestellten werden könnten. Diese Frage war auch bei der Gründung der Dienstleistungsgewerkschaft unia 1996 aktuell, für die mit Absicht ein Logo und eine Farbe gewählt wurden, die sich vom «roten» und «militanten» Image der GBI unterschieden. Die Idee, gleich eine unabhängige Angestelltenorganisation zu gründen, war zuvor verworfen worden.

Nach dem Zusammenschluss von GBH und GTCP organisierte die neue Gewerkschaft den Angestelltenbereich so:
- Die nationale Betreuung der Angestelltenarbeit wurde fusioniert,
- es wurden regionale, gemeinsame Stützpunkte gebildet,

- die politisch-gewerkschaftlichen Teile des zweisprachigen Angestellten- und Kadermagazins wurden gemeinsam produziert, die fachlichen Teile getrennt,
- die allgemeinen Teile des Bildungsprogramms wurden fusioniert, die fachbezogenen weiterhin getrennt,
- die Interessengruppen und Vorstände blieben weiterhin getrennt,
- der Angestelltensektor trat unter einem eigenen Logo «Input» auf, blieb aber Teil der neuen GBI.[10]

Die erste Zwischenbilanz der Angestellten- und Kaderarbeit im Vorfeld des GBI-Kongresses 1996 fiel kritisch aus, unter anderem weil sich die Umsetzung der Ziele verzögerte.[11] Immerhin konnte eine relevante Vergrösserung der Mitgliederzahl in zwei von drei Segmenten, bei Baukadern und bei der Bauplanung erreicht werden.

Mitgliederentwicklung im Angestelltenbereich

Berufsgruppe	1991	12/1995	Veränderung in %
Baukader	2525	2951	16,8
Bauplanung	1175	1351	15,0
Chemieangestellte	667	696	4,3

«Die Bilanz des 5-jährigen Stützpunktes für Bauplanungsangestellte in Bern ergab klar» – so heisst es in dieser Zwischenbilanz von 1996 –, «dass es für eine erfolgreiche Aufbauarbeit im Angestellten-Bereich eine intensive, fachkompetente Betreuung vor Ort und einen ‹langen Atem› braucht.»[12] Neben Anpassungen bei den Strukturen beschlossen die Gremien weitere Stützpunkte für die betroffenen Bauberufe und einen erhöhten Mitteleinsatz für die Organisierung der Chemieangestellten.

Im GBI-Tätigkeitsbericht 1996 bis 1999 heisst es: «Die Baukader, insbesondere die Poliere bilden ein strategisch wichtiges Segment für die GBI. Die Poliere sind die Schlüssel zur Baustelle. Zudem nehmen die Baukader mit den technischen und arbeitsorganisatorischen Änderungen im Bau eine immer zentralere Stellung ein. (...) Der erste GAV für Poliere mit Beteiligung der Gewerkschaften gab der Gewerkschaftsarbeit eine neue Dimension.» Dank einer breit angelegten Kampagne stieg die Mitgliederzahl bei den Baukadern nun deutlich an. Die GBI wurde der mitgliederstärkste Verband für Poliere. Dies führte aber auch zu Gegenreaktionen, sowohl beim Baukaderverband wie beim Baumeisterverband, wodurch sich der Prozess zu einem GAV für den gesamten Baubereich, der bereits in Griffnähe schien, verzögerte. Stützpunkte wurden neben Bern auch in Zürich und Basel eingerichtet. Die Hoffnung, damit einen weiteren deutlichen Mitgliederzuwachs zu erzielen, erfüllte sich aber nicht; weshalb diese Stützpunkte – gemäss Tätigkeitsbericht 2000 bis 2004 – «nach dem Jahr 2000 sukzessiv zurückgefahren wurden». Dass die Mitgliederzahl bei den Baukadern jetzt um gut 10 Prozent zurückging, «ist die logische Folge der Ressourcenverknappung».

Auch um die Chemieangestellten in der GBI zu organisieren, wurden grosse Anstrengungen unternommen. Regelmässig verteilte die Gewerkschaft vor den Portalen der Chemie zwischen 6 und 8 Uhr morgens die Angestelltenzeitung «Input», die von den Beschäftigten gerne entgegengenommen wurde. Bei Wahlen für die interne Personalvertretung der Angestellten erreichte die GBI auch stets überdurchschnittliche Resultate, und GBI-Leute hielten und haben bis heute dort Führungspositionen inne. Chemieangestellte übernahmen wichtige Funktionen in der GBI. Aber der Durchbruch in Sachen Organisierung ist bis heute nicht gelungen.

Für die Stagnation beziehungsweise den rückläufigen Trend in bestimmten Segmenten nach dem Jahr 2000 gibt es einen weiteren, bereits kurz angesprochenen Grund: Die intensiven Anstrengungen, die Mitgliederentwicklung der Gesamtorganisation zu stabilisieren, hatten zur Folge, dass die Mitgliederwerbung auf jene Bereiche konzentriert wurde, in denen es am einfachsten war, Mitglieder zu gewinnen. Opfer dieser Strategie wurde nun oftmals die Angestellten- und Kaderarbeit.

Gemessen an den Vorstellungen bei der Gründung der GBI und auch gemessen am Einsatz der Mittel, verlief der gewerkschaftliche Aufbau bei den Angestellten und Kadern insgesamt also eher enttäuschend. Ob die GBI aber mit einer anderen Strategie – oder mit dem diskutierten Aufbau einer separaten gewerkschaftsnahen Organisation – besser gefahren wäre, ist zu bezweifeln. Die objektiven und subjektiven Faktoren, die hier einen Durchbruch verhinderten, wogen zu schwer. Tatsächlich gelang es den Gewerkschaften meistens nur, jene Angestellten zu gewinnen, die sich ohnehin nach einer sozialen und gesellschaftlichen Alternative sehnten. Diese wurden aus politischen Gründen Mitglied der Gewerkschaft und nahmen für ihr Engagement sogar berufliche Nachteile in Kauf.

Trotzdem war der Einsatz nicht vergebens. Auch wenn die Angestellten und Kader eine relativ kleine Minderheit in der Gewerkschaft geblieben sind, spielten sie darin eine bedeutende Rolle – dank ihrer inhaltlichen Impulse, aber auch gewerkschaftspolitisch. Ohne die breite Unterstützung der Baukader, insbesondere der Poliere, wäre beispielsweise die Streikbewegung für das Rentenalter 60 nie so erfolgreich gewesen. Eindrückliche Streiks wie bei Novartis Waadt im Jahr 2011 und beim Biotechunternehmen Merck Serono im Jahr 2012 zeigten ausserdem, dass in bestimmten Situationen auch Angestellte und Kader schnell die Vorzüge der gewerkschaftlichen Organisierung und insbesondere der Solidarität zwischen «blue collars» und «white collars» entdecken können.

Ganz generell gelang es in diesen Jahren, die Mitgliederzahlen zu stabilisieren, doch eine echte Trendwende blieb aus. Der interprofessionelle Ansatz der Gewerkschaft Unia schaffte ab 2005 einen besseren Rahmen, um dem häufigen Branchenwechsel unserer Mitglieder zu begegnen. Auch die Mittel für die Werbung und Mitgliederbindung konnten jetzt erhöht werden. Nach einer Phase der Konsolidierung schaffte die Unia in der ersten Hälfte der Zehnerjahre eine leichte Trendwende, aber diese war nicht nachhaltig. Die fortgesetzten Umbrüche auf dem Arbeitsmarkt und in der Gesellschaft hatten dabei mehr Einfluss als die Zunahme der Arbeitsplätze während einer langen Phase des Wirtschaftswachstums.

Durchsetzungskraft einer Gewerkschaft

Von Vasco Pedrina und Andreas Rieger

Die entscheidenden Faktoren für die Durchsetzungskraft einer Gewerkschaft sind nach unserer Erfahrung:
- Mitgliederzahl und gewerkschaftlicher Organisierungsgrad in den Branchen,
- gewerkschaftliche Verwurzelung in den Betrieben dank selbstbewussten und fähigen Vertrauensleuten,
- Streikfähigkeit,
- Mobilisierungs- und Kampagnenfähigkeit,
- Tariffähigkeit: Kräfteverhältnis, um Arbeitgeber an den Verhandlungstisch zu bringen, GAV (soweit möglich mit paritätischen Institutionen) abzuschliessen und weiterzuentwickeln,
- politisches Gewicht gegenüber den staatlichen Institutionen bezüglich Arbeitsgesetz, Sozialversicherungssystem etc.,
- Referendumsfähigkeit, verstanden als Fähigkeit, Mehrheiten für Referenden und Initiativen in Volksabstimmungen zu gewinnen,
- europäische und internationale gewerkschaftliche Vernetzung,
- finanzielle und organisatorische Ressourcen.

Anmerkungen

1 Tätigkeitsbericht GBH 1987–1990.
2 Bei den Verhandlungen für die Erneuerung des LMV Bau in den Jahren 1990/1991 wurde ein grundlegend neues Lohnsystem vereinbart, das stark auf die Qualifizierung der Belegschaften setzte. Parallel dazu leitete der LMV eine Qualifizierungsoffensive auch für Saisonniers in die Wege, weil man davon ausging, dass die bevorstehende (und dann gescheiterte) Annahme des EWR-Beitritts der Schweiz die Abschaffung des Saisonnierstatuts mit sich bringen würde.
3 In ihrer ganzen Geschichte hatte die GBH nie eine Frau als Mitglied der Geschäftsleitung.
4 Walter Schöni, «Frauen in der GBI. Situation der weiblichen Mitglieder in den Wirtschaftszweigen und in der Gewerkschaft», sowie Bericht «Zusammenfassung und Schlussfolgerungen», 1993.
5 «Tätigkeitsberichte GBI 2000–2004», S. 43.
6 Maria Roselli, «Unia: Neu mit einer Quote», in «Work» vom 28.5.2004.

7   Oliver Peters, «Bericht zur Angestelltenarbeit» z. H. des ZV, vom 5./6.7.1991, S 1–2.
8   Hans Schäppi, «Neue Ausrichtung der Angestelltenpolitik der GBI», Bericht z. H. der Erweiterten Geschäftsleitung, vom 13.1.1998.
9   «GBI-Imagestudie – Arbeitnehmerorganisationen im Urteil der Basler Chemie-Angestellten mit Einzelarbeitsverträgen», Externe Studie im Auftrag der GBI, Juni 1996. Projektleitung/Studienbericht: Hans Krebs, Kommunikations- und Publikumsforschung, Zürich; Durchführung der Interviews: Institut LINK, Luzern.
10 Oliver Peters, «Angestelltenarbeit», a. a. O., S. 9.
11 André Kaufmann, «Analyse und Bilanz der Angestellten- und Kaderarbeit der GBI», Bericht z. H. des ZV vom 8.2.1996.
12 Mauro Moretto, verantwortlicher Sekretär des Stützpunktes Bern, ergänzt heute: «In Bern ist es zwischen 1991 und 1999 gelungen, einer bedeutenden Zahl von Bauangestellten, die ideologisch a priori nicht auf unserer Seite standen, die gewerkschaftlichen Anliegen mit gut besuchten regelmässigen Fachveranstaltungen näher zu bringen.» Und André Kaufmann, damals nationaler Verantwortlicher für dieses Projekt, ergänzt: «Der Stützpunkt Bern hatte die nötige Zeit für einen kontinuierlichen Aufbau und damit Erfolg.»

Gewerkschaftsbiografie

OFRA, POCH, Gleichstellung, Geschäftsleitung GBI
Zita Küng

Zita Küng (Jahrgang 1954) ist Juristin und Frauenrechtsaktivistin. 1987 wird sie Mitglied und Aktivistin der GBH. Von 1990 bis 1996 ist sie eine der beiden Leiterinnen des «Büros für die Gleichstellung von Frau und Mann» der Stadt Zürich. Von 1996 bis 1999 Mitglied der nationalen Geschäftsleitung der Gewerkschaft GBI. 1999 gründet Zita Küng «EQuality», ein Beratungsunternehmen für Organisationen und Betriebe mit Fokus vor allem auf Gleichstellungsfragen. Sie führt dieses Unternehmen bis heute.

Ich interessiere mich seit meiner Jugend für Frauenfragen. 1977 gründete ich zusammen mit anderen Frauen die OFRA (Organisation für die Sache der Frau), weil ich eine gerechtere Gesellschaft für Frauen wollte. Themen waren damals unter anderem die Empfängnisverhütung, die Liberalisierung des Schwangerschaftsabbruchs, die Gesundheit und Selbstbestimmung der Frauen, die Mutterschaftsversicherung, die wirtschaftliche Unabhängigkeit und das Ende der Ausbeutung der Frauen, die Anerkennung der Pflegearbeit und der Ausbau der Kinderkrippen. Damals ging das Gerücht um, dass die POCH (Progressiven Organisationen der Schweiz), oder zumindest ihre männlichen Vertreter, unsere Organisation dominieren wollten. Auch deshalb habe ich mich entschlossen, mich der POCH anzuschliessen. Ich trat der Frauenkommission der Partei bei und fand, dass die Gerüchte völlig unbegründet waren. 1983, als ich 29 Jahre alt war, wurde ich in den Zürcher Kantonsrat gewählt und gehörte vier Jahre lang der Gruppe POCH/FraP (Frauen macht Politik!) an.

Mein Herz schlug nicht nur für weibliche Anliegen, sondern auch für die Arbeiterklasse. Ich weiss, was Armut ist. In meiner Familie war ich die erste, die studierte. Ich wusste: Wenn ich wollte, dass sich die Dinge ändern, dann musste ich mich selbst darum kümmern: Von Männern würde für die Frauen nichts kommen.

Dass die Lohnarbeit politisch angegangen werden musste, war mir klar, dazu brauchte es Gewerkschaften. Wenn die Aufmerksamkeit nicht nur auf die bezahlte, sondern auch auf die unbezahlte Arbeit gerichtet werden sollte, die hauptsächlich von Frauen geleistet wird, dann musste ich mich auch gewerkschaftlich engagieren. So beschloss ich 1987, der damaligen GBH beizutreten, welche die fortschrittlichste Gewerkschaft war, die ich kannte, denn im Jahr zuvor hatte ich sechs Monate in der Rechtsabteilung dieser Organisation gearbeitet. Ich schloss mich der Gruppe der Innendekorationsnäherinnen an und gründete bald eine Frauengruppe in der Sektion Zürich. Wir waren sehr engagiert, mit der Zeit gelang es uns, nicht nur Frauen auf lokaler Ebene zu mobilisieren, sondern auch eine Frauenkommission auf nationaler Ebene einzurichten. Auf dem Kongress in Genf 1991 haben wir Frauenquoten in der Gewerkschaft gefordert und durchgesetzt.

1990 eröffnete ich in der Stadt Zürich das «Büro für die Gleichstellung von Frau und Mann», das ich bis 1996 in einer Doppelspitze leitete. Selbstverständlich beteiligte ich mich aktiv an der Organisation des Frauenstreiks vom 14. Juni 1991. Auch die Frauen der GBH engagierten sich begeistert für den Streik. Die Männer organisierten Streikküchen für die streikenden Frauen und ihre Kinder in der gesamten Schweiz. Das war ein Wendepunkt, die Männer waren sehr beeindruckt. Mit einem Schlag hatten die Frauen etwas Rückenwind für ihre Anliegen.

Gleichzeitig war ich als Exponentin der Basis in den Prozess der Zusammenlegung von GBH und GTCP eingebunden. Zu dieser Zeit hatten die Frauen der GTCP eine stärkere Position als wir in der GBH. Wir befürchteten, dass mit der Fusion die Frauen an Macht verlieren würden, und so trafen wir uns gemeinsam in Rotschuo, dem Ferienheim der GBH bei Gersau. An einem Wochenende haben wir die Forderungen, die wir im Hinblick auf die Fusion stellen wollten, diskutiert und festgelegt. Unter anderem verlangten wir, dass mindestens zwei Frauen in der Geschäftsleitung der neuen Gewerkschaft Einsitz nehmen müssten. Dies wurde akzeptiert. Dass Mitte der Neunzigerjahre die ersten beiden weiblichen Direktionsmitglieder der neuen Gewerkschaft das Handtuch warfen, bedeutete für uns Frauen eine echte Katastrophe. Daher beschloss ich, mich zur Verfügung zu stellen. Ich habe die Kandidatur akzeptiert, weil wir nur noch wenige Monate vor dem Kongress standen. Gleichzeitig machte ich sehr deutlich, dass so schnell wie möglich eine zweite Frau gewählt werden musste.

Leider hatte niemand analysiert, warum die Frauen vor mir gegangen waren und was nicht funktionierte. Natürlich gab es individuelle Gründe, aber die Männer haben auch ihre Verantwortung im organisatorischen Bereich nicht wahrgenommen. Eine Person mit Führungsfunktion muss entsprechend informiert und unterstützt werden. Man kann ihr nicht einfach sagen: «Du wirst sehen, du schaffst das.» Männer haben ihren eigenen Verhaltenskodex, eine informelle Kultur, deren Regeln sie kennen. Frauen haben das nicht, sie müssen alles auf eigene Kosten lernen.

Eine Erfahrung, an die ich mich mit grosser Freude erinnere, war die Gründung der kleinen Unia. Eine Gewerkschaft, die für Frauen konzipiert und gedacht war, und die von zwei Frauen geleitet wurde. Eine Gewerkschaft, in der die Arbeiterinnen nicht nur einen marginalen, sondern den wichtigsten Platz einnahmen. Diese Erfahrung gab mir die Gelegenheit, mit dem SMUV zusammenzuarbeiten, aber auch mit den Regionen zu sehen, wie das Projekt vor Ort vorangetrieben werden konnte. Es war eine sehr interessante Erfahrung. Ein weiterer starker Moment für die Gewerkschaftsfrauen war der Kongress von 1996 in Locarno, an dem wir unsere Präsenz und Stärke durch die Organisation einer Kunstausstellung unterstrichen. Seitdem ist unsere Präsenz nicht nur sichtbar, sondern auch überzeugend. Wir sind in jeder Hinsicht Teil der Gewerkschaftskultur geworden.

In diesen Jahren realisierten wir das Projekt «Frauen betreuen Frauen». Wir baten das weibliche Personal der GBI, nach einer entsprechenden Ausbildung Gewerkschaftsaufgaben zu übernehmen. Es war der Versuch, neue Karrieremöglichkeiten für Frauen zu eröffnen und damit den Anteil der Frauen im Gewerkschaftskader markant zu erhöhen. Dies führte jedoch zu Problemen bei der Lohneinstufung, und das Projekt wurde nicht weiterverfolgt. Dennoch war es indirekt ein Erfolg. Bald darauf wurde beschlossen, weibliche Gewerkschaftssekretäre einzustellen. Dann entstand das Projekt «Frau am Bau». Zum ersten Mal gingen Frauen und Männer gemeinsam zu Architektur- und Planungsbüros, um die Arbeitsbedingungen der Frauen zu diskutieren, weiterzuentwickeln und neue Mitglieder anzuwerben.

Ich habe nur rund drei Jahre lang in der Gewerkschaft gearbeitet. Ich kam aus einer antiautoritären Bewegung, in der politische Entscheidungen demokratisch von der Basis her getroffen wurden. So funktionierte das Management einer Gewerkschaft jedoch nicht, und ich war auf die Veränderungen nicht genügend vorbereitet. Ich musste mich bald mit dem Problem auseinandersetzen, dass mein Wort nicht zählte. Mein Verständnis von Autorität wurde von vielen nicht akzeptiert, und so entstanden Konflikte, die schwer, wenn nicht gar unmöglich zu lösen waren. Das alles hat mich bewogen, zu gehen. Zumal keine Anstrengungen unternommen wurden, eine zweite Frau für die Exekutive zu finden.

Wenn ich heute auf diese Jahre zurückblicke, denke ich, dass ich einen Prozess in Gang gesetzt habe, von dem es kein Zurück mehr gibt. Die Geschichte lehrt uns, dass es für Männer ein langer und schwieriger Weg ist, Macht zu teilen. Dies gilt auch für Gewerkschaftsmänner. In der Zwischenzeit haben sich die Dinge stark weiterentwickelt. Eine Frau an der Spitze der GBH, aber auch der GBI, war damals unvorstellbar. Heute ist dies bei der Unia eine Realität und (fast) eine Selbstverständlichkeit.

Aufgezeichnet von Anna Luisa Ferro Mäder

Kapitel 9

Gewerkschaft als soziale Bewegung
Menschen und Werte

Die wichtigste Triebkräfte für eine Wende in der Gewerkschaftsbewegung waren gemeinsame Werte von Vertrauensleuten und GewerkschaftssekretärInnen sowie die Überzeugung, für ein attraktives Projekt zu kämpfen, das auch persönliche Opfer rechtfertigte. Wie sahen diese Werte aus, wie wurden sie umgesetzt?

Die ausserordentliche, mehrjährige Mobilisierung von Energien vieler Vertrauensleute und Gewerkschaftsmitarbeitender zum Umbau der Gewerkschaftsbewegung wäre nicht einmal im Ansatz möglich gewesen ohne ein gemeinsames tiefes Gefühl für dieselben Werte und ohne die Überzeugung, zusammen für ein Projekt zu kämpfen, bei dem sich der Einsatz lohnte. Nötig war dazu eine regelmässige breite Diskussion über die Werte, die gewerkschaftspolitischen «Fixsterne» und die bevorstehenden Etappen des gemeinsamen Projektes sowie die konsequente Umsetzung der Schlussfolgerungen und Entscheide, die aus solchen Diskussionen gezogen wurden. «Ein wichtiger Schlüssel für die interne Dynamik» zwischen GBI-Gründung und dem Zusammenschluss zur Unia, so heisst es rückblickend in einem Diskussionsbeitrag von 2009, «war eine immer wieder erneuerte organisations- und gewerkschaftspolitische

Perspektive auf 3 bis 5 Jahre hinaus»; sie musste attraktiv genug sein, damit für sie Opfer gebracht wurden.[1]

Die Gefahr der Bürokratisierung

Gewerkschaften droht, wie vielen anderen grossen und ressourcenreichen Organisationen, ständig die Gefahr einer Bürokratisierung mit administrativen Leerläufen und Dynamiken, die letztlich nicht im Interesse der vertretenen Arbeitnehmenden sind. Anders gesagt, mit der Bürokratisierung breiten sich Unsitten aus. Was wir Ende der Achtzigerjahre erbten, war nicht über jeden Zweifel erhaben. Da gab es einerseits die Paktiererei mit Patrons und bürgerlichen Politikern, die ein Teil der verantwortlichen Funktionäre unter dem Deckmantel des Arbeitsfriedens betrieben hatte. Anderseits gab es nicht selten eine Abhängigkeit von der Sozialdemokratischen Partei, die stark in die Regierungsbeteiligung verwickelt war und attraktive Posten verteilen konnte. Daraus entstanden fragwürdige Praktiken – wie etwa die «pauschale» Mitgliederbeitragserhebung bei Saisonniers – und gelegentlich auch finanzielle Unregelmässigkeiten im Gewerkschaftsapparat. Die Bekämpfung solcher Praktiken und, wo nötig, die Wiederherstellung der moralischen Integrität der Organisation waren eine Voraussetzung, um überhaupt eine Neuausrichtung in Gang zu setzen. Die neue moralische Integrität sollte dazu beitragen, die Ausstrahlung der GBI nach innen und aussen zu stärken. Für die GewerkschaftssekretärInnen in Führungsfunktionen bedeutete moralische Integrität, die nötige Distanz zu Arbeitgebern und zum Staat zu wahren und einen korrekten und ehrlichen Umgang mit der «Macht», die sie durch die Vertretung der Arbeitnehmenden erhielten.

Die Versuchung, die Gewerkschaftsbasis für persönliche Interessen zu instrumentalisieren und bestimmte Personen zu bevorzugen – selbstverständlich von den betreffenden FunktionärInnen immer mit dem Allgemeininteresse begründet – konnte auch in

GBI-Zeiten nicht ganz zum Verschwinden gebracht werden. Am ehesten wurde dieser gewerkschaftliche «Klientelismus» (mit den damit verbundenen inneren Machtkämpfen) im Zaum gehalten, wenn die Gewerkschaft von aussen bedroht war, zum Beispiel während der grossen vertraglichen Auseinandersetzungen. Und wenn es gelang, die Werte der Bewegung – Gleichheit, Solidarität, soziale Gerechtigkeit, Demokratie, Frieden, Nachhaltigkeit – ins Zentrum des gemeinsamen Handelns zu stellen.

So war es möglich, wichtige Elemente des Grundsatzprogrammes und des Leitbildes der GBI sowie später die «Fixsterne» – sie sind in Kapitel 2 beschrieben – mit der Zeit als Markenzeichen der Organisation zu etablieren. Wie das gemacht und was damit erreicht wurde, versucht diese Publikation aufzuzeigen. Sicher ist, dass solche Markenzeichen für Mitglieder und vor allem für viele Vertrauensleute und Mitarbeitende identitätsstiftend wirkten. Nach innen und nach aussen definierte sich die GBI zwischen 1993 und 2004:

- «als Vorkämpferin für die Interessen der ImmigrantInnen und anderer benachteiligten Schichten von Lohnabhängigen;
- als Gewerkschaft, die für Neues offen ist und versteht, welche Themen vordringlich sind (...);
- als autonome und unabhängige Kraft, die aber auch die notwendigen Allianzen (...) zu schmieden weiss;
- als lebendige, unbürokratische, intelligent kämpfende Organisation, die den Arbeitsfrieden nicht nur programmatisch relativiert, sondern auch praktisch mobilisieren, kämpfen und streiken kann (...);
- als Bewegung, welche die guten Elemente ihrer Geschichte – beispielsweise ihre anarcho-syndikalistische Seite – hochhält und [sie] mit den positiven Aspekten der neuen sozialen Bewegungen und des professionellen Managements zu verbinden versteht;
- als eine internationalistische Gewerkschaft, nicht nur ihrer sozialen Zusammensetzung wegen, sondern auch aus moralischer und politischer Überzeugung;

– als mutige, risikobereite und stolze Organisation, die an ihren Mängeln – den Schwächen in gewissen Branchen, Schichten, Regionen und des Vertrauensleute-Netzes, sowie dem Männerüberhang – arbeitet.»[2]

In seinem Rückblick auf die GBI-Erfahrung schrieb Vasco Pedrina – Mitautor dieses Textes – 2004: «Bei der Gründung der GBI lancierten wir eine Werbekampagne mit dem neuen Logo und dem Slogan ‹GBI, die neue Gewerkschaft›. Das neue Erscheinungsbild erwies sich dabei als ausserordentlich erfolgreich. Es verkörperte das ‹Neue›, das wir anstrebten, und es verlieh der Organisation und ihrer Fahne ein markantes Profil. Die Fahne wurde bald (...) mit Stolz getragen. Für die AktivistInnen und GewerkschaftssekretärInnen wurde sie zum Sinnbild für alle Kämpfe, die wir geführt haben. Wahrscheinlich ist unsere Fahne heute bekannter als die meisten anderen Fahnen, abgesehen von der Schweizer Fahne, und für viele Menschen in unserem Land besitzt sie einen starken, symbolischen Gehalt. Es ist eine Fahne, die Selbstvertrauen, Aufbegehren, und Konfliktbereitschaft ausdrückt.»[3]

Das Problem mit den Vertrauensleuten

Sechzehn Jahre früher: Ein ausführliches Diskussionspapier zur Lage der Vertrauensleute-Netze vom Juli 1988 befasste sich zum ersten Mal mit einer widersprüchlichen Entwicklung in der GBH: «Einerseits steigt die Zahl der Mitglieder während sich anderseits die Zahl der Vertrauensleute (VL) seit Jahren tendenziell vermindert. Anderswo – z. B. in Frankreich – diskutiert man ernsthaft über eine Zukunft der Gewerkschaften ohne Mitglieder! Hier sind wir im Augenblick mit einer anderen Frage konfrontiert: Ist eine Zukunft der GBH ohne Vertrauensleute vorstellbar, welches wären die Folgen?»[4]

Natürlich hätte eine Gewerkschaft ohne Vertrauensleute in krassem Widerspruch zum Selbstverständnis der GBH und erst recht zum Anspruch der GBI gestanden, sich als soziale Bewegung zu entwickeln. Die Vertrauensleute erfüllten eine zentrale Funktion als Bindeglied zwischen Gewerkschaftsapparat und den ArbeitnehmerInnen, die sie in den Milizgremien der Organisation vertraten. Es herrschte daher ein breiter Konsens, dass die Pflege und der Ausbau der Vertrauensleute-Netze in den Betrieben und in den Sektionen oder Regionen ein wichtiger Bestandteil der Gewerkschaftsarbeit sein sollte; mit Betonung auf «sein sollte», denn ein Hauptproblem bestand gerade darin, dass es in der täglichen Gewerkschaftsarbeit immer dringendere Aufgaben zu lösen gab als die Pflege des Vertrauensleute-Netzes.

Als Ursachen für die schleichende Schwächung dieser Netze wurden aufgeführt: die Professionalisierung und Bürokratisierung der Gewerkschaft, der Übergang der Verhandlungen von Betriebs- auf Kantons- und Landesebene, die «glorreichen Jahre» des Wirtschaftswachstums mit den negativen Auswirkungen der Arbeitsfriedenspolitik. Auch ein mit gesellschaftlichen Veränderungen der Nachkriegszeit verbundener tiefgreifender Wertewandel entfaltete seine Wirkung.

Es gab viele Faktoren, die einen negativen Einfluss auf die erlebbare Solidarität und auf das Engagement im Kollektiv ausübten. Das erwähnte Papier vom Juli 1988 beschrieb auch das Profil und die Merkmale der verschwundenen «Vertrauensleute von gestern»: Beispielsweise gehörte zu einem gewerkschaftlichen Vertrauensmann «starkes, idealistisch geprägtes Engagement und grosse Bereitschaft, seine Freizeit der gewerkschaftlichen Aktivität zu widmen»; er war ein «guter Arbeiter; fähig, die ‹Temperatur› am Arbeitsplatz zu ‹riechen›» und damit eine «starke Stütze bei der Mitgliederwerbung am Arbeitsplatz» mit wichtiger Funktion «als Informationskanal in beiden Richtungen». Das Papier versuchte, die Anpassungen zu formulieren, die nötig sein würden, um die Institution der Vertrauensleute zu erhalten. Aus dieser Analyse entstand ein erstes Projekt für den Wiederaufbau der Netze. Es sah vor, die

Identität und die Glaubwürdigkeit der Organisation zu vergrössern, die Aktivitäten in bereits bestehenden Strukturen zu beleben, die gewerkschaftliche Bildung stärker auf die Entwicklung der Vertrauensleute auszurichten und diese insgesamt als Botschafter des gewerkschaftlichen Diskurses im Betrieb aufzuwerten.

Um diese Strategie umzusetzen, achtete man einerseits bei jeder Strukturreform darauf, dass die Rolle der Milizgremien und damit der Vertrauensleute gestärkt wurde. Anderseits unternahm man Schritte, um dem Ausbau der Vertrauensleute-Netze mehr Gewicht zu geben. Dazu gehörten Regionalisierung der Bildungstätigkeit, neue Informationsblätter für Vertrauensleute, stärkerer Einbezug der Vertrauensleute in die Vertragspolitik sowie bei Referendumskampagnen und Volksinitiativen. In einem Bericht zum «Projekt Vertrauensleute» für den Zentralvorstand vom 9. November 2000 stellte die zuständige Arbeitsgruppe allerdings zwölf Jahre nach dem Papier von 1988 fest, dass zwar eine weitgehende Einigkeit über die Bedeutung der Vertrauensleute bestehe, aber kein gemeinsames Verständnis über ihre Rolle und wie sie auf ihre Aufgabe vorbereitet werden sollten. Zur aktuellen Situation ist im Jahr 2000 zu lesen, dass «es bisher keine Kontinuität im Aufbau von VL gibt. Es ist auch zu wenig auf den spezifischen Beitrag verschiedener Kategorien von VL eingegangen worden. Und es hat in der Gewerkschaftsbewegung (durch die Krise verstärkt) eine generelle Entwicklung weg von der Selbstorganisation hin zur Dienstleistungs- und Bittgänger-Mentalität gegeben».

Die Arbeitsgruppe schlug vor, die Entwicklung der Vertrauensleute-Netze als normale Aufgabe der gesamten Organisation auf allen Ebenen zu betrachten. Ausgehend von einer niederschwelligen Definition von Vertrauensleuten, nämlich dass «VL alle Mitglieder sind, die mehr als Beiträge bezahlen und Dienstleistungen beziehen», plädierte sie für gezielte Projekte mit allen, die im Betrieb aktiv waren, Mitglieder warben, die Gewerkschaft vertraten, die als SpezialistInnen in Fachkommissionen tätig oder sonst aktiv und solidarisch mit der GBI verbunden waren. Um die Vertrauensleute flexibel und bedürfnisgerecht auf ihrer jeweiligen Stufe begleiten zu können, beschloss der Zentralvorstand, sie alle elektronisch zu erfassen und die Kommunikationsmittel für sie auszubauen.

Eine Zwischenbilanz der Arbeitsgruppe «Strategisches Projekt VL» an den Zentralvorstand vom 27. Februar 2003 stellte nach weiteren zwei Jahren zwar fest, dass die inzwischen erfolgte – aber nicht abgeschlossene – elektronische Erfassung schon eine Liste von mehr als 4000 Vertrauensleuten aufwies, dass aber deren Betreuung ohne Kontinuität war und daher ungenügend blieb. Pauschales Fazit: «In der GBI finden alle das Thema Vertrauensleute sehr wichtig, aber niemand gibt diesem Projekt die nötige Priorität.»

Die Hauptschwierigkeiten blieben also bestehen, sie hatten nicht allein damit zu tun, dass das Projekt vielleicht nicht optimal aufgebaut war und dass im Gewerkschaftsapparat zu wenig Zeit dafür frei gemacht wurde. Es erwies sich ausserdem als immer schwieriger, in den Branchen Mitglieder zu finden, die bereit waren, einen wesentlichen Teil ihrer Freizeit der gewerkschaftlichen Tätigkeit zu widmen.

Dabei hatte die Krise ihren Ursprung auch in einer positiven Entwicklung, durch welche die Gewerkschaften zu Opfern ihres eigenen gesellschaftspolitischen Erfolgs wurden:

- Die Demokratisierung der Schule und bessere Karrierechancen im Betrieb führten dazu, dass fähige Leute in der Arbeiterklasse nicht mehr die Gewerkschaft als Betätigungsfeld wählten, um sich weiterzuentwickeln oder Karriere zu machen.
- Stark verbesserte Löhne und Arbeitsbedingungen – insbesondere in erfolgreichen Branchen wie der Pharmaindustrie – reduzierten die Bereitschaft und subjektive Notwendigkeit zu einem aktiven Engagement.
- Gewerkschaftliche Durchbrüche, wie Rentenalter 60 auf dem Bau, hatten zur Folge, dass eine ganze Generation von ausgezeichneten Vertrauensleuten – insbesondere aus der Migration –

mit der vorzeitigen Pensionierung die gewerkschaftliche Bühne frühzeitig verliess, oft auch, weil sie in ihr Land zurückkehrten.

Während die Zahl der klassischen Vertrauensleute, die sich durch ein Engagement innerhalb des Betriebs und in Personalkommissionen aktivierten, weiterhin sank, stieg die Zahl jener Vertrauensleute, die ihr kritisches Engagement in sozialen Bewegungen ausserhalb der Gewerkschaften begonnen hatten – in der Frauen-, der Friedens- und in den «Soli»-Bewegungen.

Insgesamt wurde die Hoffnung enttäuscht, dass die Wiederentdeckung einer aktiven, basisnahen und kämpferischen Politik automatisch eine Stärkung der Vertrauensleute-Netze mit sich bringen würde. Allerdings bestätigte sich, dass grosse Mobilisierungen, etwa nationale Demonstrationen, wichtig waren für die Identifikation der aktiven Basis mit ihrer Organisation und dass sie ein Gefühl der gemeinsamen Stärke – «Vereint sind wir stark!» – vermittelten. Streiks lassen auch «Leader» mit ausserordentlichen Führungsqualitäten entstehen und tragen zur Entwicklung fähiger AktivistInnen bei: «Offene Konflikte sind und bleiben die beste Gewerkschaftsschule. Die Devise der Gründungsväter unserer Bewegung, wonach die ArbeitnehmerInnen Solidarität nicht aus dem Lehrbuch lernen, sondern bei kollektiven Aktionen, ist aktueller denn je», schrieb Vasco Pedrina 2006.[5] Und dennoch reichten diese Aktivitäten nicht, um die Schwierigkeiten beim Aufbau von Vertrauensleute-Netzen zu lösen.

Einst hatte der Aufschwung der Linken und der Gewerkschaftsbewegung nach dem Zweiten Weltkrieg eine grosse Zahl von einheimischen Vertrauensleuten produziert, die auch in den damals neu entstehenden Betriebskommissionen eine zentrale Rolle spielten. Die starke Immigration der Hochkonjunktur hatte dann eine Generation von politisch bewussten AktivistInnen in die Gewerkschaft gebracht, die nicht nur den antifaschistischen Kampf, sondern auch die grossen Arbeitskämpfe vor und nach 1968 in Italien, Frankreich und Spanien kannten. Organisationen wie die Colonie

Libere Italiane oder ihr spanisches Pendant ATES spielten bis in die Neunzigerjahre eine wichtige Rolle für die Gewerkschaften, insbesondere weil sie ihre Mitglieder motivierten, als Vertrauensleute aktiv zu werden. Auf personelle Schübe in solchen Dimensionen warten die Gewerkschaften seither immer noch. Rückblickend kann man sagen, dass die Neuausrichtung und die damit verbundenen Bemühungen, die Vertrauensleute-Netze der GBI zu stärken, keine nachhaltige Trendwende brachten, aber eine Stabilisierung und auch eine Verjüngung, Erneuerung und Diversifizierung bewirkten. Zwar ging in diesem Prozess ein Teil der älteren KollegInnen als Vertrauensleute verloren, weil diese grosse Mühe damit hatten, neue Wege ausserhalb der alten Logik des Arbeitsfriedens zu beschreiten. Andererseits gelang es wie gesagt, mit einer profilierteren Politik neue Vertrauensleute mit einer ökosozialen und internationalistischen Sensibilität zu gewinnen: Gerade auch bei den erstmals organisierten Schichten, bei den Frauen und den Angestellten sowie im Dienstleistungssektor. Die Diversifikation des Profils der Vertrauensleute hielt dabei einigermassen Schritt mit den Veränderungen in der Zusammensetzung der Mitgliedschaft.

Trotz der geschilderten grundsätzlichen Probleme verfügte die GBI im Zeitpunkt der Unia-Gründung über eine so hohe Zahl streikerprobter Vertrauensleute und GewerkschaftssekretärInnen wie schon sehr lange nicht mehr. Die Beteiligung von Vertrauensleuten an Unterschriftensammlungen und Kampagnen für Initiativen und Referenden war ebenfalls deutlich erhöht worden. In einigen Dienstleistungsbranchen funktionierten neue Vertrauensleute-Netze. Dennoch muss festgestellt werden, dass der grosse Sprung nach vorn insgesamt nicht gelang.

Es ist eine stete Gefahr: Eine Gewerkschaft, die mehr vom Apparat als von den Vertrauensleuten getragen wird, stösst irgendwann an ihre Grenzen. Eine Gewerkschaft ohne Vertrauensleute ist nicht einmal eine halbe Gewerkschaft. Die Belebung und der Ausbau der Vertrauensleute-Netze sind deshalb auch in Zukunft unerlässlich.

Die Unia hat den Ball aufgenommen, ab 2008 mit dem mehrjährigen Projekt «Unia Forte». Der Ausbau der Vertrauensleute-Netze wurde zur «Chefsache» auf allen Ebenen erklärt.

Gedanken zur Vertrauensleute-Problematik in unserer Gewerkschaft

Von Rita Schiavi, zuständig in der GL der GBI für den VL-Aufbau von 2000 bis 2004

Das Aktivieren fähiger Vertrauensleute (VL) ist leider nicht allein mit gutem Willen und Engagement vonseiten des Gewerkschaftsapparates zu bewerkstelligen. Zu lange sind GewerkschaftssekretärInnen von der Vorstellung von VL ausgegangen, wie sie vor vierzig Jahren noch anzutreffen waren: fähige Berufsleute mit politischem Engagement, welche das Vertrauen ihrer ArbeitskollegInnen genossen. Nach dem Zweiten Weltkrieg wurde die Arbeiterschaft in der Schweiz, vor allem in den gewerkschaftlichen Kernbereichen, durch MigrantInnen unterschichtet. Die einheimischen ArbeiterInnen, welche nicht nur gute Berufsleute waren, sondern auch intellektuelles Potenzial und Führungstalent hatten, stiegen rasch auf, und deren Kinder ergriffen die Chancen besserer Ausbildungen und wurden Angestellte. Die Aussicht, ins Angestelltenverhältnis aufzusteigen, bedeutete auch, dass man gewissermassen die Seite wechselte. Wer aufsteigen wollte, identifizierte sich nicht mehr mit der Gewerkschaft. Mehr und mehr zog die Gewerkschaft ArbeiterInnen an, die für sich keine Chance sahen, zu Angestellten und Vorgesetzten aufzusteigen und als VL eine «Ersatzkarriere» anstrebten.

Bei den MigrantInnen traf man noch die klugen und guten ArbeiterInnen. Viele von ihnen waren auch politisiert. Viele wurden aber zurückgewiesen und abgestossen, weil sie der Gewerkschaftsleitung zu radikal waren und den Arbeitsfrieden ablehnten. Das war insbesondere in der Industrie der Fall. Im Baugewerbe gelang es durchaus, aus den Reihen guter ausländischer Facharbeiter VL zu gewinnen. Diese blieben der Gewerkschaft auch treu, wenn sie zu Polieren aufstiegen, und gehörten zu den wertvollsten VL, die wir hatten. Sie waren allerdings nicht besonders interessiert an der Gremienarbeit. Diese Arbeit war für MigrantInnen der ersten Generation auch schwierig, weil sie die Sprache nicht beherrschten. Die Gewerkschaft hat auch den Fehler gemacht, immer weniger Sitzungen und Versammlungen mit Übersetzung in die Muttersprachen der MigrantInnen abzuhalten. Auch weil die Sprachen zahlreicher geworden waren. Eine Zeitlang konnten wir noch VL-Gruppen aufbauen, welche als Sprachgruppen organisiert und von GewerkschaftssekretärInnen aus den jeweiligen Herkunftsländern geleitet wurden. Leider gab es schon bei der GBI Tendenzen, die Sprachgruppen abzuschaffen. Man ging von der falschen Annahme aus, man werde MigrantInnen der ersten Generation mit Sprachkursen so weit bringen, dass sie in Gewerkschaftsgremien in der Landessprache mitarbeiten könnten. Eine wichtige Funktion gegenüber den MigrantInnen hatten die Gewerkschaftssekretärinnen aus den jeweiligen Herkunftsregionen. Faktisch nahmen sie die Rolle von VL ein. Sie hatten das Vertrauen der ArbeiterInnen, wenn sie ihre Arbeit gut machten. Die Arbeit gut machen heisst, für die Mitglieder da zu sein, jederzeit erreichbar, wenn ein Mitglied ein Problem hat und sich zu bemühen, das Problem zu lösen und auch dort zu helfen, wo das Problem nicht strikt arbeitsplatzspezifisch ist. In der weiteren Entwicklung der Gewerkschaftsarbeit wählte man den Weg der Spezialisierung, die Kontinuität der menschlichen Kontakte ging dabei oft verloren. Mitglieder und VL brauchen aber auch heute noch Bezugspersonen, denen sie vertrauen können.

Die Rolle der Führungskräfte und der Mitarbeitenden

Die GBI sah sich als eine «interprofessionelle Organisation» und bekannte sich zum Slogan «Gewerkschaft als soziale Bewegung». Das war ein neues Konzept, es trat an die Stelle des Modells der «Branchenverbände», welches bis in die Achtzigerjahre die Gewerkschaftspolitik bestimmte.

Die Gewerkschaft als soziale Bewegung versteht sich
- als Interessenvertreterin aller ArbeitnehmerInnen und nicht nur als Vertreterin einer einzelnen oder mehrerer Kategorien,
- als Dienstleistungs- und Kampfgewerkschaft, aktiv auf allen sozialen Terrains (gewerkschaftliche Präsenz sowie Verankerung und Streikfähigkeit in den Betrieben und Branchen; kampagnenerfahren, referendums- und initiativefähig auf politisch-institutionellem Niveau),
- als Organisation, die den sozialen Kampf und die «soziale Frage» ins Zentrum stellt (gegen die wachsende soziale Ungleichheit),
- als offen für systematische Allianzen oder funktionelle Koalitionen mit anderen sozialen Bewegungen und politischen Parteien, welche die sozialen Kräfte repräsentieren.[6]

Wie oben beschrieben, war die Realisierung dieser Konzeption am Ende weniger das Resultat eines Ausbaus des Vertrauensleute-Netzes als vielmehr der quantitativen und qualitativen Stärkung des Gewerkschaftsapparates. Diese Stärkung folgte einer in den Kapitel 2 und 6 skizzierten zweigleisigen Strategie: der deutlich stärkeren Bewegungsorientierung und der Professionalisierung der Organisation. Sie wurde dem Gewerkschaftspersonal mit der Formel vermittelt: «GBI als soziale Bewegung – GBI als hochprofessionelle Dienstleistungsorganisation.» In dieser Doppelstrategie ist allerdings auch ein Widerspruch enthalten, der nicht so einfach aufzulösen ist. Die GewerkschaftssekretärInnen der neuen Generation, welche die neue Strategie entwickelten und implementierten, hatten ihre Sozialisierung und Politisierung weniger in den GBI-Branchen als in sozialen Bewegungen und linken Parteien erlebt. Für den Erfolg des Projekts war es wichtig, dass die Zusammenarbeit dieser jungen FunktionärInnen mit den traditionsbewussten und älteren GewerkschaftssekretärInnen, eingesessenen Berufsleuten einerseits und MigrantInnen andererseits, klappte.

Das Bindeglied zwischen diesen drei unterschiedlichen Gruppen bildeten ihre gewerkschaftlichen Werte, ihre respektvolle Haltung gegenüber der vertretenen Basis, das gemeinsame Projekt der Neuausrichtung sowie eine übereinstimmende Auffassung ihrer Aufgabe als GewerkschaftssekretärInnen. Diese Aufgabe ist seit jeher als Mission verstanden worden, als Berufung und nicht einfach nur als irgendeine Arbeit.[7] Die GewerkschaftssekretärInnen verdienen zwar ihr Brot bei der Organisation, sie sind aber auch immer AktivistInnen, die wie die Vertrauensleute im Betrieb auch ausserhalb der Arbeitszeit gewerkschaftlich tätig werden.

Teil dieses Projektes der gewerkschaftlichen Erneuerung zu sein, das auf mehr Glaubwürdigkeit und Integrität, mehr Unabhängigkeit gegenüber den ArbeitgeberInnen, mehr Selbständigkeit gegenüber den politischen Parteien, mehr kämpferischem Geist und auf die Orientierung an gemeinsam bestimmten «Fixsternen» abzielte, setzte also die Bereitschaft voraus, hohe Ansprüche an sich selbst zu stellen und ein ausserordentliches Engagement an den Tag zu legen. Ohne das praktizierte Selbstverständnis vieler GewerkschaftssekretärInnen als «AktivistInnen» wäre der Kraftakt der GBI-Jahre nicht zu bewältigen gewesen. Dynamik und Erfolge, die daraus resultierten, ermöglichten einen schnellen Rhythmus und grosse Intensität während mehrerer Jahre. Irgendwann aber wurde es zu viel, die Dynamik begann zu schwächeln und die Einigkeit bekam Risse. Die Lasten einer anhaltenden Wirtschaftskrise in den Neunzigerjahren und der langwierige Prozess des Zusammenschlusses GBI-SMUV forderten ihren Tribut. Die internen Spannungen am ordentlichen GBI-Kongress 2000 waren zum Teil Ausdruck davon (vgl. Kapitel 3). Wie die folgenden Jahre zeigen sollten, passte der Ansatz des uneingeschränkten (zeitlichen) Engagements immer weniger zu den gesellschaftlichen Entwicklungen und zum Zeitgeist.

Allmählich ging die Bereitschaft der GewerkschaftssekretärInnen zurück, Versammlungen und Bildungskurse ausserhalb der ordentlichen Arbeitszeit zu organisieren oder an ihnen – abgesehen natürlich von Arbeitskonflikten – teilzunehmen. Die MigrationssekretärInnen waren zusehends weniger bereit, in ihrer Freizeit an Aktivitäten der MigrantInnen-Vereine teilzunehmen, die einen wichtigen Zugang für die Gewerkschaft bedeuteten. Auch bei der Mitgliedschaft sank die Bereitschaft, am Abend und am Samstag an Versammlungen teilzunehmen.

Symptomatisch waren jetzt wiederkehrende Konflikte zwischen Personal und Geschäftsleitung, die in GBI-Zeiten aber noch nicht zu öffentlichen Diskreditierungsversuchen führten. Die Einführung einer Personalvertretung, die Aushandlung der nötigen Vereinbarungen und neuen Reglemente bereits anlässlich der Gründung der GBI – mit beinahe 500 Mitarbeitenden – hatten zwar für mehr Klarheit, Transparenz und Gerechtigkeit gesorgt, aber nicht für weniger Konflikte. Diese wurden zum Teil durch Führungsschwächen verursacht. Zum Teil waren sie aber Folge von divergierenden Vorstellungen über die Rolle von Mitarbeitenden in der Gewerkschaft. Manchmal schien vergessen zu gehen, dass diese Organisation nicht mit einem kapitalistischen Betrieb zu vergleichen ist, der sich am finanziellen Profit orientiert.

Die fortschreitende Feminisierung des Gewerkschaftsapparates, vor allem ab Mitte der Neunzigerjahre, auch die Situation junger Väter, die sich zeitgemäss an der Kinderbetreuung beteiligen wollten, rückten die Frage der Vereinbarkeit von Beruf und Familie immer mehr in den Vordergrund. Die sehr positiven gesellschaftlichen Folgen dieser Entwicklung liessen sich nicht leicht mit dem bis dahin geltenden und oben skizzierten Bild des «Gewerkschaftssekretärs» vereinbaren. Auch die steigende Komplexität der Prozesse in Gesellschaft und Arbeitswelt sowie die daraus resultierenden Probleme und Ansprüche der Mitgliedschaft an den Gewerkschaftsapparat waren mit der Vorstellung des Gewerkschaftssekretärs (früher seltener der Gewerkschaftssekretärin) als «missionarischem Generalisten» nicht mehr zu bewältigen. Neben einer Vereinbarkeit von Beruf und Familie erforderte diese Entwicklung eine Spezialisierung der Tätigkeiten und stellte damit neue Anforderungen an alle Beteiligten.

Das Modell des «missionarischen Generalisten» ist heute fast nur noch in vorübergehenden Ausnahmesituationen anwendbar, wenn für eine Aktion alle Kräfte mobilisiert werden müssen; einen langfristigen und nachhaltigen Charakter hat es nicht mehr.[8] Geblieben ist aber die Notwendigkeit, als Gewerkschaft auf klare gemeinsame Werte, Identifikation und überzeugtes Engagement setzen zu können. Der Anspruch, eine lebendige und starke Organisation zu sein, gut verankert in den verschiedenen Branchen, kämpferische, soziale Gegenmacht, ist wohl kaum aufrechtzuerhalten ohne einen Anteil an freiwilliger und freizeitlicher Arbeit nicht nur der Vertrauensleute, sondern auch des gewerkschaftspolitischen Personals.

Anmerkungen

1 Michael von Felten/Vasco Pedrina: «Von der Profigewerkschaft zur Gewerkschaft der Vertrauensleute», 29.5.2009.
2 Vasco Pedrina, «Die GBI-Erfahrung: Nur wer kämpft, kann gewinnen!», in «GBI-Gewerkschaftsleben», GBI (Hrsg.), 2004, S. 20.
3 Pedrina, «Die GBI-Erfahrung...», a. a. O., S. 12.
4 Vasco Pedrina, «Für die Neubelebung des Vertrauensleute-Netzes – Zusammenfassung und Vorschläge, die aus dem Bildungskurses für GBH-Funktionäre der Region VI vom 15./16.7.1988 hervorgegangen sind».
5 Vasco Pedrina, «Ein Rückblick für den Ausblick – 15 Jahre Erfahrung im gewerkschaftlichen Aufbau», SekretärInnenkonferenz Unia, Bern, 18./19.10.2006.
6 Vasco Pedrina, «Die Gewerkschaft in Tiefe und Breite verwurzeln», Sommer Uni(a) 2009 (jährliche Sommerakademie der Unia). Siehe auch Positionspapier «Für eine Stärkung der Gewerkschaft als soziale Bewegung», Kongress GBI 2000, und Andreas Rieger, «Gewerkschaft als soziale Bewegung – statt Kategorien-Gewerkschaft», 25.9.2003.
7 Gabriele Milani schildert in seiner Abschiedsrede «Der Gewerkschafter» an der DV der Unia-Sektion Sottoceneri vom 16.5.2011 dieses Verständnis des Berufes des GewekschaftssekretärIn «come missione e non solo come professione».
8 Vasco Pedrina, «Selbstverständnis der/des GewerkschaftssekretärIn: ein Rückblick für den Ausblick», Sommer Uni(a) 2011, Murten, 30.6./2.7.2011.

Was bleibt
Ein persönliches Nachwort der Autoren

In den vorliegenden Kapiteln dieses Buches haben wir uns bemüht, die Geschichte der GBI und den Prozess der Neuausrichtung der Gewerkschaften in den Neunzigerjahren möglichst objektiv und ehrlich aufgrund eigener Anschauung, Beteiligung und vieler Gespräche darzustellen. Zur besseren Einordnung und grösseren Transparenz, aber auch als inhaltliche Ergänzung möchten wir in diesem Nachwort unsere persönlichen Erkenntnisse aus den Jahren der GBI nochmals zusammengefasst darlegen. Sie geben nicht die Ansicht der Organisation, sondern einzig unsere eigene Meinung wieder.

Zu Kapitel 1 Zwischen Status quo und Erneuerung
Schweizer Gewerkschaften nach 1968

Mit Blick auf die Prozesse der Neunzigerjahre und der vorangehenden Jahrzehnte lässt sich sagen, dass eine gewerkschaftliche Wende, wie wir sie erlebt und mitgestaltet haben, relativ zügig vor sich gehen kann. Aber sie ist erst möglich, wenn die Bewegung mit der bisherigen Politik am Ende ihres Lateins angekommen ist, und wenn die Kräfte, die für Veränderung stehen, fähig sind, sich im richtigen Moment zu formieren und eine glaubwürdige Alternative zu entwickeln.

Was waren das für Kräfte?

- Es war der fortschrittliche Flügel der alten Generation, der das Handwerk einer kämpferischen Gewerkschaftspolitik noch in den Nachkriegsjahren erlernt hatte, als es mit Protestaktionen und Streiks darum ging, Gesamtarbeitsverträge und soziale Verbesserungen zu erkämpfen.
- Dazu kam eine neue Generation von ausländischen GewerkschaftssekretärInnen und Vertrauensleuten, deren Einfluss wuchs, als die MigrantInnen auf breiter Basis organisiert wurden. Dank Erfahrungen in ihren Ursprungsländern waren sie offener für eine kämpferische Gewerkschaftspolitik.
- Diese beiden Gruppen öffneten die Türe für die AchtundsechzigerInnen, die das Projekt einer Neuausrichtung der Gewerkschaften verfolgten. Deren VertreterInnen gewannen vor allem ab Ende der Achtzigerjahre rasch an Einfluss, weil die Politik der Vorgängergeneration ein inhaltliches und personelles Vakuum entstehen liess.
- Eine vierte – letztlich entscheidende – Gruppe waren die vielen Basismitglieder und GewerkschaftssekretärInnen, denen während der Achtziger- und Neunzigerjahre bewusst wurde, dass die Zeiten sich radikal veränderten und dass die neuen Herausforderungen nicht mehr mit den bisherigen Gewerkschaftsstrukturen und einer sozialpartnerschaftlichen Politik alter Schule zu bewältigen waren. Die Aufkündigung der Konsenspolitik durch zahlreiche Unternehmen und eine neue Generation bürgerlicher PolitikerInnen, welche die «Shareholder-Value»-Doktrin, die Privatisierungen sowie einen Abbau des Sozialstaats propagierten und dabei die Rolle der Gewerkschaften als Anwalt der Arbeitnehmenden grundsätzlich infrage stellten, machte deutlich, dass eine radikale Änderung der Gewerkschaftspolitik der einzige Weg war, um nicht überrollt zu werden.

Zu Kapitel 2 **Zeit der Wenden**
Der Weg zur interprofessionellen GBI

Der Geist der Veränderung, der diesen Umorientierungs- und Umbauprozess prägte, bezog seine Energie aus zwei gesellschaftlichen Grossereignissen: der Achtundsechziger-Bewegung und der Euphorie nach dem Fall der Berliner Mauer 1989. Zusammen mit dem massiven ökonomischen Druck wirkte der Geist dieser Ereignisse beschleunigend und führte zur ersten bedeutenden Gewerkschaftsfusion seit langer Zeit sowie zu einem Generationenwechsel in den Führungsetagen mehrerer Gewerkschaften. Damit waren auch die ersten Schritte zur Neuausrichtung der schweizerischen Gewerkschaftsbewegung getan.

Seit ihrem Gründungskongress 1992 verstand sich die GBI als gesellschaftliche Bewegung und soziale Gegenmacht zum Kapital, die in der Lage sein musste, ihre Kämpfe erfolgreich zu führen. Um dieser Rolle gerecht zu werden, benötigte sie mehr Beweglichkeit und einen moderneren Apparat. Ein Professionalitätsschub war wichtig, um die Herausforderungen zu meistern. Dabei wuchs aber auch die Gefahr einer Übermacht des Apparates und einer Bürokratisierung. Um das zu verhindern, operierten wir zweigleisig:

- Einerseits war eine Führung nötig, die über ein Bewusstsein für die Gefahr der Bürokratisierung verfügte und mit Gegenmassnahmen wiederholt eingriff. Dies gelang nicht immer.
- Anderseits schufen wir statutarische Voraussetzungen, welche die aktive Basisbeteiligung stärken sollten, damit auch von dieser Seite eine Kontrolle ausgeübt wurde. Dass die Stärkung der inneren Demokratie nach den GBI-Strukturreformen 1994 und 2000 nur teilweise verwirklicht wurde, lag nicht an diesen Beschlüssen. Haupthindernis war die gesellschaftlich bedingte zunehmende Schwierigkeit, das Vertrauensleute-Netz quantitativ und qualitativ auszubauen und die neuen Strukturen mit Leben zu füllen.

Ein ständiges Thema war die Zusammensetzung der operativen Führung, der nationalen Geschäftsleitung (GL). Eine Diskussion, die vor allem in den letzten Jahren der GBH und in den ersten Jahren der GBI zur Sprache kam, betraf das Verhältnis zwischen Führungskräften, die sich als Berufsleute an die Gewerkschaftsspitze hochgearbeitet hatten, und den – oft despektierlich so genannten – Studierten, die von aussen in die Bewegung kamen. Bis zur Ära des Präsidenten Ezio Canonica galt in der GBH das Prinzip, dass nur Arbeiter – Berufsleute aus unseren Branchen – Mitglieder der Geschäftsleitung werden konnten. Ein erster Bruch mit diesem Prinzip erfolgte in den Siebzigerjahren, als der Ökonom Markus Schelker zum Vizepräsidenten des Verbands gewählt wurde. Mit Hans Baumann und Vasco Pedrina in der zweiten Hälfte der Achtzigerjahre etablierte sich eine neue Zusammensetzung der GL. Die Bedenken in den regionalen Einheiten nahmen nun zu, dass eine schleichende Verschiebung zugunsten von KollegInnen ohne Erfahrung als Berufsleute zu einer fehlenden Bodenhaftung der Gewerkschaftsführung und einem Identitätsverlust an der Basis führen könnte. Diese Sorgen waren nicht unbegründet, aber angesichts der ständig steigenden Anforderungen an Führungskräfte und der Schwierigkeiten, fähige Berufsleute für eine Gewerkschaftskarriere zu gewinnen, ging die Verschiebung weiter. Heute müssen wir selbstkritisch zugeben, dass wir wohl zu wenig gegen diese Entwicklung unternahmen. Bis eine Geschäftsleitung mit den in ihr repräsentierten Fähigkeiten, Kompetenzen, beruflichen und sonstigen Erfahrungen die Realität einer breiten Basis widerspiegelt, braucht es nicht nur grosse Anstrengungen, sondern auch eine Portion Glück: Denn am Ende wird die Gewerkschaftsführung ja nicht von oben, sondern von der Basis gewählt.

Zu Kapitel 3 Zusammenarbeit oder Fusion?
Von der GBI zur Unia

Der Zusammenschluss der ewigen Rivalen SMUV und GBI benötigte zwar viel Zeit, zehn Jahre. Er bestätigte aber, dass in Umbruchzeiten scheinbar Unmögliches möglich werden konnte. Uns InitiantInnen des Zusammenschlusses von GBI und SMUV war bewusst, dass grosse Stolpersteine auf uns warteten, trotzdem hatten wir ein schnelleres Tempo erhofft. Der gewählte Ansatz bei dieser Fusion, Schritt für Schritt Vertrauen aufzubauen und alles vorab klar zu regeln, hat der Grossgewerkschaft Unia zwar erlaubt, sehr schnell handlungsfähig zu werden. Der Preis dafür war eine längere Phase der Unsicherheit und eine sich dadurch etwas abschwächende gewerkschaftliche Dynamik. Die aufwendige Suche nach tragfähigen Kompromissen machte den Prozess schwerfällig. Ohne das Wissen, dass eine bessere Alternative nicht in Sicht war, und ohne die Entschlossenheit und das Beharrungsvermögen der verantwortlichen Teams wäre die Fusion wahrscheinlich gescheitert.

Die Zugkraft der Fusion ist rasch erklärt. Die Tatsache, dass die involvierten Gewerkschaften zusammen eine Mehrheit der SGB-Mitglieder repräsentierten, war wichtig. Noch wichtiger sind zwei andere Faktoren gewesen: Erstens ist die Fusion zur Unia nicht aus ökonomischer Not entstanden, sondern aus dem Willen, sich mit einem überzeugenden zukunftsorientierten Projekt auf der Höhe der Zeit zu bewegen. Zweitens gelang es, die nötigen Zwischenschritte so zu setzen, dass sie dem Gewerkschaftsapparat und der aktiven Basis nachvollziehbar und attraktiv erschienen. Vor allem wenn die Lage unübersichtlich und schwierig wird, sind klare Vorstellungen, definierte Ziele und Wege entscheidende Erfolgsfaktoren.

Weil die gemeinsame Vergangenheit belastet war, mussten Schritte vorgesehen werden, die eine gemeinsame Vertrauensbasis schufen und förderten. Die zahlreichen notwendigen Weichenstellungen erforderten immer wieder offen geführte Grundsatzdiskussionen zum neu anzustrebenden Gewerkschaftsmodell. Naturgemäss waren solche Diskussionen kontrovers, sie brachten aber auch gewerkschaftliche Lebendigkeit zum Ausdruck.

Von manchen wurde befürchtet, schon der Fusionsprozess könnte einen Rechtsrutsch bei der GBI auslösen und der Einfluss des SMUV werde auch die neue interprofessionelle Gewerkschaft rechts von der GBI positionieren. Was ist daraus geworden? Der Rechtsrutsch der GBI hat nicht stattgefunden. Bestes Beispiel dafür ist die Streikbewegung im Bau für das Rentenalter 60 und die Häufung von Streiks in den ersten Jahren nach 2000. Bei der Fusion zur Unia bedeutete die Wahl von Renzo Ambrosetti zum Co-Präsidenten zwar eine Stärkung der «vorsichtigen Kräfte» im SMUV, aber die zentralen Streitpunkte unter den Beteiligten wurden durch diese Konstellation nicht verändert. Sie betrafen den Grad der Autonomie für die Sektoren und Branchen, das Verhältnis zwischen Regionen und Sektionen sowie die Besetzung der entscheidenden Positionen im Gewerkschaftsapparat. Für alle diese Fragen handelten wir Kompromisse aus, die keine Hindernisse für die Weiterentwicklung und Dynamisierung der Unia waren. Wenn später auch Schwächen beklagt wurden, etwa die Entstehung von Königreichen in den Sektoren, die Aufhebung von dezentralen Sektionseinheiten und so weiter, dann hatten diese ihre Ursachen nicht in den Kompromissen der Fusion, sondern in Personal- und Führungsfragen, die weder der einen noch der anderen Vorgängerorganisation allein angelastet werden können.

Gewerkschaftspolitisch entwickelte sich die Unia in einer kämpferischen Logik weiter. Weniger positiv ist die Bilanz bei Themen wie der Bürokratisierung, dem Ausbau der Vertrauensleute-Netze in den Betrieben, der Erneuerung und Stärkung des Kaders. Ob diese Probleme bei einem Alleingang der GBI, also ohne Fusion, besser hätten gelöst werden können, ist allerdings zu bezweifeln.

Was die Haltung von Mitgliedern und Funktionären betrifft, so kann man sagen: Botschaften wie «Vereint sind wir stärker» und «Gemeinsam können wir mehr bewegen», die unseren Fusionsprozessen zugrunde lagen, hatten für Mitglieder und Vertrauensleute eine hohe Plausibilität. Für Teile der Gewerkschaftsapparate reichten sie nicht aus. Die Angst vor Veränderungen und die Aussicht, im neuen Gefüge eine neue Position finden zu müssen, führten zu massivem Widerstand. Auch branchenbezogene kulturelle Unterschiede an der Basis, etwa zwischen den IndustriearbeiterInnen und den Baufachleuten, erschienen manchmal als Hindernis. Aber nachdem die Zusammenlegung der Kräfte einmal verwirklicht war, lösten sich alle diese Befürchtungen meistens schnell auf.

Die internen Auseinandersetzungen im Hinblick auf den Zusammenschluss von GBI und SMUV sowie der gescheiterte, interne Versuch im VPOD, auch diese Gewerkschaft zu einem Zusammengehen mit der künftigen Unia zu bewegen, machen anschaulich, wie stark die Vorstellungen von gewerkschaftlicher Orientierung und Organisation das Gelingen oder Scheitern eines Fusionsvorhaben beeinflussen können. Den konservativen und linksradikalen Kräften gelang es nicht, die Unia zu verhindern, aber eine enge Kooperation zwischen VPOD und Unia verunmöglichten sie.

Zu Kapitel 4 Ende der Blockaden?
Die gewerkschaftliche Landschaft kommt ins Rutschen

Nach Mitte der Neunzigerjahre kam die ganze Schweizer Gewerkschaftslandschaft so richtig ins Rutschen. Zahlreiche Zusammenschlüsse von verschiedenen Branchen- und Dachverbänden und die Öffnungspolitik des SGB gegenüber bisher ungebundenen Berufs- und Angestelltenverbänden waren die organisatorische Antwort auf die Herausforderung in einer «Zeit der Wenden». Dieser Prozess hatte auch wichtige Veränderungen im Verhältnis zwischen den Dachverbänden, insbesondere im SGB und im Christlich Nationalen Gewerkschaftsbund (später Travail.Suisse) zur Folge. Die historische Spaltung zwischen den «Roten» und den «Gelben» und die weitere

Zersplitterung der gewerkschaftlichen Landschaft konnte bis heute nicht überwunden werden. Aber das Konkurrenzdenken macht inzwischen einer immer besser werdenden Zusammenarbeit Platz.

In einem Beitrag für das Buch «Gewerkschaften im Umbruch» (2008) von Andreas Rieger und Renzo Ambrosetti fasste Daniel Oesch vier Hauptgründe für gewerkschaftliche Zusammenschlüsse zusammen, die je nach Konstellationen unterschiedlich zum Tragen kommen:

- Der Strukturwandel am Arbeitsmarkt: Ziel der Fusionen ist, die Gewerkschaftsstruktur den veränderten Beschäftigungsstrukturen anzupassen.
- Skaleneffekte und Synergien dank zusammengelegten Apparaten.
- Antwort auf finanzielle Probleme. Das gilt vor allem für kleinere Verbände.
- Verminderung der Konkurrenz zwischen Gewerkschaften.

Diese Gründe allein beantworten die Frage noch nicht, warum bestimmte Verbände zusammengehen und andere nicht. Die Fusion zur GBI erklärt sich primär mit der politischen Nähe der GBH und der GTCP und nicht aus einer Branchenlogik. Auch die Zugehörigkeit zu einer Dachorganisation spielt eine zentrale Rolle bei Zusammenschlüssen. Dies führte beispielsweise dazu, dass es zu keinen Fusionen zwischen SGB- und CNG/TS-Gewerkschaften aus derselben Branche kam (etwa GBI und CHB, später Unia und Syna). Stattdessen blieb, wie oben dargestellt, gewerkschaftliche Konkurrenz auf Branchenebene die Regel.

Dass die SGB-Öffnungspolitik ab 1998 Früchte trug, lag nicht nur an der veränderten Haltung des SGB zu unabhängigen Berufs- und Angestelltenverbänden. Mindestens so wichtig war der Umstand, dass diese Verbände wegen der Verhärtung der sozialen Beziehungen immer mehr in die Rolle der von ihnen einst abgelehnten klassischen Gewerkschaften gedrängt worden waren.

Zu Kapitel 5 **Themen der Neuausrichtung**
Wirtschaft, Migration, Löhne, Gleichstellung

Die in diesem Buch beschriebenen zahlreichen gewerkschaftspolitischen Fortschritte in den krisenhaften Neunzigerjahren beweisen, dass es auch unter widrigen Umständen möglich ist, positive Resultate zu erreichen, wenn man auf Forderungen setzt, die einem grossen sozialen Bedürfnis entsprechen und breite gesellschaftliche Akzeptanz finden. Dafür brauchte es aber den geschickten Einsatz der richtigen Instrumente.

Letztlich waren die erzielten Erfolge mit der Fähigkeit der GBI, ihres Apparates und ihrer Vertrauensleute zu erklären, sich zu einer «Kampagnenorganisation» zu verwandeln. Die Ausstrahlungskraft und die Wirksamkeit unserer Kampagnen – auf der politischen Ebene zusammen mit dem SGB – waren manchmal sogar grösser als das, was die realen sozialen Kräfteverhältnisse auf dem Terrain hätten erwarten lassen. Dank der Kampagnen konnten wir uns gelegentlich über unserem realen Wert verkaufen; das war eine gute Sache für die Arbeitswelt.

Die positive, objektive und subjektive Dynamik seit 1990 bewirkte, dass sich die Tür für den sozialen Fortschritt, insbesondere in den Jahren 1998 bis 2004 öffnete. Es war die Zeit der Verankerung des Streikrechts in der Bundesverfassung, der Abschaffung des Saisonnierstatuts und der Einführung der Flankierenden Massnahmen zum Freien Personenverkehr mit der EU, der erfolgreichen Kampagne «Keine Löhne unter 3000!», des Rentenalters 60 für die Bauarbeiter, des Neins zur Liberalisierung (Privatisierung) des Strommarktes und des Jas zur gesetzlichen Mutterschaftsversicherung. Mit dem Rechtsrutsch bei den Parlamentswahlen vom Herbst 2003 begann sich diese Türe wieder zu schliessen. Zeitspannen des sozialen Fortschrittes von dieser Ergiebigkeit sind in der Schweiz selten. Es gab danach keine mehr bis heute, und in den Jahrzehnten davor gab es sie auch nicht. Seit einiger Zeit mehren sich die Anzeichen, dass diese Türe sich wieder öffnen könnte. Es ist zu hoffen, dass Gewerkschaften, linke und andere sozial eingestellte Kräfte in diesem Fall ihre Chancen wieder wahrnehmen werden.

Zu Kapitel 6 **Instrumente der Neuausrichtung**
Mobilisierung, Streik, Referenden, Internationalismus

Bei der Wiederherstellung der Mobilisierungs- und Streikfähigkeit machte die GBI beachtliche Schritte nach vorn. In Bezug auf die Vertragspolitik blieben diese Schritte aber vorab auf die angestammten Branchen begrenzt. In den neu anvisierten Branchen des Dienstleistungsbereiches waren der gewerkschaftliche Organisierungsgrad und das Vertrauensleute-Netz meist zu schwach, um breite Bewegungen und überbetriebliche Kampfmassnahmen in Auge fassen zu können.

Was die Gestaltungsmacht in unserem politischen System angeht, konnte die GBI zusammen mit dem SGB die Fähigkeit, Referenden zu gewinnen, zurückerobern, und dies ab Mitte der Neunzigerjahre unter Beweis stellen. Meistens ging es dabei um die Abwehr von Sozialabbau- und Privatisierungsvorlagen. Wo wir versuchten, den sozialen Fortschritt mit Volksinitiativen voranzutreiben, waren wir weniger erfolgreich. Immerhin zeigte sich, dass auch verlorengegangene Initiativen den Weg für neue Errungenschaften öffnen können, sei es in den Gesamtarbeitsverträgen oder über gesetzliche Regelungen.

Die Kombination von erhöhter Mobilisierungsfähigkeit in den Branchen und Referendumsfähigkeit auf politischer Ebene ermöglichte es der GBI und dem SGB, ihr institutionelles Gewicht zu festigen. Besonders wichtig war das bei der Einführung der Flankierenden Massnahmen zur Personenfreizügigkeit mit der EU: Ohne eine Erneuerung der Gewerkschaften wären sie nicht möglich gewesen. Bekanntlich hatten sie eine sehr positive Auswirkung auf die Regulierung des Arbeitsmarktes sowie auf die Ausweitung des GAV-Systems.

Angesichts von wirtschaftlichen Globalisierungsschüben gewann auch die europäische und internationale gewerkschaftliche Vernetzung zunehmend an Bedeutung. Auf dem Spiel standen sowohl die länderübergreifende Harmonisierung von sozialen Standards als auch die Durchsetzung von sozialen Anliegen im eigenen Land. Unsere Erfahrung zeigt, dass drei Elemente das internationale Element der Gewerkschaftsarbeit stärken: Das Bewusstsein für die Bedeutung der internationalen Solidarität muss im täglichen Einsatz präsent sein. Die gewerkschaftlichen Führungskräfte müssen bereit sein, einen Teil ihrer Zeit für die internationale Arbeit einzusetzen. Und es braucht Netze von Vertrauensleuten und GewerkschaftssekretärInnen mit internationalistischem Geist, die von unten Druck auf die Gesamtorganisation ausüben.

Vor allem in wirtschaftlich schwierigen Zeiten ist die Versuchung gross, von den Problemen im eigenen Land vollständig absorbiert zu werden und sich in ein «nationales Reduit» zurückzuziehen. Doch politischer Alleingang und nationalistische Stolpersteine schwächen die Position der Gewerkschaften und ihrer Vertretungen am Arbeitsplatz.

Zu Kapitel 7 Neue Verhältnisse, neue Bündnisse
Sozialpartnerschaft, Politik, soziale Bewegungen

Mit der Losung «Vertragspartnerschaft statt Sozialpartnerschaft» und mit der Stärkung der Mobilisierungskraft versuchte die GBI eine adäquate Antwort auf die verhärteten Verhältnisse zu entwickeln. Für die Verteidigung und Weiterentwicklung des GAV-Systems und aller sozialen Errungenschaften war die Mobilisierungs- und Streikfähigkeit unabdingbar. Aber es brauchte noch mehr, es brauchte den Einsatz auf der politischen Bühne. In Anbetracht eines massiven Wandels der sozialen Basis unseres traditionellen politischen Partners SPS mussten wir uns von der Arbeitsteilung zwischen Vertrag (GAV) und Politik (Gesetz) verabschieden, die das

Verhältnis zwischen Partei und Gewerkschaft sehr lange geprägt hatte.

Um mit eigener Stimme Einfluss auf die Politik nehmen zu können, war es nötig, unabhängiger von der SPS zu politisieren und in unseren Kernbereichen – etwa bei Löhnen, Renten und Arbeitsrechten – möglichst die Federführung zu übernehmen. Um glaubwürdig zu bleiben, war es gleichzeitig wichtig, sich in der Parteipolitik zurückzuhalten. Diese Kombination hat sich als erfolgreich erwiesen, auch auf Ebene des Gewerkschaftsbundes. Dass die traditionelle gewerkschaftliche Haltung zur Politik sich erneuerte, war unter anderem einem regelmässigen Austausch zwischen ExponentInnen des «Erneuerungsflügels» der Gewerkschaften und des «sozialen Flügels» der SPS zu verdanken, dem sogenannten «Berner Kreis». Einen gemeinsamen Nenner fanden wir dabei in der Absicht, den Stellenwert der sozialen Fragen in der Gesellschaft zu stärken und beide Organisationen in Richtung kämpferische und linke Politik zu verändern.

Um ihre Einflussnahme auszubauen, mussten die Gewerkschaften ausserdem die bisherige Reserviertheit gegenüber neuen Parteien – wie den Grünen – und neueren sozialen Bewegungen oder NGO fallen lassen. Damit konnte auch der Spielraum in der Politik erhöht werden. Eine Ersatzpartei zu werden, um die Schwächen der fortschrittlichen politischen Kräfte zu kompensieren, war dabei – richtigerweise – nie eine ernsthafte Option.

Zu Kapitel 8 Umbau und Mitgliederzahlen
Erfolge und Misserfolge

Seit je herrscht in den Gewerkschaften die Überzeugung, dass ein Rückgang der Mitgliederzahlen und des Organisierungsgrads zwingend negative Folgen auf das soziale Kräfteverhältnis und letztlich auf die Arbeitsbedingungen und sozialen Errungenschaften habe. Die GBI-Erfahrung zeigt in einem differenzierteren Bild, dass noch weitere Faktoren mitspielen.

Sinkende und schwache Mitgliederzahlen oder ein tiefer Organisierungsgrad in den Branchen ermunterten die Unternehmen tatsächlich, auf Gesamtarbeitsverträge zu verzichten und keine neuen auszuhandeln. Aber trotz der negativen Mitgliederentwicklung in den Neunzigerjahren ist es der GBI zusammen mit den anderen Gewerkschaften gelungen, die meisten sozialen Errungenschaften zu verteidigen und sogar neue durchzusetzen. Die deutliche Stärkung der GBI als Kampagnenorganisation, die wiedererlangte Mobilisierungs- und Referendumsfähigkeit, ein geschickter Umgang mit den Opportunitäten der direkten Demokratie sowie gemeinsame wirtschaftspolitische Brancheninteressen mit den Arbeitgebern waren Grundlage dieser erstaunlichen Fortschritte.

Ausser den Mitgliederzahlen, dem Organisationsgrad und den finanziellen Ressourcen haben sich für die Durchsetzungskraft der Gewerkschaftsbewegung generell die Mobilisierungs-, Kampagnen- und Streikfähigkeit, die Tariffähigkeit gegenüber den Arbeitgebern, das politische Gewicht gegenüber den staatlichen Institutionen, die Referendumsfähigkeit, die europäische und internationale Vernetzung als entscheidend erwiesen.

Nichtsdestotrotz sind hohe Mitgliederzahlen und ein hoher Organisierungsgrad in den Branchen sowie eine gute gewerkschaftliche Verankerung durch Vertrauensleute in den Betrieben auch weiterhin zentrale Voraussetzungen. Sie sind unabdingbar für Motivation und Selbstvertrauen nach innen und die Ausstrahlung von Stärke nach aussen.

Zu Kapitel 9 Gewerkschaft als soziale Bewegung
Menschen und Werte

Wichtigste Triebkraft für die gewerkschaftliche Wende waren die gemeinsamen Werte von Vertrauensleuten und GewerkschaftssekretärInnen und die Überzeugung, mit der sie ihr Projekt vertraten. Dabei waren von besonderer Bedeutung:

- Integres Verhalten, grosses Engagement,
- Einstehen für die Schwächsten, damit es auch den Stärkeren gut geht,
- Internationalismus, gegen Nationalismus und Xenophobie,
- Ergebnisorientierung beim Handeln und Hartnäckigkeit bei der Umsetzung von Zielen,
- Kämpferischer Geist.

Für eine nachhaltige Arbeit nach diesen Werten brauchte es wiederkehrende Diskussionen über unsere «Fixsterne» – unsere mittelfristigen gewerkschaftlichen und gesellschaftlichen Ziele – und über die Zukunft des gemeinsamen Projekts.

Auch wenn die Wiederbelebung und der Ausbau unserer seit Jahrzehnten schwindenden Vertrauensleute-Netze nicht im vorgesehenen Umfang gelang, trug die gewählte Strategie doch wesentlich dazu bei, eine Stabilisierung zu erreichen und Erfolge bei der Verjüngung, Erneuerung und Diversifizierung dieser Netze zu erzielen. Dank kämpferischer Politik hatten wir zwölf Jahre nach der Gründung der GBI eine so grosse Zahl streikerprobter Vertrauensleute und GewerkschaftssekretärInnen wie seit langer Zeit nicht mehr.

Den Anspruch, eine Rolle als sozialpolitische Gegenmacht zu spielen, hätten wir ohne eine Vielzahl selbstbewusster und fähiger Vertrauensleute nicht stellen können. Sie waren ebenso wichtig wie die Mitgliederzahl und der Organisierungsgrad. Die Belebung und der Ausbau der Vertrauensleute-Netze bleiben weiterhin unerlässlich, auch wenn gesellschaftliche Trends sich gerade hier immer wieder negativ auswirken. Zu hoffen ist selbstverständlich, dass es in Zukunft wieder kämpferische Zyklen der Gewerkschaftsarbeit geben wird – wie die grossen Arbeitskämpfe nach dem Zweiten Weltkrieg in der Schweiz oder vor und nach 1968 in anderen Ländern. Ganze Generationen von Vertrauensleuten konnten damals gewonnen werden.

Dennoch, angesichts der Umstände waren die Erfolge der GBI auf dem Weg zu einer «Gewerkschaft als soziale Bewegung» aber doch mehr als den Vertrauensleute-Netzen der quantitativen und qualitative Stärkung unseres Gewerkschaftsapparates zu verdanken. Dieser Ausbau geschah in einer Doppelstrategie: Deutlich stärkere stärkeren Bewegungsorientierung und Professionalisierung der Organisation.

Organisation und Widersprüche

Zum Schluss noch ein paar Erkenntnisse zur Rolle der Gewerkschaftsführung bei der Entfaltung einer Veränderungsdynamik.
- Ein Erneuerungsprojekt, wie es durch die GBI in den Neunzigerjahren an die Hand genommen wurde, benötigt eine klare Strategie sowie eine sehr überzeugte und geeinte
- Führungsgruppe mit langjährigem Durchhaltevermögen. Dabei müssen die Führungskräfte, vorab die GL-Mitglieder, Kompetenz und Engagement zeigen und durch ihre Vorbildfunktion glaubwürdig sein. Wenn ernsthafte Probleme in Einheiten der Organisation auftauchen und andauern, ist es ratsam, sich an die Maxime zu erinnern: «Der Fisch beginnt am Kopf zu stinken.» Sie hat nämlich auch für Gewerkschaften Gültigkeit. Die Führung muss den Mut haben, unliebsame personelle Entscheide rechtzeitig zu treffen, wo diese notwendig sind, damit die Entwicklung der Organisation nicht behindert wird. Das ist gerade in einer Gewerkschaft keine einfache Aufgabe.

Die Einstellung zur verfolgten Strategie muss von der Basis und der gesamten Organisation geteilt werden. Das erfordert aber auch einen ständigen Prozess der Diskussion, der Evaluation und allenfalls der Anpassung. Nur wenn die Strategie ein gemeinsames Projekt wird, kann ihre Umsetzung gelingen.

In den Gewerkschaften mangelt es oft an Verbindlichkeit. Selbst wenn die Ziele von allen geteilt werden, heisst das nicht automatisch, dass sich alle wirklich bemühen, diese zu verfolgen. Deshalb muss Verbindlichkeit eingefordert werden. Manchmal zeigt es sich dabei, dass die Ziele nicht erreicht werden, weil die nötigen personellen Ressourcen fehlen oder die Ziele aus anderen Gründen gar nicht erreichbar sind. Dann muss die Organisation flexibel und selbstkritisch genug sein, um ihre Ziele zu überprüfen und wenn nötig anzupassen. Auch eine Kultur der Verbindlichkeit kann nur implementiert werden, wenn sie zuerst von der Führung selbst gelebt wird.

Bürokratisierungstendenzen sind leider in jeder Organisation ein Problem, eine verstärkte Professionalisierung und die Schaffung transparenter und verbindlicher Prozesse kann sie noch verstärken. Dabei entstehen Widersprüche, die nicht einfach aufzulösen sind. Am besten gelingt es, mit dieser Situation umzugehen, indem die Führung offen bleibt für Selbstkritik und Diskussion und gerade jene Kritik besonders ernst nimmt, die bei den Mitgliedern und den Beschäftigten an der Basis entsteht. Es ist Aufgabe der operativen Führung, nicht Teil des Problems, sondern der Lösung zu sein.

Zur Steuerung komplexer Prozesse wie des hier beschriebenen gewerkschaftlichen Umbaus der Neunzigerjahre genügt es nicht, dafür zu sorgen, dass gewählte Gremien ihre statutarischen Funktionen gut erfüllen. Die Führung muss auch in der Lage sein, bei Bedarf wechselnde Teams von Gewerkschaftsangestellten und Vertrauensleuten – in unserem Jargon sprachen wir von «Kernen in wechselnder Zusammensetzung» – zu bilden. Diese müssen einen offenen, kritischen, möglichst nicht hierarisch geprägten Austausch pflegen, ungefilterte Rückmeldungen geben und auf diese Weise mit gemeinsamem Denken mithelfen, strategische Fragen zu klären, neue Ideen zu entwickeln und Weichenstellungen vorzubereiten. KollegInnen, die das können, sind oft starke Persönlichkeiten, nicht selten mit einem Hang zum Alleingang oder zur Selbstprofilierung. Erfolgreiche Gewerkschaftspolitik kann aber nur im Kollektiv entstehen. Ohne das Gemeinsame in den Vordergrund zu stellen, ohne gut funktionierende, formelle und informelle «Kerne», ohne Gremien, die ihre Rolle wirklich wahrnehmen, ist eine Gewerkschaftspolitik, die ihre Spuren hinterlässt, nicht zu haben.

Schliesslich muss vielleicht noch darauf hingewiesen werden, dass eine Gewerkschaft etwas anderes ist als ein kommerzielles Unternehmen. Gewerkschaften sind demokratische Organisationen, das höchste Organ sind die VertreterInnen der Mitglieder, nicht die vollamtlich Tätigen. Damit ergibt sich tendenziell ein Widerspruch zwischen der operativen Leitung eines mittelgrossen gewerkschaftlichen Dienstleistungsbetriebs und ihrer strategischen Führung durch die VertreterInnen der Basis. Eine weitere Herausforderung ist die Funktion des Gewerkschaftsapparates als Arbeitgeber. Gerade hier wird sowohl von aussen wie von innen erwartet, dass die Gewerkschaft sich vorbildlich verhält, und auch hier ergeben sich Widersprüche, mit denen der Umgang schwierig sein kann. Am besten gelingt dieser Umgang, wenn möglichst alle oder doch sehr viele Beschäftigte der Gewerkschaft sich selbst nicht nur als Angestellte, sondern auch als Aktivistinnen verstehen. Das verlangt aber dann, dass alle Angestellten in strategische Diskussionen einbezogen werden; in einem gewissen Sinn üben sie ja eine Doppelfunktion aus. Sehr wichtig ist es, dass möglichst alle Angestellten einen direkten Kontakt zu Mitgliedern haben und an den Sitzungen von Vertrauensleuten teilnehmen. Das aber bedeutet freiwilliges Engagement als AktivistInnen über die berufliche Arbeit als Gewerkschaftsangestellte hinaus.

Eine kämpferische Gewerkschaft ist darauf angewiesen, dass sie Leute anstellen kann, die ebenfalls risikofreudig und kämpferisch sind. Die exzellentesten GewerkschaftssekretärInnen dieser Art gehören aber auch zu den schwierigsten, wenn es darum geht, sich an Mehrheitsbeschlüsse zu halten und im Team zu arbeiten. Ein Widerspruch, mit dem wir bei der GBI umgehen mussten.

Noch ein letztes Fazit sei hier erwähnt: Nach den vielen auch kritischen Einschätzungen und Betrachtungen dieser Publikation möchten wir – aufgrund langjähriger internationaler Erfahrungen –

doch festhalten, dass GBI und SGB sich in den Neunzigerjahren und in den Jahren nach 2000 wesentlich besser behaupten und die Interessen der Arbeitnehmenden erfolgreicher vertreten konnten als die meisten amerikanischen und europäischen Gewerkschaften.

Dies hat nicht nur damit zu tun, dass die Schweiz ein privilegiertes Land ist.

Anhang

Die GBI und der «Röstigraben»
Stimmen aus der Suisse Romande

Ein Blick aus der Westschweiz, notiert vom ehemaligen GBI-Präsidenten Vasco Pedrina aufgrund eines Gesprächs mit Marie-France Perroud (Verantwortliche für den Tertiärsektor und für die GBI-Frauen in der Westschweiz) sowie mit Roland Conus (Vizepräsident GTCP, Zentralsekretär GBI), Bernard Jeandet (stellvertretender Zentralsekretär GBH, Zentralsekretär GBI) und Jacques Robert (Gewerkschaftssekretär GBH, Zentralsekretär und Vizepräsident GBI).

Die Mentalitätsunterschiede, die wir in unserer Gesellschaft sehen, widerspiegelten sich in der GBI sowohl auf Gewerkschafts- als auch auf Arbeitgeberseite. Natürlich spielte für die Romands die Stellung als «Minderheit» eine wichtige Rolle. Festzuhalten ist allerdings, dass der gewerkschaftliche Organisationsgrad in der Westschweiz und im Tessin doppelt so hoch war wie im landesweiten Durchschnitt. Die Qualifikation als Minderheit in den Reihen der GBI muss daher etwas relativiert werden.

Dennoch führte das Gefühl, eine Minderheit zu sein, zu Abwehrreflexen gegen die Erneuerung der Gewerkschaft und zur Befürchtung, in diesem Prozess an Autonomie zu verlieren. Die französische Schweiz war in gewerkschaftlicher Hinsicht eine starke Säule der GBI, und die Gewerkschaft wäre durch einen Verlust von autonomen Westschweizer Errungenschaften generell geschwächt worden. Es ging also nicht nur darum, Westschweizer Besonderheiten zu bewahren, auch nicht um die Sprache, sondern um die Kampffähigkeit der Organisation. Schaut man sich heute die Fragen an, die im Verhältnis der Westschweiz zur Deutschschweiz und zur Gewerkschaftsleitung eine Rolle spielten, entdeckt man in der Diversität auch einen kulturellen Reichtum.

Das alte Logo

Als zum Beispiel bei der Fusion zwischen GBH und GTCP die Namen und das Logo geändert werden sollten, waren die Romands mit einer Namensänderung einverstanden, wollten zunächst aber das alte Logo beibehalten. Das hatte – neben der nostalgischen Komponente – einen bestimmten Grund: Anders als in der Deutschschweiz und im Tessin war schon bei der Namensänderung zu GBH beziehungsweise SEL am Kongress von 1974 die alte französische Abkürzung FOBB weitergeführt worden. Man fürchtete damals, die Aura eines sehr populären Logos zu verlieren. Bei der Fusion zur GBI sprachen sich die Romands schliesslich doch für das neue Logo SIB aus, es setzte sich in der Folge rasch durch, und niemand bereute die Veränderung.

Organisationsgrad, Mobilisierung, Anarchosyndikalismus

Nicht nur der gewerkschaftliche Organisationsgrad, sondern auch die Mobilisierungs- und Streikfähigkeit waren in den Branchen des Bau- und Holzgewerbes der Westschweiz und in Genf bei den Chemieunternehmen stärker als in der Deutschschweiz. Diese Situation führte zu Spannungen und Konflikten mit der Deutschschweiz, insbesondere bei der Erneuerung des Landesmantelvertrags (LMV) für das Baugewerbe und im Zusammenhang mit den kantonsübergreifenden Gesamtarbeitsverträgen (GAV) des Ausbaugewerbes.

Die GBI unternahm zwar grosse Anstrengungen, um die regionalen Diskrepanzen bei Mobilisierung und Streik zu verringern, sie verzeichnete dabei auch schöne Erfolge – zum Beispiel der Entscheid zum vorzeitigen Altersrücktritt 2002. Doch das genügte nicht. Die Romands waren stolz auf ihre Tradition des lateinischen Arbeitskampfes, der von der «direkten Aktion» der französischen Gewerkschaftsbewegung beeinflusst war und in der Zwischenkriegszeit ihre radikalste Ausprägung im Anarchosyndikalismus der Genfer «Ligue d'action du bâtiment» fand.[1] Man hatte versucht, diese Tradition sogar in den Jahrzehnten des Arbeitsfriedens zu bewahren. Davon zeugte etwa der Westschweizer Bauarbeiterstreik vom 25. März 1987, der ohne Absprache mit dem nationalen Zentralsekretariat in Zürich organisiert wurde. Tatsächlich endete dieser Streik mit einem Quantensprung bei den Löhnen auf nationaler Ebene.

Häufig klagten die Romands über die Mobilisierungsschwäche in der Deutschschweiz und äusserten sich frustriert über nationale Verhandlungsergebnisse, die unter dem lagen, was man ihrer Meinung nach in den lateinischen Kantonen vielleicht hätte erreichen können. Doch zu irreparablen Rissen führten solche Konflikte nie, sie hinterliessen auch keine Verbitterung. Heute lehnen es die befragten Kolleginnen und Kollegen aus der Westschweiz explizit ab, rückblickend von einem «Röstigraben» in der GBI zu sprechen.

GewerkschaftssekretärInnen und erfahrene Vertrauensleute wussten stets, dass die Gewerkschaftsarbeit in den Städten einfacher war als auf dem Land und dass sie in politisch progressiven Kantonen leichter war als dort, wo die konservative Rechte dominierte. Der höhere Organisationsgrad und die höhere Mobilisierungskraft konnten nicht darüber hinwegtäuschen, dass solche Unterschiede zwischen den Kantonen der Westschweiz ebenfalls existierten. Mit der nationalen Marktöffnung der Gewerbebranchen in den Neunzigerjahren, die bisher sogar zwischen den Kantonen abgeschottet waren, wurde andererseits klar, dass es besser war, einen GAV auf nationaler Ebene zu haben, wenn man Lohndumping beispielsweise zwischen Glarus und Genf vermeiden wollte.

Zudem gelang es in den Verhandlungen, die besseren sozialen Errungenschaften in regionalen GAV – wie jenen in Genf oder im Tessin – in Anhänge des LMV Bau zu übertragen, damit zu bewahren und den Weg für eine dezentrale Weiterentwicklung offen zu lassen.

Vertragspolitik

In der Vertragspolitik war die Furcht vor dem Verlust einer guten Position und der regionalen Eigenständigkeit nicht unbegründet. Der höhere Organisationsgrad der Westschweiz bewirkte, um es mit den Worten von Jacques Robert zu sagen, «eine höhere Abdeckung des Arbeitsmarkts mit GAV und damit einen höheren Grad der Einhaltung der GAV seitens der Firmen». Dank dieser Stärke hatte man auch mehr Informationen über die Situation an den Arbeitsplätzen und damit grössere Möglichkeiten, bei Bedarf rasch einzugreifen.

Die damalige Direktion für Arbeit des SECO stand den kantonalen GAV des Westschweizer Ausbaugewerbes wegen ihrer Anzahl und Zersplitterung allerdings nicht wohlwollend gegenüber. Sie drängte dazu, diese Verträge in die GAV für die Deutschschweiz und das Tessin zu integrieren. Ihr Druckmittel war das Instrument der Allgemeinverbindlichkeitserklärung und die Drohung, diese für kantonale GAV nicht mehr zu erneuern.

«Um nicht plötzlich in die Minderheit zu geraten und in den Verhandlungen an Macht zu verlieren», so Bernard Jeandet, «einigten sich die Vertragspartner der Romandie schliesslich auf einen einheitlichen Gesamtarbeitsvertrag des Ausbaugewerbes der Westschweiz; eine Kompromisslösung, die auch das SECO zufriedenstellen konnte.»

Erneuerung, Strukturen, Kultur

Als es darum ging, den Gewerkschaftsapparat zu modernisieren, indem man ihn professionalisierte, übernahm die GBI gewisse betriebswirtschaftliche Methoden, wie das «Management by objectives» sowie das Instrument der Beurteilungsgespräche mit dem Personal. Die Romands aus dem Gewerbesektor akzeptierten diese Neuerungen nicht ohne Widerstand und Verzögerung. In einer Gewerkschaft mit anarchosyndikalistischer Tradition wende man keine neoliberalen Methoden an, lautete der damalige Tenor in der Suisse Romande. Nur die GBI-Industriesekretäre hatten damit keine Probleme; Roland Conus erklärt das mit dem Umstand, dass sie solche Methoden «schon seit langem aus ihren Unternehmen kannten» und diese bei Verhandlungen zum «täglichen Brot» gehörten. Die Skepsis gegenüber den neuen Methoden ist bis heute nicht gewichen. Bernard Jeandet, Marie-France Perroud und Jacques Robert glauben, dass damals der falsche Weg eingeschlagen wurde. Sie sind der Ansicht, «Management bei objectives» sei eine zu formalisierte und autoritäre Art der Personalführung, die zu einem ungesunden internen Wettbewerb führen könne. Die gewerkschaftliche Motivation der SekretärInnen müsse eigentlich genügen, um gute Ergebnisse zu sichern.

Eine weitere Quelle für Konflikte entstand bei den Strukturreformen (1994, 2000) und Fusionen (1992, 2004). Hier betrafen die Spannungen die Abgrenzung zwischen Sektionen, Regionen und nationaler Zentrale. Die Sektoren Bau und Gewerbe der Romandie verteidigten mit Klauen und Zähnen das Konzept von dezentralen Strukturen, das Sektionen ein hohes Mass an Autonomie einräumte. Für sie nahm ein derartiges Konzept die dezentralen Einheiten gerade in die Verantwortung, was sich positiv auf die Motivation der angestellten Kolleginnen und Kollegen und die gewerkschaftliche Präsenz auf lokaler und betrieblicher Ebene auswirkte. Mit dem gleichen Engagement setzten sich diese GewerkschafterInnen für die Beibehaltung eines Zweiges des nationalen Zentralsekretariats in Lausanne ein, und sie hatten in der GBI damit auch Erfolg. Robert Conus bedauert, dass die regionale Ebene in der neuen GBI trotzdem nicht ausreichend gestärkt wurde, was sich negativ auf die Gewerkschaftsarbeit in der Industrie ausgewirkt habe, sowohl bei der Rekrutierung als auch beim Aufbau von Gewerkschaftsnetzwerken in den Betrieben.

Viel stärker als in der Deutschschweiz wurde in der GBI der lateinischen Schweiz die Kultur des Austauschs und der Geselligkeit gepflegt. Die Romands sahen darin einen wichtigen Faktor für den gewerkschaftlichen Aufbau; die investierte Zeit und die damit verbundenen Kosten lohnten sich aus ihrer Sicht. Jeden Monat fand zum Beispiel eine SekretärInnenkonferenz statt, ein- bis zweimal jährlich gab es ein Treffen aller Vertrauensleute, jeweils in einer anderen Sektion. Dort erfuhr man viel, auch im informellen Austausch. Solche Treffen trugen dazu bei, die Reihen zu schliessen. Diese Kultur der Begegnung förderte nicht etwa einen «Staat im Staat», wie dies von gewissen SekretärInnen der Deutschschweizer Sektionen vermutet wurde, sondern sie erleichterte es, die Positionen als «Minderheit» gegenüber den nationalen Instanzen konstruktiv zu koordinieren.

Feminismus, Gleichstellung, Interessengruppen

Was die Fragen der Gleichstellung zwischen Mann und Frau anbelangt, zeigten sich innerhalb der GBI dieselben Unterschiede zwischen der West- und der Deutschschweiz, wie man sie auch sonst von der Gesellschaft kennt. In der Westschweiz war die konservative Ideologie der drei K – «Kinder, Küche, Kirche» – weniger ausgeprägt. Man orientierte sich eher an den Fortschritten im benachbarten Frankreich, wo Frauenarbeit und Kinderkrippen schon lange gang und gäbe waren. Auch innerhalb der Organisation war die Arbeitsatmosphäre für Frauen – laut Marie-France Perroud – viel besser als das, was sie über Freundinnen aus der Welt der Banken und Versicherungen hörte, wo ein erniedrigender Sexismus weit verbreitet zu sein schien. «Sicher, auch im GBI-Apparat gab es Fälle von Belästigung und Mobbing. Aber die männlichen Kollegen in den verantwortungsvollen Positionen zeigten sich solidarisch.» In einer frühen Phase wussten die Personalverantwortlichen und Sektionssekretäre allerdings noch nicht recht, wie sie mit solchen Konflikten umgehen sollten. «Es dauerte einige Zeit, bis dieses Problem im Alltag angekommen war», sagt Perroud. Und was die Unterschiede zwischen den Feministinnen der deutschen und der französischen Schweiz betrifft, so meint sie, dass sich der feministische Militantismus in zwei ganz verschiedenen kulturellen Welten gebildet habe.

Die Westschweiz sei weniger von der patriarchalen Tradition geprägt gewesen. Innerhalb der gewerkschaftlichen Strukturen war es aber wichtig, kämpferische Frauen aus der Deutschschweiz mit einer starken feministischen Motivation zu haben. Sie habe das als eine Bereicherung empfunden.

Einer der deutlichsten Unterschiede zwischen den Sprachregionen betraf schliesslich die Einschätzung, welchen Platz man den Interessengruppen einräumen sollte. Die Romands – mit Ausnahme der gewerkschaftlich organisierten MigrantInnen allerdings – waren eher der Ansicht, dass Interessgruppen die Strukturen komplizierten und dass ihr politisches Gewicht in der Organisation zu gross sei, besonders an den Kongressen. Auch in den Interessengruppen sahen viele einen «Staat im Staat», selbst wenn sie das lieber nur hinter vorgehaltener Hand erwähnten. An Versammlungen wurde laut Bernard Jeandet argumentiert, dass es für die Dynamik der Gewerkschaft am besten wäre, MigrantInnen, Frauen, Junge und Pensionierte so schnell als möglich in die regulären Organisationsstrukturen zu integrieren. Diese Sicht war gar nicht so abwegig, wenn man bedenkt, dass es für italienische, spanische oder portugiesische MigrantInnen viel einfacher ist, Französisch zu lernen als Deutsch. Und die Sprache bleibt das Haupthindernis bei jeder Integration.

In der Suisse Romande und im Tessin gab es – anders als in der Deutschschweiz – keine nach Sprachen unterteilte Interessengruppen von MigrantInnen. Versammlungen und Ausbildungskurse hingegen gab es auf dieser Basis schon. Man befürchtete nicht zuletzt, dass dabei nationalistische Dynamiken entstehen könnten, wie es anlässlich des Balkankriegs in den Neunzigerjahren dann auch tatsächlich geschehen ist.

Anmerkung

1   Alexandre Elsig, «La Ligue d'action du bâtiment – L'anarchisme à la conquête des chantiers genevois dans l'entre-deux-guerres» – Edition d'en bas & Collège du travail, 2015.

VPOD und künftige Unia 2003
Versuch einer Annäherung

Von Nico Lutz*

Der damalige VPOD-Sekretär und heutige Leiter des Sektors Bau in der Unia über eine mögliche Annäherung des VPOD an die neu entstehende Unia 2003, die dazugehörigen Diskussionen und ihre Hintergründe. Eine Zusammenfassung.

1999 habe ich eine Stelle als Gewerkschaftssekretär im VPOD Bern Kanton angetreten. Die Berner Region war in der Deutschschweiz eine der bewegtesten Sektionen und auch eine, die wuchs. Im Kanton Bern gab es während den Sparprogrammen um die Jahrtausendwende grosse Protest- und Streikbewegungen im öffentlichen Dienst. Der VPOD leistete dazu einen entscheidenden Beitrag. Auf nationaler Ebene arbeitete unsere Region lange Zeit politisch stark mit den Regionen in der Romandie zusammen. Auch dort waren zahlreiche erfahrene SekretärInnen und ehrenamtliche FunktionärInnen im Einsatz, die aus dem Umfeld von Linksaussen-Gruppierungen kamen. Ich kannte viele aus der Friedensbewegung und aus anderen politischen Zusammenhängen.

Es gab zwei Überlegungen, die für mich damals zugunsten einer organisatorischen Neuausrichtung des VPOD sprachen. Erstens war der VPOD auf nationaler Ebene teilweise handlungsunfähig geworden. Mehrere Regionen der Romandie und auch einzelne ExponentInnen in der Deutschschweiz, die untereinander gut vernetzt waren, wollten den VPOD stramm auf Linksaussen-Positionen festlegen; die Mehrheit der Regionen (vor allem in der Deutschschweiz) war schlecht organisiert, der Gesamtverband blockiert.

Mit den VertreterInnen der Linksaussen-Strömung hatte ich weniger inhaltliche als organisationspolitische Differenzen. Sie strebten – so meine

Wahrnehmung – keine Gewerkschaft für alle und nicht eine Massenorganisation an, sondern eher eine Gewerkschaft der reinen Lehre. Das fand ich falsch. Seit ich politisch aktiv bin, haben mich pluralistische und emanzipatorische Projekte stärker interessiert.

Ausserdem behinderten verschiedene strukturelle Rahmenbedingungen eine positive Entwicklung. Der VPOD hatte kaum grosse Gesamtarbeitsverträge, war mit einer Vielzahl von öffentlichen und privaten Arbeitgebern konfrontiert und musste sich ausschliesslich über Mitgliederbeiträge finanzieren. Die Folge: Es standen brutal wenig Ressourcen zur Verfügung, um zum Beispiel die wachsenden Bereiche im Gesundheits-, Sozial- und Bildungsbereich zu organisieren. Konkret: Wir hatten im VPOD-Bern Kanton anfänglich gerade mal 80 Stellenprozente, um das Gesundheitswesen mit damals rund 30 000 Beschäftigten zu organisieren. Wir konnten noch so gute Arbeit machen. Es war schlicht nicht möglich.

Auch die nationale Leitung wusste eigentlich, dass es eine Veränderung brauchte. Während vier Jahren lief eine Diskussion mit dem SEV und der damaligen Gewerkschaft Kommunikation. Das Projekt, eine Gewerkschaft des Service public zu gründen, scheiterte aber. Gleichzeitig formierten sich GBI und SMUV ab 2000 zur neuen Grossgewerkschaft Unia. Dieser Zusammenschluss war auch mit der Hoffnung verbunden, eine kämpferische und offensive Gewerkschaft aufzustellen, welche die Dienstleistungsbereiche besser organisieren konnte.

Vor diesem Hintergrund haben wir ab 2002 in einer losen Gruppe – Personen aus dem damaligen Landesvorstand, einzelne Zentralsekretärinnen und Vertreter aus den Regionen VPOD-Bern und VPOD-Grischun – angefangen, über notwendige Veränderungen im VPOD zu diskutieren. Zu Beginn waren wir nur etwa sechs Personen. Wir haben dann im März 2003 im Hinblick auf den VPOD-Kongress vom November 2003 ein fünfzehnseitiges Positionspapier produziert und alle Regionen aufgefordert, sich an der Diskussion zu beteiligen.

Neben einer inhaltlichen Auslegeordnung und Forderungen für einen starken Service public verlangte das Papier eine organisatorische Neuausrichtung: «Der Kongress des VPOD soll (...) den Auftrag erteilen, Verhandlungen mit der Unia zu führen und Vorschläge für einen Zusammenschluss auszuarbeiten und dem folgenden Kongress des VPOD als Anträge zu unterbreiten.» Die inhaltliche Hauptbegründung: Den Aufbau in den schnell wachsenden Sozial- und Gesundheitsberufen konnte der VPOD nicht alleine angehen, es brauchte eine stärkere Organisation und Investitionen, die der VPOD nicht zu leisten vermochte. Der VPOD hatte inhaltlich viel zu bieten, die Unia als kämpferische Grossgewerkschaft war der richtige Partner, um den Aufbau im Service public als zentralen Bereich der Dienstleistungsberufe voranzutreiben. Es gab einige Überlegungen, dass die Unia einen fünften Sektor «Service public» schaffen sollte, die Diskussion darüber war allerdings nicht sehr weit gediehen.

Zu diesem Positionspapier gab es im Verlauf des Jahres 2003 eine intensive Diskussion in vielen VPOD-Regionen. Die Mehrheit der Regionen der Suisse Romande war skeptisch. Diese Regionen befürchteten einen Verlust an politischem Gestaltungsspielraum in einer Gross-Unia. Kritisiert wurde insbesondere die Trägheit des SMUV und seine Tradition des Arbeitsfriedens: Der VPOD verfolge eine andere gewerkschaftspolitische Perspektive. Eine grosse Anzahl der Sektionen in der Deutschschweiz war hingegen für den Vorschlag. Das Zentralsekretariat verhielt sich in der Diskussion mit wenigen Aussagen neutral. Ins offizielle Kongressdokument wurden zwar zahlreiche inhaltliche Elemente des Positionspapiers aufgenommen, nicht aber der Antrag zur organisatorischen Neuausrichtung. Dieser wurde von den Regionen Bern und Grischun – sowie in Form eines fast gleichlautenden Antrags der Region Tessin – an den Kongress gebracht. Die Delegiertenversammlung des VPOD hatte unseren Antrag nach einer hitzigen Diskussion im Vorfeld des Kongresses knapp zur Annahme empfohlen.

Am Kongress selber wurde die organisatorische Neuausrichtung mit 144:126 Stimmen bei 6 Enthaltungen abgelehnt. Dagegen stimmte eine Koalition der VertreterInnen aus der Romandie, die um die eigenständige Position des VPOD fürchteten, und von traditionellen Sektionen in der Deutschschweiz, die keine Veränderung wollten, sowie ein Teil der Region Basel. Sie forderten stattdessen eine Neuauflage des Fusionsprojektes mit SEV und Kommunikation.

Was sind rückblickend die Lehren aus dieser Phase und dem gescheiterten Versuch eines Zusammenschlusses mit der Unia?
- Es war richtig und notwendig, eine solche Diskussion im VPOD auszulösen. Die Analyse war auch weitgehend richtig. Heute, fast zwanzig Jahre später, hat der VPOD in den schnell wachsenden Sozial- und Gesundheitsbereichen kaum mehr Mitglieder als damals. Das Mitgliederwachstum fand – wenn überhaupt – leider nicht im VPOD, sondern in den Berufsverbänden statt, der Organisationsgrad ist nach wie vor sehr

tief. Es wäre damals und auch heute richtig, die riesige Herausforderung mit vereinten Kräften anzugehen. Der VPOD kann dazu viel beitragen, hat aber allein zu beschränkte Ressourcen.
- Es war ein naives und unrealistisches Vorhaben, eine solche Diskussion vor allem von einigen Regionen aus zu führen, ohne eine klare Positionierung und ein Engagement der Verbandsleitung. In erster Linie kämpfte ein Verbund von Regionen, die mehr oder weniger eng zusammenarbeiteten, für den Zusammenschluss. Entsprechend führten wir auch keine gut gesteuerte Diskussion. Wir waren einzelne Regionen-SekretärInnen mit wenig Vernetzung untereinander und wir bereiteten die Diskussion auch zu wenig seriös vor.
- Rückblickend hätte eine Annahme unseres Antrages vermutlich auch für die Unia, die sich damals gerade konstituierte, eine Überforderung bedeutet. Ein Austausch darüber mit der Unia fand damals kaum statt. Viele Führungskräfte in der Unia waren ziemlich überrascht von der Diskussion im VPOD. Auch hier arbeiteten wir schlicht zu wenig seriös.
- Fazit: Das Vorhaben war sinnvoll, die Umsetzung naiv und unzureichend.

Was aber bleibt, ist nach wie vor die Herausforderung, den Gesundheitsbereich insgesamt stärker gewerkschaftlich zu organisieren. Es wäre damals und auch heute richtig, die riesige Herausforderung mit vereinten Kräften anzugehen. Der VPOD kann dazu viel beitragen, hat aber beschränkte Ressourcen. Es wäre Zeit – gerade auch vor dem Hintergrund der Erfahrungen in der aktuellen Pandemie –, dass die verschiedenen bestehenden Arbeitnehmendenvertretungen und Gewerkschaften enger zusammenarbeiten und gemeinsame Projekte entwickeln würden.

* Nico Lutz ist 1992 dem VPOD beigetreten, als er, um seine Ausbildung zu finanzieren, als Hilfspfleger in einem Pflegeheim arbeitete. Von 1999 bis 2004 war er Gewerkschaftssekretär im VPOD-Bern, 2004 wechselte er zur Unia, in deren Vorläuferorganisation GBI er schon 1993–1997 als Jugendsekretär gearbeitet hatte.

Online-Gewerkschaft als Experiment
Die Geschichte von //syndikat

*Von Beat Ringger**

Eine schlanke elektronisch funktionierende Gewerkschaft für Angestellte und Freelancer der IT-Branchen: wie das Projekt aufgegleist wurde – und woran es scheiterte.

Am 26. Januar 2002 gründeten fünfzig KollegInnen in Zürich eine eigenständige Online-Gewerkschaft mit dem Namen «//syndikat» – ein damals weltweit erstmaliger Versuch, Gewerkschaftsarbeit wesentlich auf Online-Präsenz abzustützen. Für die Vorarbeiten und die Startphase hatte die GBI einen A-fonds-perdu-Beitrag von 120 000 Franken und ein zinsloses Darlehen von 180 000 Franken bereitgestellt. Ein aktiver Vorstand und eine kleine Geschäftsstelle bildeten das Rückgrat des Projektes. Im Vorstand fanden sich Leute mit unterschiedlichen Hintergründen zusammen: Freelancer aus dem Bereich von Web-Auftritten, IT-Angestellte in Grossbetrieben, ehemalige Angestellte von Gewerkschaften.

Die Kernidee der neuen Gewerkschaft war, sich mit einem attraktiven und zeitgemässen Internet-Auftritt, mit einer online-Rechtsberatung und mit situativen Formen der Bewegungsführung in den rasch wachsenden Milieus der ITC-Fachleute und der Web-FreelancerInnen zu verankern. Innerhalb eines Jahres sollten 1200 Leute für eine Mitgliedschaft gewonnen werden: zu einem für Gewerkschaften niedrigen Mitgliederbeitrag von knapp unter 200 Franken pro Jahr.

Dieses Ziel erwies sich als zu ambitioniert. Immerhin konnte //syndikat nach 18 Monaten 700 Mitglieder zählen. Dennoch musste die Geschäftsstelle mangels ausreichender Erträge rasch redimensioniert werden; //syndikat wurde in der Folge vor allem durch Freiwilligenarbeit getragen. Im Nachhinein betrachtet, müssen diese 700 Mitgliedschaften jedoch als

Erfolg gewertet werden: Mit dem Beitritt zu einer Gewerkschaft exponieren sich die Beschäftigten in der Arbeitswelt, die ja von stark asymmetrischen Machtverhältnissen geprägt ist. Der Beitritt zu einer Gewerkschaft stellt deshalb eine deutlich höhere Schwelle dar als etwa der Beitritt zu einer ideellen NGO. Dies gilt umso mehr, wenn in der entsprechenden Branche die Präsenz von Gewerkschaften nicht etabliert ist, wie dies damals (und heute noch) für die ITC-Branche gilt.

In den ersten Monaten ihres Bestehens konnte die neue Gewerkschaft erstaunliche Erfolge erzielen – zu ihrer eigenen Überraschung vor allem in der Bewegungsführung. Die //syndikat-Gründung fiel in eine Phase, in der es in der ITC-Branche zum ersten Mal zu vielen Entlassungen und einer spürbaren Arbeitslosigkeit gekommen war. Gegen Ende der Neunzigerjahre hatte es ausgereicht, eine luftige IT-Geschäftsidee und ein paar bekannte Namen zu präsentieren, um an den Finanzmärkten Dutzende, wenn nicht Hunderte von Millionen Dollars für die Firmenfinanzierung zu mobilisieren. Im März 2000 platzte dann diese sogenannte Dotcom-Blase. Der massenweise Zusammenbruch der Luftblasen-Firmen fiel so heftig aus, dass dadurch eine veritable Wirtschaftskrise ausgelöst wurde. In dieser Krise wurden viele ITC-Fachkräfte auf die Strasse gestellt; sie mussten zur Kenntnis nehmen, dass sie nicht nur Cracks, sondern auch Lohnabhängige oder verletzliche FreelancerInnen waren, deren Aufträge und Honorare stark vom allgemeinen Geschäftsgang abhängig sind.

Entsprechend wurde //syndikat in kurzer Folge gleich in mehrere Fälle von betrieblicher Bewegung involviert. Die Bedeutendste dieser Bewegungen sei kurz geschildert.

Die Credit Suisse verordnete ihrer damaligen Tochterfirma Winterthur-Versicherungen im Februar 2003 einen Abbau von 150 von insgesamt 850 Stellen in der zentralen Informatikabteilung. Ein Winterthur-Mitarbeiter gelangte an die neue Gewerkschaft; //syndikat schaltete daraufhin rasch eine Website auf, initiierte die Bildung einer Angestelltengruppe und schlug vor, die Entlassungen mit einer «Vier-Tage-Woche à la carte» aufzufangen: Möglichst viele Angestellte würden freiwillig zu einer Viertagewoche (bei teilweisem Lohnausgleich) übergehen und so die nötigen Stellenprozente verfügbar machen, um Entlassungen zu verhindern. An einer ersten Protestversammlung nahmen 130 Angestellte teil, und einige Tage später beteiligten sich 150 an einer einstündigen «Denkpause» während der Arbeitszeit, in der dem Chef der Winterthurer IT 150 Kakteen überreicht wurden – für jede abgebaute Stelle eine. Die CS war daraufhin zu Verhandlungen bereit, und das Schweizer Fernsehen drehte einen längeren Beitrag für die Politsendung «Rundschau». Wenn die Aktionen dennoch zu keinem Ergebnis führten, dann vor allem deshalb, weil die Angestelltenverbände und die Mitarbeiterkommission der Bewegung in den Rücken fielen und die Verhandlungen hintertrieben. Immerhin: Aufgrund dieser Aktivitäten formierte sich für mehrere Jahre eine Betriebsgruppe mit rund sechzig //syndikat-Mitgliedern und einem eigenen Vorstand aus acht KollegInnen.

Ein beachtlicher Erfolg von //syndikat war auch der sogenannte Lohn-Checker, eine online-Datenbankanwendung. Die BenützerInnen des Checkers gaben anonym ihr Lohnprofil ein – und weil dies innerhalb von nur vier Monaten 4500 InformatikerInnen und Web-Worker taten (mehr als 5 Prozent aller damaligen ITC-Beschäftigten in der Schweiz), zeigte der Lohn-Checker nach einer kurzen Startphase bereits ein repräsentatives Bild der Schweizer Informatiklöhne.

Nach den anfänglichen Erfolgen geriet //syndikat allerdings in eine Phase der Stagnation und des allmählichen Niedergangs, der mit der Auflösung der Gewerkschaft im Sommer 2009 endete. Dafür waren zwei Gründe massgebend. Zum einen befanden sich die GBI und der SMUV mittlerweile in der kritischen Phase ihrer Fusionsbemühungen zur Unia. Während die GBI dem //syndikat-Projekt nach wie vor positiv gesinnt war, galt dies nicht für die SMUV-Führung; diese sah in der jungen Gewerkschaft eine unliebsame Billigkonkurrenz und hatte dem //syndikat-Projekt teilweise sogar aktiv entgegengearbeitet. Die GBI sah sich nicht mehr in der Lage, //syndikat ein zweites Mal finanziell zu unterstützen. Dies wäre jedoch unerlässlich gewesen, hätte man das Führen von Bewegungen in den Betrieben auf nachhaltige Beine stellen wollen.

Ohne eine solche Bewegungsführung wurde //syndikat zu einem reinen Dienstleister ohne nennenswertes Profil und ohne besondere Attraktivität. In der Folge kam es noch zu zwei Versuchen, das Projekt auf eine neue Grundlage zu stellen. 2005 scheiterten die Bemühungen, //syndikat in die Unia einzugliedern, an der Befürchtung der //syndikat-Leute, dass ihre neue Kultur in der Unia keinen Bestand haben würde. Und später endete auch ein Versuch, //syndikat ohne fixe Mitgliedschaften als eine Art «Facebook für ITC-Leute» weiterzuführen, am Widerstand in den eigenen Reihen.

* Beat Ringger war Projektleiter und Sekretär von //syndikat.

Die radikale Linke und die Gewerkschaften
Auf dem Marsch durch die Institution

Von Vasco Pedrina

Verschiedene Gruppierungen der Achtundsechziger-Bewegung stellten sich die Frage, wie eine Brücke zu den Arbeitnehmenden zu bauen wäre, um den Faktor Arbeit gegenüber dem Faktor Kapital zu stärken und damit gesellschaftspolitische Veränderungen zu fördern. Der Gang zu den Gewerkschaften war – oder schien – für einen Teil von ihnen unumgänglich, trotz deren bürokratischem und konservativen Ruf.*

Revolutionäre Marxistische Liga

Seit ihrer Gründung im Jahr 1969 forderte die Revolutionäre Marxistische Liga (RML), später Sozialistische Arbeiterpartei (SAP), ihre berufstätigen Mitglieder auf, sich gewerkschaftlich zu organisieren und einen Beitrag zu einer kämpferischen Gewerkschaftspolitik zu leisten.

Erster Schritt auf diesem Weg war die Kontaktaufnahme zu kritischen GewerkschafterInnen anderer politischer Herkunft. Gemeinsam mit ihnen sollte die Auseinandersetzung für eine Aktivierung der Gewerkschaftsbasis und einen Kurswechsel hin zu einer solidarischen und kämpferischen Politik geführt werden, wobei zuerst die MigrantInnen und später auch die Frauen im Vordergrund standen.

Schon in den Siebzigerjahren entstand so eine Vernetzung von linken AktivistInnen vor allem in den Gewerkschaften VPOD, GBH, SMUV, bei den Typographen und den Medienschaffenden, aber auch im SEV, in der PTT-Union und weiteren Verbänden. Die RML-GenossInnen spielten dabei oft eine tragende Rolle. Ausser dem Christlichen Metallarbeiter Verband

(CMV), in dem vor allem GenossInnen aus der italienischen KP und der spanischen KP aktiv wurden – sie hatten im SMUV keine Handlungsmöglichkeiten, wurden zum Teil sogar gesperrt –, profitierten die christlichen Gewerkschaften kaum von der Eintrittswelle der Achtundsechziger.

Nachdem die Hoffnung auf rasche, radikale Umwälzungen, vor allem in Europa, im Laufe der Siebzigerjahre schwanden, beschloss die RML 1979, ihre AktivistInnen aufzufordern, sich zu «proletarisieren» und eine Arbeit als ArbeiterInnen in einem Betrieb zu suchen, um die Welt von dort aus zu verändern – mitunter ohne Rücksicht auf die eigenen Zuneigungen und Qualifikationen. Diese Aufforderung wurde von etlichen RML-Mitgliedern befolgt, trotz den abverlangten Opfern. Einige Jahre später zog die Organisation (inzwischen SAP) jedoch keine besonders positive Bilanz dieser Kampagne. Der erhoffte Durchbruch zugunsten einer Umorientierung der Gewerkschaften hatte auch in den Achtzigerjahren nicht stattgefunden, und die Proletarisierung rettete die Partei schliesslich nicht vor der Auflösung, die 1987 erfolgte. Rückblickend kann man heute sagen, dass der gewagte Schritt der Proletarisierung dennoch positive Auswirkungen auf die mittel- und langfristige Erneuerung der Gewerkschaften hatte. Manche Vertrauensleute und Führungskräfte, die in den folgenden Jahrzehnten eine wichtige Rolle spielten, stammten aus diesem Reservoir.

Progressive Organisationen

Die POCH (Progressive Organisationen der Schweiz), die sich nur in der Deutschschweiz etablieren konnten, setzten schon in den Siebzigerjahren bei ihrem gewerkschaftlichen Engagement klare Prioritäten.

Weil sie den VPOD als zu konservativ beurteilten, beschlossen die POCH 1973 den Aufbau einer neuen Organisation, der «Gewerkschaft Erziehung und Wissenschaft», die in den bildungspolitischen Reformdebatten der Siebziger- und Achtzigerjahre auch eine gewisse Rolle spielte, sich aber nicht langfristig festigte.

Als wichtigstes Tätigkeitsfeld für ihre AktivistInnen wählten die POCH die GBH. Wegen der Öffnungspolitik, die Präsident Ezio Canonica dort vorantrieb (insbesondere mit der Reformstruktur von 1974), kamen sie zur Einschätzung, die GBH sei zugänglicher für einen linken Kurs. Tatsächlich waren POCH-AktivistInnen massgeblich beim Aufbau der Gruppe Angestellte und Kader der GBH beteiligt und lieferten auf diesem Weg auch manche künftige Führungskraft der Organisation. Bei Streiks und anderen Mobilisierungen verstanden sie sich gut darauf, sich mit anderen Kräften zu vernetzen – etwa beim ersten und einzigen Streik der technischen Angestellten (Zeichner, Architekten, Ingenieure) im Kanton Tessin, der 1975 zum ersten GAV in diesem Bereich führte. Eine zentrale Rolle spielten dort die Gewerkschaftsmitglieder des Partito Socialista Autonomo (PSA), einer linken Abspaltung der Tessiner SP aus dem Jahr 1969.

MaoistInnen

Erfahrungen mit der «Proletarisierung» sammelten auch andere politische Strömungen, vor allem die Maoisten. Die KPS-ML (Kommunistische Partei der Schweiz/Marxisten-Leninisten), die bedeutendste maoistische Kraft des Landes, hinterliess ihre Spuren in der Gewerkschaftsbewegung über eine ihrer sogenannten Massenorganisationen, die «Arbeiterunion» (die in ihrer besten Zeit gegen 100 Mitglieder organisierte).

In den Siebziger- und Achtzigerjahren lehnte die KPS-ML die Arbeit in den offiziellen Gewerkschaften ab und versuchte, eigene Strukturen aufzubauen. Als dies wenig Erfolg hatte, beschloss sie, in den offiziellen Gewerkschaften an der Basis zu arbeiten. Die Proletarisierung ergab sich dabei fast von selbst und auch früher als bei der RML. Das Ziel war eine Aktivierung der Arbeiterklasse. Die «Arbeiterunion» der KPS-ML unterstützte aktiv die Streiks, die in dieser Zeit stattfanden. Im Unterschied zu den anderen Strömungen der Achtundsechziger-Bewegung waren die GenossInnen von der KPS-ML allerdings Gegner des reformorientierten «Manifest 77» im SMUV 1977, weil sie diese Opposition als von abgehobenen linken Ideologen dominiert und damit als «antigewerkschaftlich» einschätzten. In den Achtzigerjahren wurden die maoistischen GewerkschafterInnen sogar VerteidigerInnen der herrschenden Arbeitsfriedenspolitik.

Beispielsweise war für diese Gruppierung kaum von Bedeutung, was in den GAV oder im Gesetz zum Kündigungsschutz der gewerkschaftlichen ArbeitervertreterInnen stand, zentral war die Kraft der betrieblichen Belegschaften, für ihre Rechte selber einzustehen. Und diese Kraft musste von der Basis kommen. Die Haltung der maoistischen «Arbeiterunion» entsprach ausserdem den eigenwilligen «KPS-ML»-Positionen zu geopolitischen Auseinandersetzungen und Konflikten. Im Kampf suchte sie nicht selten Zweckallianzen mit dem nationalen Kapital. Auch nach der Auflösung der «Arbeiterunion» in der zweiten Hälfte der Achtzigerjahre blieben ihre Mitglieder den Gewerkschaften treu – als engagierte AktivistInnen, als Betriebskommissionsmitglieder, als BK-Präsidentinnen (wie in der Basler Chemie) oder als GewerkschaftssekretärInnen. Beim Aufbau und Umbau der Gewerkschaften halfen sie in den folgenden Jahrzehnten mit, ihre politische Haltung mussten sie allerdings in manchen Fragen revidieren, um wirklich Teil der Erneuerung zu werden.

Revolutionäre Aufbauorganisation und Verbündete

Die Revolutionäre Aufbauorganisation Zürich (RAZ) hat kein langes Leben gehabt: Gegründet wurde sie 1970 und aufgelöst schon 1976. Ihre AktivstInnen spielten dennoch eine wichtige Rolle etwa in NGO oder in den Medien, weniger aber in den Gewerkschaften. Anders ihre Verbündeten in der Westschweiz, das «Centre de liaison politique» (CLP) in Genf und die «Rupture pour le communisme» (RC) in der Waadt, die Einfluss in Gewerkschaften innerhalb und ausserhalb des SGB errangen, etwa in der Typographia, dem VPOD, dem Syndicat Sud oder dem Syndicat interprofessionnel des travailleurs (SIT).

Die RAZ war «Mao-Lenino-Spontaneistisch», so definiert es einer ihrer damaligen Leader. Inspiriert von den Erfahrungen der «Autonomia operaia» in Italien, setzte sie im gewerkschaftlichen Bereich vor allem auf die Schaffung von Basisgruppen in Fabriken, und zwar mit Hilfe von politisierten ausländischen Arbeitnehmenden. Ein Vehikel zur Gewinnung dieser Basismitglieder war eine Kampagne für die Möglichkeit der AusländerInnen, bei der definitiven Rückkehr in die Heimat ihre Pensionskassengelder mitnehmen zu dürfen.

Erst nach einer Verbreiterung und Vergrösserung dieser Basisgruppen hätte sich für die RAZ die Frage nach dem Umgang mit bestehenden Gewerkschaften gestellt. Soweit kam es aber nicht, es blieb bei ein paar wenigen Gruppen. Die KollegInnen vom CLP und RC in der Westschweiz spielten neben der RML zwar eine bedeutende Rolle bei den Mobilisierungen und Streiks in der Industrie und im öffentlichen Dienst jener Jahre. Ihr Einfluss auf den nationalen Umbau der Gewerkschaften blieb wegen ihrer sektiererischen Haltung aber eher bescheiden. Indessen gehörten sie zu jenen Kräften, die verhinderten, dass der VPOD sich an Umbauprojekten mit anderen Gewerkschaften beteiligte. Sie arbeiteten nach der Logik «Lieber klein, aber ideologisch fein!» und pflegten die Autonomie der eigenen lokalen Gärtchen.

Neben der RAZ – zum Teil in Zusammenarbeit mit ihr – entfaltete in der gleichen Zeit der «Gruppo autonomo» in Zürich seine Aktionen. Gegründet wurde diese Gruppe von TessinerInnen und italienischen MigrantInnen, die sich vom amerikanischen Anarchosyndikalismus und von «Potere operaio» und «Lotta continua» in Italien inspirieren liessen. Auch sie setzen auf Basisarbeit in und vor den Betrieben sowie in den Baracken der Saisonniers. Ein Engagement in den Gewerkschaften, die als Teil des «Establishments» galten, kam für sie nicht infrage. Das erklärt auch, weshalb ihre AktivistInnen nicht in den Gewerkschaften, sondern in anderen gesellschaftlichen Bereichen eine Wirkung entfalteten: zum Beispiel bei der Entstehung von selbstverwalteten Betrieben, von Wohnbaugenossenschaften oder in der Hausbesetzerszene.

PdA und linke Sozialdemokratie

Noch weitere regionale Gruppierungen könnten erwähnt werden, etwa das Tessiner «Movimento giovanile progressista», das schon im Umfeld von 1968 gegründet wurde und sich bei der Unterstützung einiger Streiks in der ersten Hälfte der Siebzigerjahre kräftig ins Zeug gelegt hat. Wichtiger aber war der Einfluss von Achtundsechziger-AktivistInnen, die sich in der Partei der Arbeit und in der Sozialdemokratischen Partei engagierten.

Die Partei der Arbeit (PdA) hatte wie die Sozialdemokratische Partei (SPS) eine lange Tradition der Verankerung in der Arbeitnehmerschaft, allerdings sank diese bei der PdA besonders in der Deutschschweiz mit den Jahren. Die Bemühungen, eine Verbindung zur Achtundsechziger-Bewegung herzustellen, verliefen sehr konfliktiv und nicht selten scheiterten sie; und zwar vor allem wegen der nach wie vor stalinistischen Haltung der Partei. Mit dem Ausschluss der PdA-Jugendsektionen im Jahr 1969 in der Waadt – er führte zur Gründung der RML –, in Basel – wo AktivistInnen aus der Partei austraten und die POCH gründeten –, oder in Zürich – wo die junge Sektion im Unterschied zur Mutterpartei den Zugang zum proletarischen Teil der Achtundsechziger-Bewegung gefunden hatte –, verbaute sich die PdA jeglichen Ansatz der Erneuerung. In Zürich wurden sogar noch Anfang der Achtzigerjahre Mitglieder aus politischen Gründen ausgeschlossen – jetzt im Zusammenhang mit der neuen Jugendbewegung.

Die Gründung eines der PdA nahestehenden «Marxistischen Studentenverbandes» (MSV) in Zürich, Basel und Bern 1971 und 1972, trug in der Deutschschweiz immerhin dazu bei, eine neue Generation von akademischen AktivistInnen mit Interesse für die Schriften Antonio Gramscis, den PCI und den «Eurokommunismus» heranzuziehen. Der MSV motivierte seine Mitglieder, sich gewerkschaftlich zu organisieren; die PdA selbst plädierte verbal für eine kämpferischere Politik in den Gewerkschaften, hatte jedoch kaum Leute, die in der Lage gewesen wären, eine solche durchzusetzen. Nur wenige PdA-Mitglieder der älteren Generationen wagten in den Sechziger- und Siebzigerjahren, sich zu «outen», das war eine Folge der Verfolgung im Kalten Krieg, der antikommunistischen Wellen nach dem Aufstand in Ungarn 1956 und dem Einmarsch von sowjetischen Truppen in der reformlustigen Tschechoslowakei 1968.

In der Westschweiz war der gewerkschaftliche Einfluss der PdA grösser, insbesondere in Neuenburg, der Waadt und Genf, wo sie lange eine bedeutende Kraft geblieben ist. Auch die ständige Zunahme der Immigration half der Partei, mit anderen Worten: die Präsenz von kommunistischen Parteimitgliedern aus Italien, Spanien und später Portugal in Betrieben und auf vielen Baustellen. Dennoch muss man rückblickend sagen, dass die PdA kein einziges Projekt der Umorientierung der Gewerkschaften kohärent verfolgte. Die Achtundsechziger, die über den Weg von PdA und MSV in die Gewerkschaften fanden, vertraten dort keine gemeinsame Strategie. Manche vernetzten sich mit GenossInnen aus anderen Gruppierungen und leisteten ihren Beitrag zur Erneuerung ohne den Rückhalt der Partei.

Schliesslich spielten viele SP-Linke eine wichtige Rolle in der Erneuerung der Gewerkschaftsbewegung, allerdings auch sie nicht als organisierte Strömung mit einem gemeinsamen parteigebundenen Projekt. Eine Ausnahme bildeten in der zweiten Hälfte der Siebzigerjahre die AktivistInnen des «Groupe d'Yverdon» (linker Flügel der SPS, vor allem in der Westschweiz verankert). Diese waren massgebend an der Gründung des «Manifest 77» beteiligt, jener bereits erwähnten wichtigen Oppositionsströmung im SMUV, die aber auch nicht lange überlebte.

Auf dem Weg durch die Institutionen der Gewerkschaften leisteten SP-GenossInnen in den Achtziger- und Neunzigerjahren wichtige Beiträge dazu, dass konservative Gewerkschaftsführungen – sei es in den Kantonen, sei es in einzelnen Verbänden – entmachtet wurden. Da gab es zum Beispiel jene Exponenten des «Kritischen Oberwallis», die das Monopol des christlichen CMV in der Lonza – dem grössten Arbeitgeber der Gegend – 1986 durchbrechen konnten. Sie brachten es fertig, dass die linke GTCP, die vorher praktisch inexistent war, Mehrheitsgewerkschaft in der Lonza wurde. Oder da gab es den langen und harten Machtkampf mit einer äusserst konservativen und dubiosen Gewerkschaftsführung in St. Gallen, der Mitte der Achtzigerjahre von der Linken gewonnen wurde und zur Wahl von Paul Rechsteiner als Präsident des kantonalen Gewerkschaftsbundes führte. Damit erst wurde der spätere Aufstieg Rechsteiners zum SGB-Präsidenten möglich.

Aufgrund der beschriebenen Situationen und Entwicklungen wird es kaum erstaunen, dass die InitiantInnen und Beteiligten des linken gewerkschaftlichen Magazins «Diskussion» (1987–1994) nicht nur alle zur Achtundsechziger-Bewegung gehörten, sondern fast alle in der RML, der POCH, der PdA und der SPS politisch sozialisiert worden waren.

* Informationen für diesen Beitrag lieferten Hans Baumann, Bruno Bollinger, Mathias Bonert, Salvatore di Concilio, Ueli Gähler, Stefan Hofer, Irène Huber, Bernd Körner, Christine Luchsinger, Peter Niggli, Fernanda Pedrina, Rita Schiavi, Kaspar Wohnlich.

Abkürzungsverzeichnis

ALK	Arbeitslosenkasse
AVE GAV	Allgemeinverbindlich erklärter Gesamtarbeitsvertrag
BHI	Bau & Holzarbeiter Internationale
CMV	Christlicher Metallarbeiter Verband; später Christliche Gewerkschaft für Industrie und Gewerbe
CNG	Christlich Nationaler Gewerkschaftsbund
EAV	Einzelarbeitsvertrag
EBR	Europäische Betriebsräte
EFBH	Europäische Föderation der Bau- & Holzarbeiter
EFTA	Europäische Freihandelsorganisation. Beteiligte Länder: Schweiz, Norwegen, Liechtenstein, Island
EGB	Europäischer Gewerkschaftsbund
EU	Europäische Union
EWR	Europäischer Wirtschaftsraum
FlaM	Flankierende Massnahmen zum Freien Personenverkehr mit der EU
GBH	Gewerkschaft Bau & Holz
GBI	Gewerkschaft Bau & Industrie
GL	Geschäftsleitung
GTCP	Gewerkschaft Textil, Chemie, Papier
ILO/IAO	International Labour Organisation, Internationale Arbeitsorganisation
KPE/PCE	Kommunistische Partei Spaniens, Partido comunista español
KPI/PCI	Kommunistische Partei Italiens, Partito comunista italiano
KPS-ML	Kommunistische Partei der Schweiz – Marxisten-Leninisten
LFSA	Landesverband Freier Schweizer Arbeitnehmer

MEM	Schweizer Maschinen-, Elektro- und Metallindustrie
NEAT	Neue Eisenbahn-Alpentransversale
OFRA	Organisation für die Sache der Frau
KPP/PCP	Kommunistische Partei Portugals, Partido comunista portugês
LDV	Landesdelegiertenversammlung
PdA	Partei der Arbeit
POCH	Progressive Organisationen der Schweiz
RML/SAP	Revolutionäre Marxistische Liga. Ab 1980: Sozialistische Arbeiterpartei
SBHV	Schweizerischer Bau- & Holzarbeiterverband (bis 1974)
SEV	Schweizerischer Eisenbahnerverband. Später: Gewerkschaft des Verkehrspersonals
SGB	Schweizerischer Gewerkschaftsbund
SAH	Schweizerisches Arbeiterhilfswerk. Später: Solidar Suisse
SKBH	Schweizerische Krankenkasse für die Bau- und Holzberufe
SBV	Schweizerischer Baumeisterverband
SMUV	Schweizerischer Metall- und Uhrenarbeiterverband. Ab 1992: Gewerkschaft Industrie, Gewerbe, Dienstleistungen
SPS	Sozialdemokratische Partei der Schweiz
Syna	Zusammenschluss von CHB, CMV und LFSA (ab 1988)
STAV	Schweizerischer Textil- und Fabrikarbeiterverband
SVP	Schweizerische Volkspartei
TS	Travail.Suisse, Zusammenschluss von CNG und Teilen der VSA (ab 2000)
Unia	Interprofessionelle Gewerkschaft Bau, Gewerbe, Industrie, private Dienste
VBLA	Verband Bekleidungs- und Leder- und Ausrüstungsarbeiter der Schweiz
VHTL	Verband Handel-, Transport- und Lebensmittelarbeiter. Ab 1982: Gewerkschaft VHTL
VL	Vertrauensleute
VPOD	Schweizerischer Verband des Personals öffentlicher Dienste
VSA	Vereinigung schweizerischer Angestelltenverbände
ZV	Zentralvorstand

Dank

Unser erster Dank geht an die vielen Mitglieder, Vertrauensleute und Gewerkschaftsmitarbeitenden, die ProtagonistInnen der GBI-Jahre, die unser Gewerkschaftsleben bereichert haben. Sie sind die wichtigste Motivation für diese Publikation.

Sehr profitiert haben wir von der kritischen Lektüre und den zahlreichen Anregungen durch Andreas Rieger sowie von der Redaktionsarbeit durch Stefan Keller.

Zahlreiche KollegInnen haben Informationen geliefert, kritische Rückmeldungen gegeben, einen Beitrag beigesteuert, sie haben sich für ein Interview zur Verfügung gestellt oder uns sonst unterstützt: Vania Alleva, Renzo Ambrosetti, Hans Baumann, Bruno Bollinger, Mathias Bonert, Enrico Borelli, Christiane Brunner, Judith Bucher, Franz Cahannes, Salvatore di Concilio, Roland Conus, Heinz Gabathuler, Ursula Häberlin, Ueli Gähler, Serge Gnos, Andrea Hämmerle, Manuel Hartmann, Marion Hellmann, Stefan Hofer, Irène Huber, Bernard Jeandet, Desirée Kägi Pedrina, André Kaufmann, Bernd Körner, Zita Küng, Daniel Lampart, Christine Luchsinger, Nico Lutz, Anna Luisa Mäder Ferro, Dario Mordasini, Mauro Moretto, Peter Niggli, Fernanda Pedrina, Marie-France Perroud, Oliver Peters, Beat Ringger, Jacques Robert, Hansueli Scheidegger, Rita Schiavi, Ueli Stoffer und Kaspar Wohnlich.

Besonders danken für ihre Hilfe möchten wir Rita Lanz, der Archivarin der Unia, sowie den MitarbeiterInnen des Schweizerischen Sozialarchivs, ganz speziell Urs Kälin.

Schliesslich ein grosser Dank an die Unia (Geschäftsleitung, Kommunikationsabteilung sowie weitere KollegInnen des Zentralsekretariates, namentlich Beat Baumann, Tino Garrapa, Simona Langenegger-Tombesi, Ebru Tekin) und an den Rotpunktverlag.

Autoren

Vasco Pedrina

geb. 1950, war zuletzt Co-Präsident der Unia 2005/2006 und zuvor:
1974–1980 SBB-Angestellter, Mitglied im Schweizerischen Eisenbahnerverband SEV
1980–1987 Sekretär der Schweizerischen Arbeiterbildungszentrale SABZ
1988–1993 Zentralsekretär, ab 1991 Zentralpräsident der Gewerkschaft Bau und Holz
1993–2004 Präsident der Gewerkschaft Bau und Industrie
Von 1980 bis 2012 auch in den Gremien des Schweizerischen Gewerkschaftsbundes SGB aktiv, von 1994 bis 1998 als Co-Präsident. Ferner 2007–2013 Vorstandsmitglied und Vize-Präsident von Solidar Suisse (früher Schweizerisches Arbeiterhilfswerk)
In der internationalen Gewerkschaftsbewegung war er
1991–2011 Vorstandsmitglied des EFBH
1992–2013 Vorstandsmitglied der BHI, und 2006–2013 deren Vizepräsident
2004–2012 Vorstandsmitglied des EGB.

Hans Schäppi

geb. 1942, war zuletzt Vizepräsident der GBI von 1993 bis 2004 und zuvor:
1972–78 Gymnasiallehrer, Bildungsarbeit im VPOD und der GTCP
1973–1978 Präsident der Sektion Lehrer des VPOD
1978 ff. Sekretär der GTCP, 1982 ff. Branchensekretär chemische und pharmazeutische Industrie, 1984–1992 Präsident GTCP
1993–2004 Vizepräsident GBI, verantwortlich für den Industriebereich und internationale Gewerkschaftspolitik
Im SGB war er langjähriges Vorstandsmitglied und Vertreter in der Eidgenössischen Arbeitskommission und in der Arbeitsgruppe Sans-Papiers
Bis 2020 ausserdem Präsident des Solifonds, aktiv in der globalisierungskritischen Bewegung und eines der Gründungsmitglieder des Denknetzes.

**Publikationsreihe Unia – Materialien zu unserer Geschichte –
herausgegeben von Vasco Pedrina und Stefan Keller**

Vasco Pedrina: Rentenalter 60 auf dem Bau: Wie es dazu kam (2015)

Vasco Pedrina: Von der Kontingentierungspolitik zur Personenfreizügigkeit (2018)